北京联合大学考古研究院　编

黄可佳　主编

第 **5** 辑

研究

早期中国

社会科学文献出版社

SOCIAL SCIENCES ACADEMIC PRESS (CHINA)

图书在版编目（CIP）数据

早期中国研究 . 第 5 辑 / 北京联合大学考古研究院编；
黄可佳主编 . -- 北京：社会科学文献出版社，2023.6
ISBN 978-7-5228-1826-9

Ⅰ . ①早⋯ Ⅱ . ①北⋯ ②黄⋯ Ⅲ . ①考古学 – 中国
– 文集 Ⅳ . ① K870.4-53

中国国家版本馆 CIP 数据核字 (2023) 第 084903 号

早期中国研究　第 5 辑

编　　者 / 北京联合大学考古研究院
主　　编 / 黄可佳

出 版 人 / 王利民
责任编辑 / 郑彦宁
责任印制 / 王京美

出　　版 / 社会科学文献出版社·历史学分社（010）59367256
　　　　　地址：北京市北三环中路甲 29 号院华龙大厦　邮编：100029
　　　　　网址：www.ssap.com.cn
发　　行 / 社会科学文献出版社（010）59367028
印　　装 / 北京盛通印刷股份有限公司

规　　格 / 开　本：787mm×1092mm 1/16
　　　　　印　张：11.75　插　页：0.5　字　数：223 千字
版　　次 / 2023 年 6 月第 1 版　2023 年 6 月第 1 次印刷
书　　号 / ISBN 978-7-5228-1826-9
定　　价 / 99.00 元

读者服务电话：4008918866

编 委 会

目　录

北京市通州区潞城镇孙各庄村墓葬群发掘简报

北京市考古研究院
北京联合大学考古研究院

摘　要： 为配合北京市通州区潞城镇孙各庄村改造土地开发项目 D 区 D-01 地块建设，北京联合大学与北京市考古研究院对该区域内已探明的文化遗迹进行抢救性考古发掘，发现了汉代至清代的墓葬群和窑址，出土了大量特征明显的各类随葬器物，为研究北京地区古代丧葬礼俗、生产生活面貌提供了重要材料。

关键词： 北京考古　砖室墓　土坑墓　窑址研究

2021 年 5 月至 8 月，北京联合大学和北京市考古研究院组建联合考古队，对通州区潞城镇孙各庄村改造土地开发项目 D 区 D-01 地块区域内已探明的文化遗迹进行了抢救性考古发掘。发掘区位于汉代路县故城遗址西北约 3 公里处，南邻通燕高速，东邻东六环，北邻京榆旧路（图一）。本

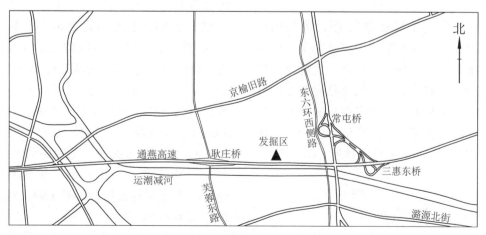

图一　发掘区位置示意图

次考古发掘面积共计 2625 平方米，清理汉代至清代墓葬 70 座，窑址 3 座，现将发掘情况简报如下。

一、地层堆积与遗迹分布状况

（一）地层堆积

此次发掘区域地层大致可分为四层。

第 1 层：厚 0 ~ 2 米，灰色土，土质较疏松，内含有较多的现代建筑垃圾、生活垃圾、植物根系。

第 2 层：距地表 2 ~ 2.3 米，灰褐色土，土质较硬、较杂，内含有少量的碎砖瓦、青花瓷等。

第 3 层：距地表 2.3 ~ 4 米，黄褐色黏土，土质较软，内含有较多的青砖、陶片、白釉瓷片等。

第 4 层：距地表 4 ~ 4.2 米，深黄褐色土，土质较硬，内含有较多陶片等。

第 4 层以下浅黄褐色土，土质较硬且纯净。

（二）遗迹分布

此次发掘墓葬 70 座，按照构筑形式分为砖室墓和土坑墓两类，砖室墓多位于发掘区南半部，土坑墓在区域内南北均有，类型及墓向接近的墓葬分布较集中，未出现打破关系。发掘陶窑 3 座，结构类似，位于发掘区中南部，与墓葬位置接近（图二）。

二、发掘情况

（一）砖室墓

共有 16 座，均开口于第 4 层下，

按照墓葬平面形状又可分为"刀"形、"甲"字形与长方形三种类型。

1. "刀"形砖室墓

"刀"形砖室墓，共有 12 座，编号为 M2、M5、M7、M21、M22、M25~M28、M31、M47、M48，平面近似"刀"形。墓室平面为长方形，墓道偏于墓室一侧。现以 M26、M47 为例进行介绍。

（1）M26

位于发掘区的中部，方向为 200°。为"刀"形竖穴土圹砖室墓，由墓道、墓门、墓室、器物台四部分组成（图三）。墓道、土圹与壁砖间填黄褐色花土，土质较硬且纯净，为营建墓室时填土；墓室内土质软，含大量砖块等物，为盗扰、坍塌形成。未见葬具、人骨及朽痕，葬式不详。墓道位于墓圹南端，开口平面呈近长方形，斜坡底。墓道长 4.44、宽 0.9~1.24、深 0~1.66 米，坡长 4.8 米。墓门连接墓道、墓室，平面为长方形，拱券式，墓门高 1.26 米，底用青砖纵向并列平铺，下部以"一丁一顺"叠砌，上部用青砖横向平砌至 0.9 米，以上用条砖顺砌三层并列券。封门砖总宽 1.1、残高 1.3、厚 0.9 米。墓室位于墓圹北端，平面呈长方形，顶部破坏不存，土圹长 5.08、宽 2.6~2.8、深 1.66 米，内空长 4.9、宽 2.56 米，室残高 0.96 米。墓室底铺砖，斜向交错平铺，"一丁一顺"砌成墓壁。墓室北部有器物台，长 1.94、宽 0.8、高 0.34 米。

M26 出土随葬品共 14 件。均为

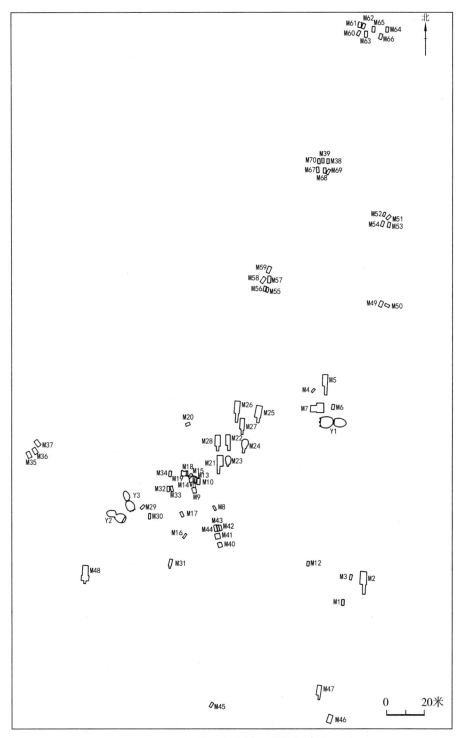

图二　通州区潞城镇孙各庄村墓葬群发掘总平面图

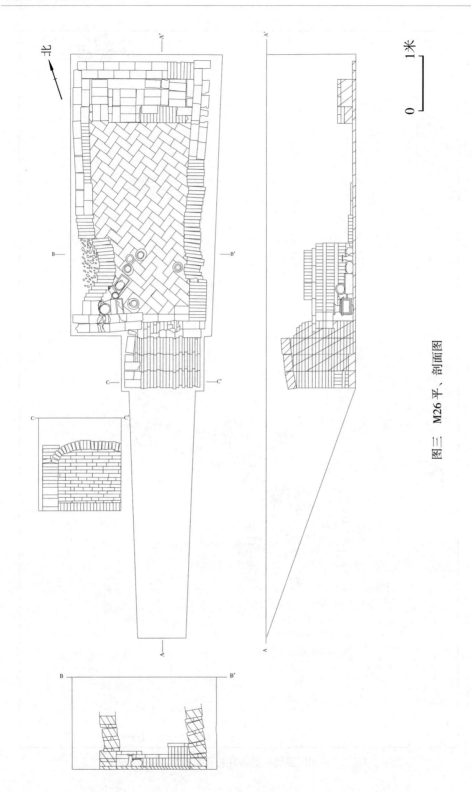

图三 M26平、剖面图

陶器，部分残损严重。

陶罐 4件。标本M26：8，残，泥质灰陶，直口，方唇，束颈，丰肩，鼓腹斜收至底，平底。通高14.8、腹径17、口径10.7、底径8厘米（图四，1）。标本M26：4，残，泥质灰陶，直口，方唇，束颈，鼓腹斜收至底，平底。通高16.4、腹径17.8、口径9.8、底径10厘米（图四，2；图版一，2）。

陶壶 2件。M26：1，残，泥质灰陶，盘口，直方唇，鼓腹斜收至底部，平底。通高38.7、腹径26.5、口径20.2、底径19.4厘米（图四，3；图版一，3）。M26：2，残，泥质灰陶，口沿残缺，鼓腹斜收至底部，平底。通高31.6、腹径26.4、底径19.8厘米（图四，4）。

陶仓 2件。M26：3，残，泥质灰陶，直腹，直口，平底。通高16.1、口径长33、宽16.5厘米（图四，5）。M26：5，残，泥质灰陶，器盖仿屋檐建筑，中部仿窗，平底。通高27、底长23.3、底宽16.3厘米，屋檐残长24.5、宽21.5厘米（图四，6；图版一，1）。

陶甑 2件。M26：6，残，泥质灰陶，敞口，斜直腹，通高3.3、口径13.1、底径6.1厘米（图四，7）。M26：14，残，泥质灰陶，敞口，宽折沿，斜直腹，通高5.8、口径

9.3、底径5.2厘米（图四，8；图版二，3）。

陶井 1件。M26：7，残，泥

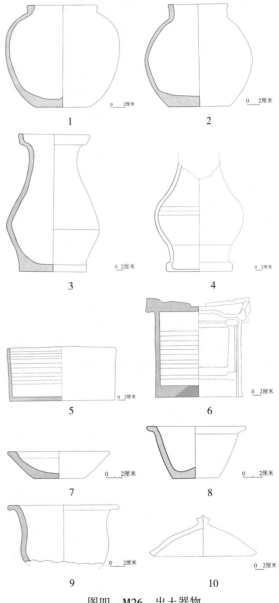

图四 M26 出土器物
1~2.陶罐（M26：8、M26：4） 3~4.陶壶（M26：1、M26：2）
5~6.陶仓（M26：3、M26：5） 7~8.陶甑（M26：6、M26：14）
9.陶井（M26：7） 10.陶器盖（M26：12）

质灰陶，口微敞，卷沿。通高8.8、口径16.8、底径12厘米（图四，9；图版一，4）。

陶器盖 3件。标本M26：12，残，泥质灰陶，盖钮呈鸡冠状。通高9.8、底径27.1厘米（图四，10）。

（2）M47

位于发掘区东南部，方向190°。为"刀"形竖穴土圹砖室墓，墓圹通长7.46、宽0.96～2.4米，墓底距墓口深1.56米。墓道、土圹与壁砖间填黄褐色花土，土质较硬且纯净，为营建墓室时填土；墓室内填土，土质较软，含大量砖块等物，为盗扰、坍塌堆积形成。未见葬具及朽痕，葬式不详（图五）。全墓用砖均为泥质青砖，由墓道、墓门、墓室、器物台四部分组成。墓道平面呈近长方形，斜坡底。墓道长2.96、宽0.96～1.1、深0～1.56米，坡长3.4米。墓门平面呈长方形，拱券式，顶部坍塌，底用青砖两两并列横向、纵向交替平铺。上部以平砖错缝叠砌墙裙，下部以"一丁一顺"叠砌。墓门残高0.9、宽0.9米，封门砖宽0.9、残高0.9、厚0.5米，以"一丁一顺"叠砌，共四层。墓室平面呈长方形，顶部破坏不存，铺底砖用泥质青砖斜向交错平铺，墓室长4.5、宽2.4、残高1.52米，内空长3.9、宽2.2米。墓壁以"一丁一顺"叠砌而成。器物台位于墓室北部，宽0.6、长1.56、高0.32米。

M47随葬品共计7件，均为陶器，有罐、甑、釜、灶、奁等。

陶罐 M47：1，残，泥质灰陶，直口，方唇，束颈，鼓腹，平底。通高15.2、腹径16.2、口径7.3、底径7厘米（图六，1）。

陶甑 M47：3，残，敞口，宽折沿，鼓腹。通高5、底径3.4厘米（图六，2）。

陶釜 M47：4，残，敛口，卷沿，束颈，鼓腹。通高4.5、腹径8.1、口径5.3、底径3.4厘米（图六，3）。

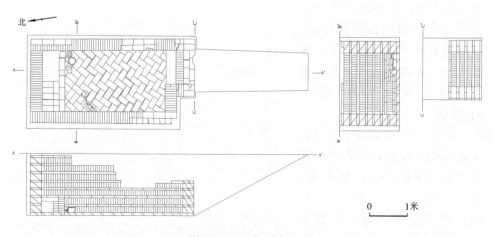

图五 M47平、剖面图

陶灶　M47：5，残，呈不规则开口，平底，直腹，底部开两孔。通高7、口径约15.8、底径13.6厘米（图六，4）。

陶奁　M47：6，残，直口，直腹斜向下收，平底。通高10.6、口径18.3、底径17厘米（图六，5）。

2. "甲"字形砖室墓

共有2座，编号为M23、M24，为椭圆形墓室，墓葬中均未见葬具、人骨及朽痕。现以M24为例进行介绍。

M24位于发掘区的中部，方向180°，平面呈"甲"字形，通长4.49、宽0.82~2.88米，墓底距墓口深1.1米。由墓道、墓门、墓室三部分组成（图七），用砖均为泥质青砖。墓道位于墓圹南端，开口平面呈近长方形，墓道长1.1、宽0.8~0.9米，最深处为1.1米，与墓室齐平，填黄褐色花土，土质较硬且纯净。墓道底部仅存台阶四级，台阶直壁，每级宽0.36~0.4、高0.24~0.3米。

墓门连接墓道、墓室，拱券式，券顶坍塌，以"一丁两顺"砌成，厚0.5、残高0.8米，底部未铺砖，残存封门砖六层。墓室位于墓门以北，平面为椭圆形，穹窿顶，顶部坍塌。纵长3.3、宽2.88米，内空长2.8、宽2.4米，室残高0.84 ~ 0.9米，墓室未见铺底砖，以"一丁两顺"叠砌墙裙至0.96米，以上用平砖顺砌一周锯齿状图案，再以上平砖错缝叠涩内收起券、结顶。墓室基本被半圆形棺床占

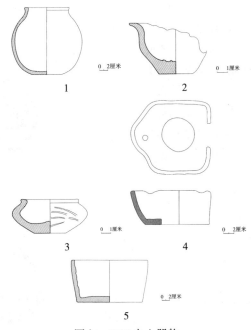

图六　M47出土器物

1.陶罐（M47：1）　2.陶甑（M47：3）　3.陶釜（M47：4）　4.陶灶（M47：5）　5.陶奁（M47：6）

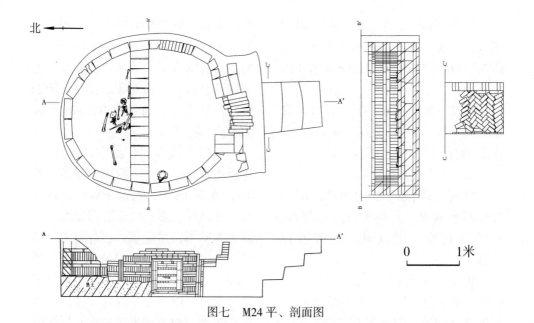

图七 M24 平、剖面图

据，床边用五层砖砌成，其余墓壁之间用黄色花土填实，平面为一层青砖纵横平铺，棺床高出墓底 0.4 米。墓室东壁有砖砌的假门（图版三），假门最底层为一层砖，做出地栿，门额上方有两门簪。两扇门板是用青砖"一平一竖"砌法砌制，门板上有门钉共四排，每排 8 个。门板中缝砌有门闩、锁。门板两侧由两层立砖做出分心柱，门柱下有平砖所做的柱础。门上部分区域可见白灰，但已剥落殆尽。

墓葬被盗扰，棺床北部散落少量人骨，性别及年龄不详。

M24 随葬品仅有铜钱一枚。M24：1，铜钱，残，圆形方穿，穿正背均有圆郭，正面铸钱文"开元通宝"四字，对读（图八）。

3. 长方形砖室墓

共有 2 座，编号为 M10、M46，

均开口于第 4 层下，破坏严重。

M10 位于发掘区的中部，方向 190°，南北向。竖穴土圹砖室墓，平面呈长方形（图九）。土圹直壁、平

图八 M24 出土器物

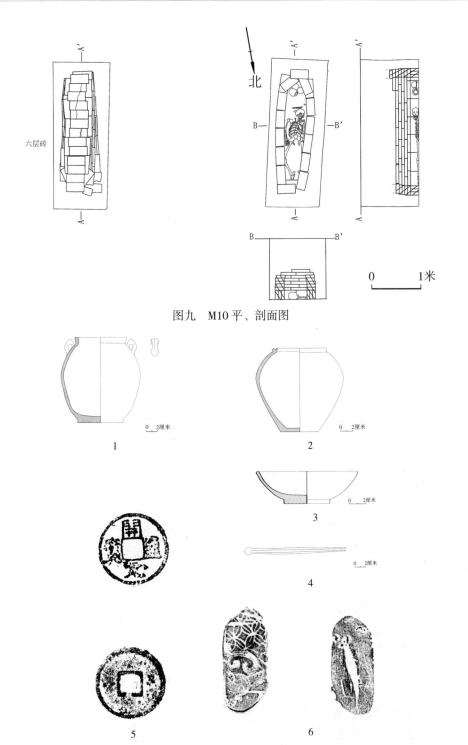

图九　M10平、剖面图

图一〇　M10出土器物

1~2.陶罐（M10:1、M10:2）　3.瓷碗（M10:3）　4.铜簪（M10:4）　5.铜钱（M10:5）　6.石饰件（M10:6）

底，通长 2.9、宽 1.1 ~ 1.16、深 1.2 米。内空长 2.1、宽 0.3 ~ 0.44、残高 0.48 米。顶部以平砖横铺，壁砖"三平一侧"叠砌，往上均平砖横铺，未发现铺底砖。墓内填黄褐色花土，土质较软，含砖块等物，为盗扰及坍塌形成。墓内人架一具，头向南，面向西，仰身直肢，性别及年龄不详。

M10 出土器物共计 6 件，包括陶器、瓷器、铜器等。

陶罐　2 件。M10 ：1，残，泥质灰陶，直口，圆唇，双耳，鼓腹，平底。通高 15、腹径 14.5、口径 9.3、底径 8.3 厘米（图一〇，1）。M10 ：2，残，泥质灰陶，直口，丰肩，鼓腹，平底。通高 13.2、腹径 14.2、口径 8.6、底径 6.2 厘米（图一〇，2）。

瓷碗　1 件。M10 ：3，残，白釉瓷碗，敞口，圈足，素面。通高 4.1、口径 13.3、底径 6 厘米（图一〇，3）。

铜器　2 件。M10 ：4，铜簪，残，素面，平面呈"U"形，头呈如意形，尾尖，通体光滑。长 20.8 厘米（图一〇，4）。M10 ：5，铜钱，残，圆形方穿，穿正背均有圆郭，正面铸钱文"开元通宝"四字，对读（图一〇，5）。

石饰件　1 件。M10 ：6，残，呈不规则形，正面雕有花草纹饰，背面光滑（图一〇，6；图版二，4）。

（二）土坑墓

共有 54 座，分布于整个发掘区，大多开口于第 2 层下，少数开口于第 3 层下，平面呈长方形或梯形，按照棺的数量可分为单棺墓、双棺墓、三棺墓三种。

1. 单棺墓

单棺墓共有 48 座，编号为：M1、M3、M4、M6、M8、M11~M13、M16~M18、M20、M29、M30、M32~M39、M42~M45、M49~M70，现以 M8、M13 为例进行介绍。

（1）M8

位于发掘区的东南部，开口于第 3 层下，方向为 350°。平面呈长方形，直壁，平底。墓圹长 2.6、宽 0.8 米，墓底距墓口 0.9 米。墓内填黄褐色花土，土质疏松，较纯净。墓内置一木棺，棺板皆朽，平面呈梯形，棺长 2.04、宽 0.5 ~ 0.6、残高 0.3 米。棺

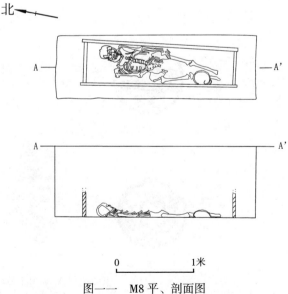

图一一　M8 平、剖面图

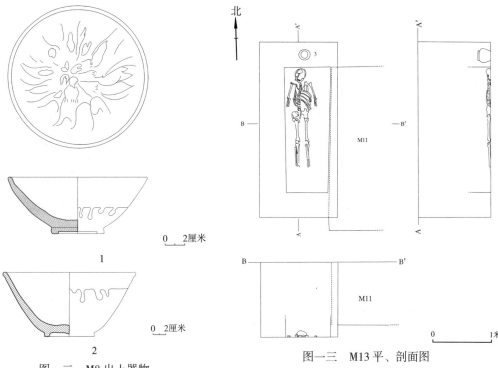

图一二　M8 出土器物
1.黑釉茶盏（M8∶1）　2.白瓷碗（M8∶2）

图一三　M13 平、剖面图

内人架一具，头向北，面向东，仰身直肢葬，性别及年龄不详（图一一）。随葬器物为 2 件瓷器。

　　黑釉茶盏　M8∶1，残，敞口，圈足，内外施黑釉，盏外壁施釉不到底，有流釉现象。通高 5.5、口径 13.5、底径 5.2 厘米（图一二，1；图版二，1）。

　　白瓷碗　M8∶2，残。敞口，圈足，半包釉面，有流釉现象。通高 7.3、口径 19.2、底径 7.4 厘米（图一二，2）。

　　（2）M13

　　位于发掘区的中部，方向 0°。平面呈长方形，直壁，平底（图一三）。墓圹长 2.8、宽 1.28、深 1.2 米。墓

内填黄褐色花土，土质疏松，较纯净。墓内置一棺，木质，棺木已朽，仅存棺痕，平面呈梯形，棺长 2、宽 0.68~0.76、残高 0.3 米。棺内人架一具，头向北，仰身直肢，性别及年龄不详。

　　M13 出土随葬品 3 件，陶罐、铜簪、铜钱各一件。

　　陶罐　M13∶3，残，泥质灰陶，半包釉，直口，圆唇，丰肩，平底。通高 11.8、腹径 12.6、口径 8、底径 7.8 厘米（图一四，1）。

　　铜簪　M13∶1，残，素面铜条，截面呈圆形，头弯尾尖（图一四，2）。

　　铜钱　M13∶2，残，圆形方穿，穿正背均有圆郭，正面铸钱文"万历

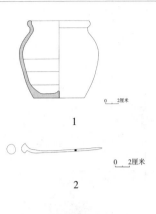

1

2

3

图一四　M13 出土器物
1. 陶罐（M13：3）　2. 铜簪（M13：1）
3. 铜钱（M13：2）

通宝"四字，对读（图一四，3）。

2. 双棺墓

双棺墓共有5座，编号为M9、M14、M15、M40、M41，现以M14为例进行介绍。

M14位于发掘区的中部，方向0°。平面呈长方形，直壁，平底（图一五）。墓圹长2.86、宽1.9～1.94米，墓地距墓口深0.96～1.14米。墓内填黄褐色花土，土质疏松，较纯净。墓内置双棺，皆木质，平面呈梯形穴，仅存朽痕。东棺长2.4、宽0.6～0.74、残高0.3米。西棺长2.26、宽0.56～0.68、残高0.36米，西棺穴打破东棺。棺内人架各一具，头皆向北，东棺人架面向东，西棺面向西，皆仰身直肢，性别及年龄不详。出土随葬品有陶罐、金簪、铜簪、铜耳环、铜棺钉、铜钱、蚌饰，部分器物残损严重。

陶罐　1件。M14：8，泥质灰陶，

北→

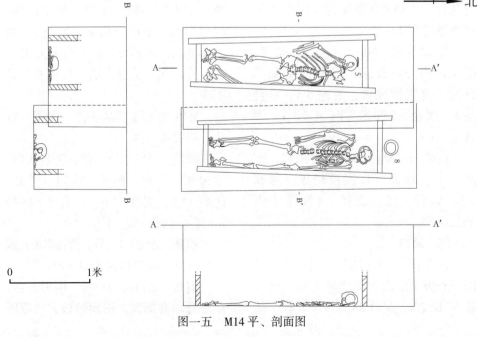

图一五　M14 平、剖面图

半包釉，直口，圆唇，平底，泥条盘筑而成。通高12.5、腹径12.5、口径9.2、底径8.5厘米（图一六，1）。

金簪　1件。M14：5，通长9.7厘米。簪下部呈锥状，上部为蛇形，金蛇微微翘首，刻有双目、尖嘴（图一六，2）。

铜簪　2件。标本M14：1，素面铜条，截面呈圆形，头弯尾尖（图一六，3）。

铜耳环　1件。M14：3，头部为圆形，尾尖，为铜条弯曲而成（图一六，4）。

铜棺钉　3枚。M14：7，2枚头为铜方块，1枚带有残木块，尾尖（图一六，5~6）。

铜钱　4枚。标本M14：2、M14：6，圆形方穿，正面铸钱文"万历通宝""天启通宝""崇祯通宝"等字，对读（图一六，7）。

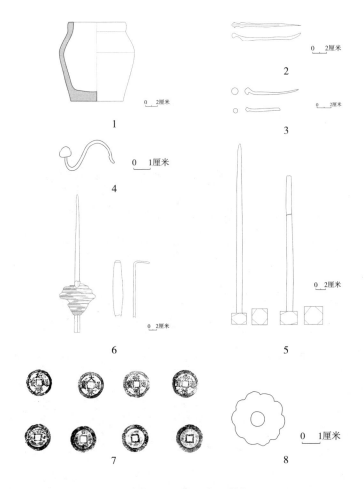

图一六　M14出土器物
1.陶罐（M14：8）　2.金簪（M14：5）　3.铜簪（M14：1）　4.铜耳环（M14：3）
5~6.铜棺钉（M14：7）　7.铜钱（M14：2、M14：6）　8.蚌饰（M14：4）

蚌饰 1件。M14：4，白色，通体光滑，十瓣花朵形状（图一六，8）。

3.三棺墓

三棺墓共有1座，编号为M19，位于发掘区的中部，方向0°。墓葬平面呈长方形，直壁，平底，墓圹长2.6、宽2.8~2.9米，墓底距墓口深1米，墓内填黄褐色花土，土质疏松，较纯净。墓内置三棺，皆木质，平面呈梯形，仅存朽痕。东棺长2.28、宽

0.6～0.7、残高0.44米，中棺长2.2、宽0.64～0.76、残高0.4米，西棺长2.32、宽0.62～0.72、残高0.4米。东、西棺穴打破中棺。三棺内人架各一具，头皆向北，中棺人架面向西，东、西棺人架面向东，皆仰身直肢，性别及年龄不详（图一七）。

M19出土随葬品有陶罐、铜钱。

陶罐 2件。M19：2，泥质灰陶，半包釉，直口，圆唇，平底，泥条

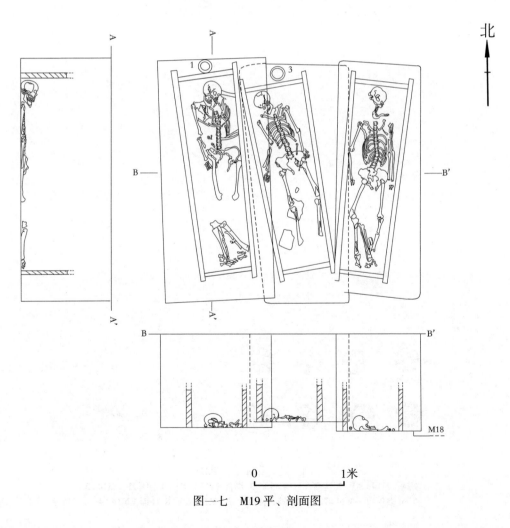

北

图一七 M19平、剖面图

盘筑而成。通高11.8、腹径11.5、口径9、底径8厘米（图一八，1）。

M19：3，黑陶，质地较粗糙，卷沿，束颈，鼓腹，通高9.1、腹径15.2、底径12.5、口径6.9厘米（图一八，2）。

铜钱　1件。M19：1，圆形方穿，正面铸钱文"康熙通宝"四字，对读（图一八，3）。

（三）窑址

发现砖窑遗址3座，编号为Y1、Y2、Y3，位于发掘区中、南部，开口于第4层下，为马蹄形窑。现以Y1为例介绍。

Y1平面呈马蹄形，现仅存下部，方向110°。东西长9.52、南北宽2.7~4.6米，由操作间、火门、火膛、窑室、烟道五部分组成（图一九）。窑内填土为废弃后堆积，不分层，土质疏松，内含红烧土颗粒及炭末。

操作间位于火门的东部，底部自东向西呈缓坡状渐深，口大底小，东

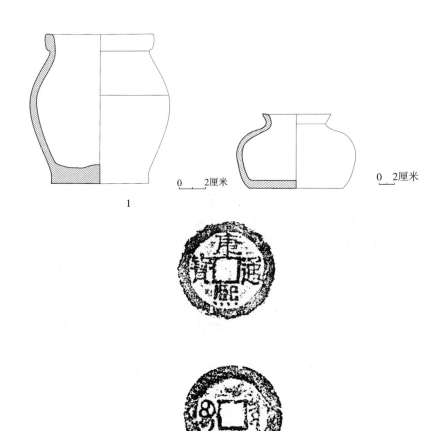

图一八　M19出土器物

1~2.陶罐（M19：2、M19：3）　3.铜钱（M19：1）

西长 4、南北宽 1.1 ~ 2.7 米，底距窑口深 1.62 米。

火门连接操作间、火膛，横断面呈圆形，土洞式，宽 1.2、进深 1.4、残高 0.92 米。底部与操作间齐平。

火膛连接火门、窑床，平面呈半圆形，口小底大，呈袋状，宽 2.2、长 1.2、深 2.2 米。火膛周围青灰色烧结面厚 0.1 米；红烧土厚 0.16 米；底部有一层黑灰，厚 0.02 米。火膛底部较平，低于窑室 0.6 米。

窑室位于火膛西部，东连接火膛。顶部已坍塌，底部平面呈长方形，窑室长 2.5、宽 3 ~ 4.16、残存高 0.94 米。窑室南壁砌砖，东底部铺有一层砖，用砖规格为长 0.6 ~ 0.8、宽 0.16 米。窑室底及周壁已烧至青灰色，青灰色烧结面厚 0.1 米，红烧土厚 0.14 米。

烟道位于窑室外侧西，自北向南等距分布烟道 3 个，下部与窑室相通，大小、形制相同。平面呈马蹄形，东西长 0.5、南北宽 0.6 米。烟道周壁红烧土硬面，厚约 0.16 米。

三、结语

此次发掘的墓葬、窑址均未出土具有明确纪年的遗物，因此对其年代的判定仅能通过开口层位、墓葬形制、随葬器物等方面来分析。

M26、M47 等 12 座 "刀" 形砖室墓，形制与通州路县故城遗址东汉墓 [1]、房山岩上东汉墓葬群 [2] 相近；出土的陶仓、陶井、陶灶等为东汉墓葬常见随葬品器形。综上，判断发掘区的 "刀" 形砖室墓时代为东汉。

"甲" 字形砖室墓 M23、M24，墓室近似圆形，墓室东面砖砌仿木结构假门，残存的白灰色涂层表明墓室中曾有壁画，这些特征与通州路县故城遗址唐墓 M584 [3]、西城区丰盛胡同唐代壁画墓 [4]、海淀区八里庄唐墓 [5]、房山窦店唐墓 [6] 相近。长方形砖室墓 M10 的形制与通州路县故城遗址唐墓 M276 [7]、朝阳区生物院住宅小区唐墓 M60 [8] 相近，皆南北向，人骨头向南，M10 出土的白瓷碗是唐代墓葬中的常见器物。结合以上墓中出土的 "开元通宝" 铜钱，可进一步推断三座墓年代为唐代。

土坑墓 M8 出土器物为辽金时期所常见，其中黑釉茶盏与大兴区辽金时代塔林遗址中出土的同类器物 [9] 相近，推测该墓时代或为辽金时期。其余 53 座土坑墓开口层位一致，形制接近，且与路县故城遗址周边所见明清墓葬、平谷马坊镇河北村明代墓地 [10]、密云大唐庄清代墓 [11] 形貌相仿，结合墓中所见明清时期铜钱，可知这 53 座墓的年代为明中晚期至清初。

发掘的 3 座窑址与汉唐时期墓葬开口于同一地层，形制与大兴西红门汉唐窑址 Y6 [12] 近似，也常见于河南和陕西等地的隋唐砖瓦窑 [13]。推断 3 座窑址年代为唐代，可能专为本地修砌墓室烧制砖瓦。

综上分析，该区域遗迹以中小型墓葬为主，其中汉代砖室墓规模相对较大，唐至辽金时期墓葬数量较少，明清墓葬数量居多。各时期墓葬形制较单一，与路县故城遗址及周边所见墓葬形制、规模接近，除合葬墓外，同时代墓

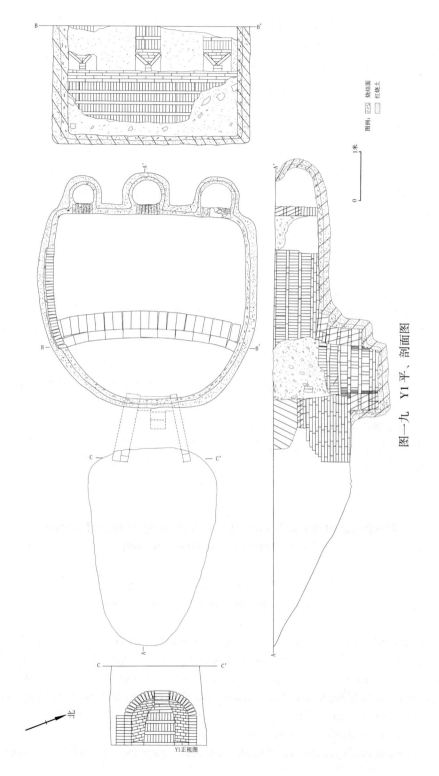

图一九　Y1 平、剖面图

葬间未见打破关系，且有一定排列、组合规律，推测这一区域在汉唐至明清时期，曾多次被规划为家族墓地。孙各庄村墓葬群的发掘为认识北京地区特别是副中心地区汉唐至明清时期的丧葬礼俗、生产生活面貌提供了丰富的材料。

附记：该项目发掘负责人为刘风亮。北京联合大学赖子阳、李美琪、杨劲真等参与室内整理工作。

执笔者　刘风亮、张雯（通讯
作者）、黄可佳

注　释

[1] 北京市文物局等：《北京城市副中心考古》第1辑第82～86页，科学出版社，2018年。

[2] 宋大川主编：《北京考古工作报告（2000~2009）·南水北调卷》第193页，上海古籍出版社，2011年。

[3] 北京市文物局等：《北京城市副中心考古》第1辑第99页。

[4] 北京市文物研究所：《西城区丰盛胡同唐代壁画墓发掘简报》，《北京文博文丛》2011年第1期。

[5] 北京市海淀区文物管理所：《北京市海淀区八里庄唐墓》，《文物》1995年第11期。

[6] 北京市文物研究所等：《北京房山窦店镇唐代墓葬发掘简报》，《北京文博文丛》2021年第2期。

[7] 北京市文物局等：《北京城市副中心考古》第1辑第99页。

[8] 韩鸿业：《北京朝阳区生物院住宅小区唐代墓葬发掘简报》，《北京考古》第1辑，北京燕山出版社，2008年。

[9] 北京市文物研究所：《北京市大兴区辽金时代塔林考古发掘概况》，《北京文博》2009年第1期。

[10] 北京市文物研究所等：《京平高速公路工程考古发掘报告》，《北京考古》第2辑，北京燕山出版社，2008年。

[11] 北京市文物研究所：《密云大唐庄：白河流域古代墓葬发掘报告》第151页，上海古籍出版社，2010年。

[12] 北京市文物研究所：《北京大兴西红门汉唐窑址发掘简报》，《北京文博文丛》2021年第3期。

[13] 李清临：《隋唐时期砖瓦窑研究》，《江汉考古》2015年第1期。

The Excavation of Tombs at Sungezhuang Village, Lucheng Town, Tongzhou District, Beijing

Beijing Municipal Institute of Archaeology

Institute of Archaeology, Beijing Union University

Abstract: In order to cooperate with the construction of Block D-01 in District D of the land development project of Sungezhuang Village, Lucheng Town, Tongzhou District, Beijing, Beijing Union University and Beijing Institute of Archaeology carried out a salvage excavation. They found burial groups and kiln sites from the Han Dynasty to the Qing Dynasty, and unearthed a large number of distinctive burial objects, which provided rich materials for understanding the ancient funeral rites, customs, production and living conditions in Beijing area.

Keywords: Beijing Archaeology　Brick Room Grave　Earth Pit Tomb　Kiln Site Research

西安市长安区西太路唐代豆卢家族墓发掘简报

西安市文物保护考古研究院
北京联合大学考古研究院

摘　要： 2018年9月至11月，西安市文物保护考古研究院与北京联合大学在西安市联合发掘了唐代豆卢家族墓。出土了几件典型唐代器物，及墓志一合，证明了墓主人是盛唐时代史书没有记载的豆卢家族成员。

关键词： 西安　唐代　豆卢家族　墓志

2018年9月至11月，为配合研样GX3-18-11宗地基本项目建设，西安市文物保护考古研究院与北京联合大学组建联合考古队，在西安市长安区郭杜镇兴隆街道进行抢救性考古发掘工作，发掘区域位于西太路以西，兴隆社区东北部（图一），

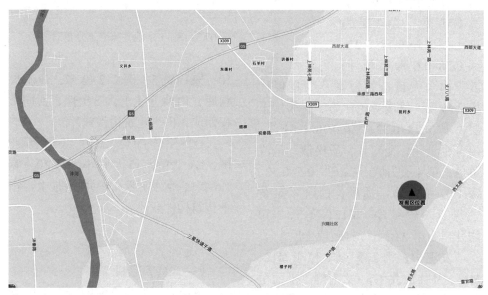

图一　发掘区位置示意图

共发掘遗迹 22 处，其中墓葬 18 座，包括唐墓 11 座、晚期墓 7 座；沟和窑各 2 处，时代为唐代（图二）。其中 M12、M13、M14 方向一致、排列有序，推测为家族墓，尤其是 M14 出土墓志一合，证明墓主为唐代豆卢氏，有较重要的历史价值。现将发掘情况简报如下。

一、地层堆积与护墓沟

墓葬所在区域的地层自上而下可分为五层：第 1 层为现代杂填土，厚 0.58~0.6 米，质松散，内含大量现代生活垃圾及植物根系，呈浅黄褐色；第 2 层为耕土层，厚 0.18~0.21、深 0.58~0.6 米，质松散，内含大量植物根系及少量现代生活垃圾，呈浅灰色；第 3 层为扰土层，厚 0.28~0.32、深 0.78~0.81 米，内含少量砖、瓦碎片，质松散，呈浅黄色；第 4 层为垆土层，厚 0.5~0.52、深 1.07~1.12 米，质硬，内含零星黄色斑点，较纯净。M12、M13、M14 均开口于第 2 层下，打破垆土层。

发现护墓沟 2 条。G1 位于 M12、M13、M14 西北侧，G2 南侧。平面呈长方形，南北向，口大底小。南北长

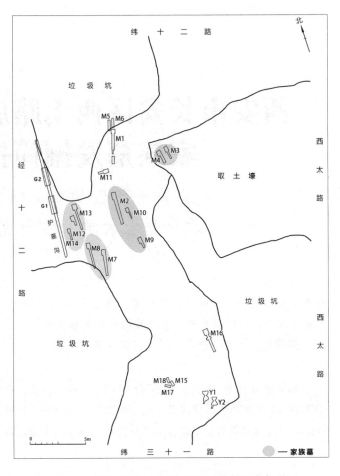

图二　研祥 GX3-18-11 宗地墓葬遗迹分布图

10、东西宽 5、深 2~2.12 米，浅斜坡状底，内填五花土，一次性东西向堆积而成，出土建筑构件残片。

G2 位于 M12、M13、M14 西北侧，G1 北侧。口大底小，长 10、宽 1.6~2.1、深 2.1 米。内填五花土。出土建筑构件残片。

二、M12

（一）墓葬形制

M12 距地表 0.6~0.8 米，方向

212°。墓葬形制为竖穴墓道土洞墓，南北向，全墓由墓道和墓室组成（图三；图版四，1、2）。

墓道　位于墓室南部，平面呈梯形状，竖穴式，长3.04、宽0.8~1.3、深2.8米，直壁、平底。内填充五花土，未经夯筑。

墓室　位于墓道北部，平面近梯形，结构为土洞式，拱形顶，长1.84~2.26、宽1.16~1.58、高2米，直壁、平底。随葬器物置于墓室中北部，出土器物有陶罐、瓷盂。

葬具　根据填土存留印痕，推断为单棺。其他信息不详。

葬式　人骨架1具，保存尚好。葬式为仰身直肢，头向北。其他信息不详。

（二）随葬器物

M12随葬器物2件，分述如下。

陶罐　1件。标本M12：2，泥质红陶，轮制。侈口，卷弧沿，圆唇，矮弧颈，溜肩，弧腹，平底。腹体饰凹弦纹数周圈带。口径10、底径6.3、通高16.6厘米（图四，1；图版七，1）。

瓷盂　1件。标本M12：1。侈口，矮领，鼓腹，平底，底缘周均匀置三兽形足，足外撇。器通身施白釉。口径3、底径4.7、通高5.5厘米（图四，2；图版七，5）。

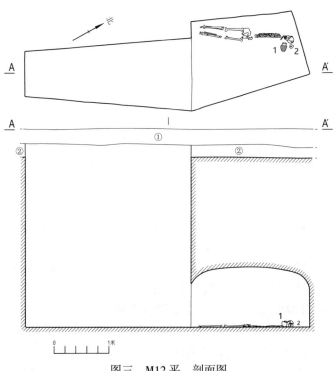

图三　M12平、剖面图
1 陶罐　2 瓷盂

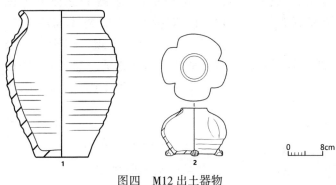

图四　M12出土器物
1.陶罐（M12：2）2.瓷盂（M12：1）

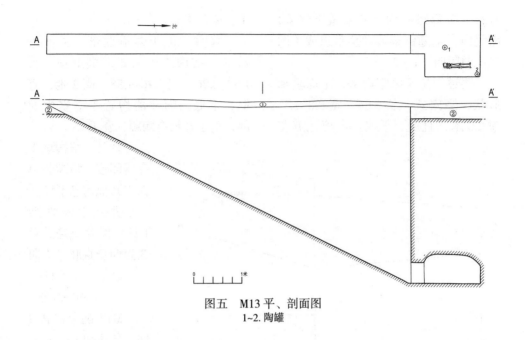

图五　M13 平、剖面图
1~2. 陶罐

三、M13

（一）墓葬形制

M13 距地表 0.25 米，方向 181°。墓葬形制为长斜坡墓道单室土洞墓，南北向，全墓由墓道、甬道和墓室组成（图五；图版五，1、2）。

墓道　位于墓室南部，平面呈长方形、竖穴式、斜坡底，道长 19.2、南端宽 1.05、北宽 1、深 9.2、坡长 21.3 米，坡度 26°。内填充五花土，未经夯筑。

甬道　位于墓室南部，南衔接墓道。平面呈长方形，土洞式，拱形顶。

墓室　位于甬道北部，平面近方形，土洞式，拱形顶，室长 2.9、宽 2.85、高 1.5 米，直壁，平底。室内中部和东北部随葬陶罐各 1 件。

葬具　根据填土中存留印痕，推断葬具为木质单棺，其他信息不详。

葬式　人骨架 1 具。葬式为仰身直肢，头向南，其他信息不详。

（二）随葬器物

M13 随葬陶罐 2 件，泥质灰陶。标本 M13：1，侈口，立领，广肩，鼓腹，平底。烟炱痕迹明显。口径 9.2、底径 9.6、通高 15.8 厘米（图六，1；图版七，3）。标本 M13：2，侈口，斜平沿，束颈，广圆肩，鼓腹，平底。通体素面。口径 6、底径 9.5、通高 20 厘米（图六，2；图版七，2）。

四、M14

（一）墓葬形制

M14 距地表 0.3 米。方向 181°。

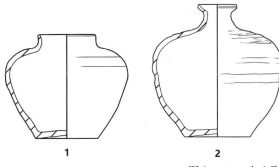

图六　M13 出土陶罐
1.M13：1　2.M13：2

墓葬形制为斜坡墓道洞室墓，南北向，全墓由墓道、过洞、天井、甬道和墓室组成（图七；图版六，1、2）。

墓道　位于南部，平面呈长方形，斜坡式，北宽南窄。长 0.8、宽 0.8~0.85、深 4.5 米。底部呈斜坡状，坡长 6.5 米，坡度 40º。道内填充五花土，未经夯筑。

过洞　位于墓道北部，平面呈长方形，土洞式。宽 0.85~0.96、进深 1.5 米。

天井　位于过洞北部，平面呈长方形。长 1.5、宽 0.68 米。

甬道　位于天井北部，墓室外口部。平面呈长方形，土洞式。宽 1.08~1.1、进深 0.6、高 1.4 米。

墓室　位于北部，平面呈长方形，土洞式，拱形顶。长 2.5、宽 1.5、高 1.6 米。墓室内发现人骨 1 具，保存极差，仅剩部分肢骨残块，葬式无法辨清。墓室内发现有木质朽痕及棺钉，推测应为木棺。棺灰痕迹模糊，尺寸不详。随葬品多置于墓室北部，出土随葬品包括陶罐、铜钱、墓志。

（二）随葬器物

该墓随葬器物 5 件，分述如下。

1. 陶器

3 件。器形有塔式罐座、罐。

塔式罐座　1 件。标本 M14：1，泥质红陶。器顶面残失，通体近喇叭状，腰略束，器表置棱带和弦纹，棱带间模印禽鸟图案。器残高 30.6 厘米（图八，1）。

罐　2 件。形体特征近同。均泥质红陶。侈口，鼓腹，平底。标本 M14：3，矮弧颈，皮标烧制气泡明显。通体素面。口径 9、底径 11、通高 25.5 厘米（图八，2；图版七，4）。标本 M14：5，颈以上残失。器表面磨光。通高 23.5 厘米（图八，3）。

2. 铜器

钱币　1 枚。标本 M14：2，圆形方穿，有钱郭，面背肉好皆有郭。郭径 2.5、钱径 2.2、穿径 0.96 厘米。为"开元通宝"。

3. 墓志

墓志一合，标本 M14：4，由

盖和志组成，均系青石质。

志盖 方形，盝顶，顶面阴刻3行隶书，每行3字，为"唐故豆卢府君墓志铭"。盝顶边长19.5、刹面宽8、盖厚6厘米。刹面各线刻团花线纹三组（图版八，1）。

志石 方形，边长35、厚6厘米。志文隶书16行，满行18字，全文280余字（图版八，2）。录文如下：

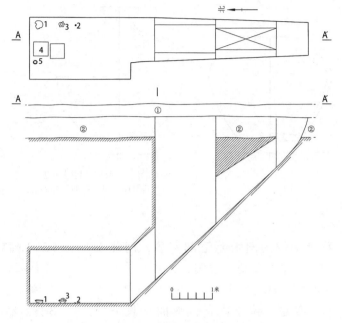

图七 M14平、剖面图
1.塔式罐座 2.铜钱 3.陶罐 4.墓志 5.陶罐

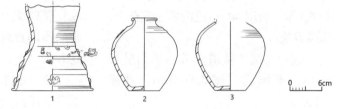

图八 M14出土陶器
1.塔式罐座（M14：1） 2~3.罐（M14：3、M14：5）

【志盖】

唐故豆卢府君墓志铭

【志文】

大唐游击将军左领军卫中郎将豆卢府君墓志铭并序

公讳□舟，河南人也。家承令问□贻□万祀，世蕴余庆而间出三公。曾祖通，□银青光禄大夫、太府卿、沃野公、驸马都尉。祖宽，特进、行礼部尚书。父自，牧临川郡，宁□传陈鼎之美，乃复获高门之誉。

公□□□□，温良励己。自开元中，挽郎出身，授左司□□□星霜。未几，拜游击将

军，累□腾□，擢左□卫郎将，寻转左领军卫中郎，仍锡以金印紫绶。功勋克著，王爵未报。无何，遇疾，医□靡征。天宝十四载五月十五日终于宣平里第，春秋六十有一，以其载十一月十五日，迁殡于京城南毕原之礼也。嗣子寅，居丧泣血，毁瘠为形。惧陵谷迁移，式纪贞石，铭曰：

令□将贻，挺生贤德。先烈克绍，有典有则。词以藻身，毅

以安国。皇天不愍，□丧□良。凤城南兮毕陌傍，于嗟府君兮居此玄堂。

五、余论

本次发掘墓葬的时代以唐代为主，发掘区域属唐代高阳原（毕原），发掘的11座唐代墓葬，排列较为有序，出土文物时代清晰，推测多为家族墓地。除本文所列豆卢家族墓M12、M13、M14外，本次发掘的还有隋将薛世雄墓（M1），唐官刘霞举、刘弼父子墓（M8、M7），等等。据传世文献及出土资料，高阳原有唐恭懿太子李佋[1]及隋唐时期众多官吏、平民墓葬[2]，为初唐至盛唐时期的重要墓葬区，与本次发掘唐墓的时代、级别相契合。

根据相对位置及西侧护墓沟G1、G2，可以推测M12、M13、M14为家族墓葬。但这三座唐墓出土文物较少，具体时代需从墓葬形制判断。M13为长斜坡墓道单室土洞墓，结合西安地区已有唐墓的发掘资料，可知长斜坡墓道单室土洞墓流行于唐初至武周前后，等级较高；M14平面呈直背刀形，直背刀形墓流行于盛唐；M12平面呈折背刀形，折背刀形墓流行于中唐。则M13为先，可能早至武周前后；M14因出土有墓志，确定墓主人为唐玄宗时期的官员豆卢□舟；M12时代最晚，为玄宗之后。

M14出土的墓志，可略做考释。墓主豆卢□舟，为北朝—隋唐时期的大族豆卢家族成员。豆卢氏本为后燕皇室慕容氏，北魏灭燕，部分皇族降魏改姓"豆卢"，意为"归义"。北朝至隋，豆卢氏历代皆有高官，唐初亦为望族。北朝至隋皆以族望为"昌黎徒河"，自豆卢□舟祖父豆卢宽时始改"河南洛阳人"[4]，是因为"北魏孝文帝实行汉化改革，迁洛胡族在改姓的同时，也改以河南洛阳为其族望"[5]。

墓志以豆卢宽为祖，豆卢自为父。之前资料皆认为豆卢宽有三子，仁业、承基、怀让，此次又见另一子豆卢自，可补史缺。豆卢宽与三个儿子皆为高官，不仅都陪葬昭陵[6]，三子豆卢怀让更是娶唐高祖第六女万春公主[7]。与父兄相比，豆卢自仅为临川郡太守，且不见史载，又不入祖茔，很可能为庶出。结合墓葬时代与相对位置，可以推测M13或为豆卢自墓。

依墓志所载墓主卒年，可推出豆卢□舟生于武周证圣元年（695）。墓志载其早年"自开元中，挽郎出身"，挽郎为帝后出殡时牵引灵柩唱挽歌的少年人，其所挽者，可能是开元四年（716）驾崩的唐睿宗李旦，是年豆卢□舟22岁。挽郎虽属门荫，但并不显贵，丧事毕，多授官[8]，即墓志所言"授左司……"，不久升为从五品下武散官"游击将军"，后又"擢左□卫郎将，寻转左领军卫中郎"。郎将为正五品下，中郎为正四品下，也都是中低级武官。豆卢□舟一生官职不高，与诸兄不能相比，很可能也与其庶出身份有关。

豆卢□舟家宅宣平坊位于唐长

安城东南，东市以南第二坊，属万年县。葬地毕原虽在长安城西南，但亦属万年县，"毕原在雍州万年县西南二十八里"[9]。豆卢□舟于天宝十四年五月十五日卒于中郎任上，十一月十五日即葬。天宝十四年十一月初九，安禄山在范阳起兵，安史之乱爆发，十五日消息抵达长安，天下震动。就在安史之乱的消息抵京当日，豆卢□舟的儿子豆卢寅"惧陵谷迁移"，将父亲的棺椁下葬。

附记：本次发掘领队王艳朋，执行领队黄可佳。参与发掘和资料整理的人员有负笑涛、祁玉龙、张宏志、郑飞等。发掘和文保工作还得到了陕西三辅文物保护工程有限公司协助。

执笔者　黄可佳、王艳朋

注　释

[1]《旧唐书·肃宗代宗诸子》第3389页，中华书局，1975年。

[2] 陕西省考古研究院：《长安高阳原新出土隋唐墓志》，文物出版社，2016年。

[3] 中国科学院考古研究所编：《西安郊区隋唐墓》，科学出版社，1966年；陕西省考古研究院：《西安南郊傅村隋唐墓发掘简报》，《考古与文物》2010年第3期；西安市文物保护考古所：《西安东郊唐温绰、温思暕墓发掘简报》，《文物》2002年第12期。

[4]《豆卢宽碑》，张沛编著：《昭陵碑石》第19页，三秦出版社，1993年。

[5] 姜波：《豆卢氏世系及其汉化——以墓碑、墓志为线索》，《考古学报》2002年第3期。

[6]《唐会要》卷二一"昭陵陪葬名氏"。

[7]《唐会要》卷六："长沙。始封万春。降豆卢怀让。"

[8] 黄正建：《唐代的斋郎与挽郎》，《史学月刊》1989年第1期；刘琴丽：《再论唐代的斋郎与挽郎》，《江汉论坛》2005年第9期。

[9]（唐）李泰等著，贺次君辑校：《括地志辑校》卷一，中华书局，1980年，第8页。

Preliminary Report on the Excavation of the Family Cemetery of Doulu Dating to the Tang Danasty at Xitai Road, Chang 'an District, Xi 'an City

The Xi'an Institute of Cultural Relics Protection and Archaeology

Institute of Archaeology, Beijing Union University

Abstract: September to November 2018, Xi'an Institute of Cultural Relics Protection and Archaeology and Beijing United University jointly excavated the Doulu family tomb of the Tang Dynasty in Xi'an.Several typical Tang Dynasty artifacts and epitaphs were unearthed,and proves that the owner of the tomb is a member of Doulu family that is not recorded in the history books of the prosperous Tang Dynasty.

Keywords: Xi'an　Tang Dynasty　Doulu Family　Epitaph

释大汶口文化陶尊上的
"日隹山"纹

武家璧

摘　要： 大汶口文化陶尊上的"日隹山"纹，相当于今"暹"字。图案的日下为展翅的飞鸟，整个图像是"阳乌运日"的写照，"暹"表示"日进"，实即日出。先民通过对日出天象的观测来制订历法。此图案是对"太阳出山"情景的描绘，为上古天文学及文明探源的研究，提供了重要信息。

关键词： 大汶口文化　文字　天文学

大汶口文化遗址中出土一种器形硕大的灰陶大口尊（或称缸），有的大口尊上部刻划有象形图符，学界一般比较认同这些象形符号可能是早期的文字 [1]。其中以所谓"日火山"（太阳鸟）纹图像（图一）最为有名。我们认为这类所谓"日火山"纹图案，可能是对"太阳出山"情景的描绘。原始先民可能通过对日出天象的观测，制订出反映四季变化的太阳历，以指导社会生产和生活。发掘陶尊文字所蕴含的有关日出天象的潜藏信息，对于研究天文学起源和早期发展的历史、探索中国文明起源等重大学术问题，有十分重要的意义。

一、陶尊刻符与诸家解释

大汶口文化的大口尊及其刻划的图像文字，集中发现在两个主要分布区和一个次要分布区 [2]。一个主要分布区是鲁东的沭河流域，位于沂蒙山东部边缘，主要遗址有莒县的陵阳河、大朱家村、杭头遗址，诸城县的前寨遗址和胶县的三里河遗址，等等。另据有关资料记载，类似陶文残片在莒县仕阳遗址和莒南县考古遗址也发现过，不过后来因故遗失 [3]。这样从莒南县到诸城县，鲁东分布区域呈一个南北向的狭长地带。另一个主要分布区是皖北的北淝河、涡河流域，代表性遗址是安徽蒙城县的尉迟

作者：武家璧，北京市，100871，北京师范大学历史学院。

寺等，已发现完整大口尊18件。一个次要分布区是鲁西南—苏北的中运河流域，包括鲁西南枣滕地区和苏北新沂、邳县地区，代表性遗址有枣庄建新、邳县刘林、新沂花厅等。位于上述三个区域中间的鲁中汶泗流域是大汶口文化的中心区域，如泰安大汶口、邹城野店等经过大规模考古发掘，迄今未发现过这类陶文。围绕鲁中的鲁东—鲁南—鲁西南以及苏北、皖北地区都有分布，似乎可以看成是一个传播的链条，唯独汶泗流域没有发现。栾丰实先生比较大汶口文化的"鲁西南/鲁东类型"与"汶泗类型"的差别时，指出"鲁西南/鲁东类型"中"存在图像文字，并且都刻于大口尊的外表，均一器一字，有的还涂朱"，这一特征在汶泗类型中不显著[4]。

学界一般把出陶文的大汶口文化鲁东类型与古史传说中的"少昊氏"相联系，将少昊氏的活动范围界定在鲁东南一带。也有学者以文献有"太昊氏都陈"的记载，于是把太昊氏的活动区域界定在豫东—皖北的大汶口文化晚期分布地区[5]，这一观点后来为皖北的蒙城尉迟寺遗址发现"陶文"所证实[6]。考古学家认为大汶口文化中晚期社会生产力发生较大进步，贫富、贵贱差距更加显著，大口尊及其刻划符号是这些变化的产物，因而这类特殊产品"凌驾"在当时其他生活用具和社会事象之上。不仅刻划符号具有深奥的寓意，大口尊本身也是一种"通天"的神器[7]。史学界一般认为国家起源或文明形成有三大标志——文字、金属器和城市，大汶口文化陶尊刻划文字的出现，即被认为是东夷民族文明起源的象征，证明海岱地区是中华文明发祥地之一，唐兰先生甚至主张大汶口文化已进入文明时代，中华民族有六千年的文明史[8]。

所谓"日火山"纹图案，有繁体和简体两种：繁体作"⛰"形；简体只有繁体"五峰山"以上的部分，作"◡"形。对此刻划符号的释读，不少知名学者都做过研究并发表过意见，基本认同其为由两个或三个象形符号组合的会意文字，但对日下与山上中间的符号的含义有分歧，大致可以分为"日云山""日火山""日月山""日鸟山"四类意见，略引如下。

第一种解释为"日云山"。于省吾先生将这一组合释为"旦"字，即由"三个偏旁构成的会意字"[9]，上为日形、中为云气、下为山形。郭沫若

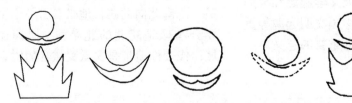

图一 大汶口文化"太阳鸟"陶文

《中国史稿》指出在山东莒县大汶口文化陶尊上刻划的象形陶文，上部为太阳，下部为山，中部为云，表示对太阳神的祭祀[10]。

第二种解释为"日火山"。唐兰先生释为"炅"（热）字，认为"☉"是对"🔥"的简省，"反映出在烈日下山上起火的情形"[11]。李孝定先生、李学勤先生基本同意唐兰先生的释读意见，认为"🔥"是把"炅、山"二字叠加在一起的合文，以"炅"字释"☉"纹，指出前者是繁体，后者为简体[12]。周谦先生、吕继祥先生认为"日火山"纹可能与泰山封禅活动有关，可以释为"在大山顶上放火燎祭于日（天）"[13]。

第三种解释为"日月山"。田昌五、饶宗颐两位先生释为"日月山"，即"昊"或"暤"字，表示太昊族或太暤、少暤之徽号，犹如后世的族徽[14]。李茂荪认为"☉"是日、月形象，合起来为"明"字，"日月山"纹与《山海经》所载"日月所出""日月所入"之山相吻合[15]。郭雁冰认为"☉"纹与普米族的日月神标志相同，是男女生殖器的象征，其寓意是男女交欢[16]。

第四种解释为"日鸟山"。20世纪末笔者在北京大学听裴锡圭先生的甲骨文导论课时，听到裴先生将"☉"形解释为"鸟驮日"形象。孙长初把大汶口文化陶尊刻划符号与仰韶文化彩陶鸟纹、良渚文化玉器鸟纹等相比较，认为"☉"形符号应是鸟的简化和变形，是巫师用于通天的巫

术符号[17]。

值得注意的是，有学者将莒县陵阳河遗址春秋分日出景观与该遗址出土的陶尊文字对应起来[18]。莒县博物馆原馆长苏兆庆先生认为，在出土刻划陶文的莒县陵阳河遗址，寺崮山在正东方向，是春秋分日出的参照目标，"当春分太阳升起到山峰之巅时，就可以依稀呈现出陶文的图景"；他认为此地可能是一处天文观象台遗址，主人是东夷部族中崇拜鸟图腾的某一分支，图文即春分日出时该部族举行祭祀活动的祭文[19]。主持遗址发掘的王树明先生搜集了大汶口文化中这类符号的相关资料，认为莒县"陵阳河遗址东面，为一丘陵起伏的山区。正东五华里，有山五峰并联，中间一峰突起，名曰寺崮山。春秋两季，早晨八、九点钟，太阳从正东方升起，高悬于主峰之上。由'日'、'火'、五个山峰组成的陶尊文字（炟）应是人们对这一景象长期观察的摹画"；陶尊上刻划的这类图形"在莒县陵阳河这一特定的地理环境中，为二月、八月日出正东的形象"[20]。中国社会科学院考古研究所的冯时先生采用苏兆庆、王树明的观点，认为陶尊所刻划的图纹"描写了一个有翼太阳从五峰山的中峰上方升起的景象，实地考察的结果表明，这种现象只有在春分和秋分才能出现"[21]。

二、"日隹山"纹与"暹"字

我们认为陶尊刻划"🔥"是由"日隹山"三个意符组合的会意字，

可以隶写为"罜"形，去掉中间的"隹"就是字书中的"昆"字；去掉下面的"山"或可隶写为"罜"字，即今"暹"字。

《玉篇》："昆，丑减切，日光照也。"此应为日出山峰之会意。在殷墟甲骨文和战国古玺文中，有一字形为"罜"的字，上日下隹（鸟）。王永鑫指出这是"暹"字的初文，《山海经·大荒东经》有关阳乌载日和后羿射日的神话，就是造字的依据；这个字表示太阳在天空中行进，后人加上"辶"旁成为"暹"字；王安石《舟中望九华山》诗云"卧送秋月没，起看朝日暹"，又《宋诗纪事》卷一引宋徽宗《赐太师》诗云"共欣尊玉烟初达，争奉回鸾日已暹"，诗中的"暹"字就保留了它的古义[22]。

"暹"字《说文解字》未收录。但此字在汉代人名中很常见，如汉桓帝延熹七年（164）立《汉泰山都尉孔宙碑》刻"门生故吏名"，其中有一人名"陆暹"，另一人名"□暹"，这两个"暹"字，都写作上"日"下"进"。又顺帝汉安三年（144）立《汉北海相景君碑》刻景君属吏名，中有一人名"台丘暹"，此"暹"字写作上"旦"下"进"。"暹"字之义如其合文所示为"日进"或"旦进"，作为人名用字大约取"日日上进"之意。

"暹"字，文献最早见于字书《玉篇》："暹，进也，长也。"《广韵》："暹，日光进也。"《集韵》《类篇》均言"暹，日光升也"。《说文·辵部》：

"进，登也；从辵，閵省声。"《小尔雅·广言》："登，进也。"《尔雅·释诂》："登，升也。"《集韵》："升，登也。"故"暹"字本义是指旦日向上登进，表示初升之日、向上升进。其初文"罜"，即是鸟（隹）负日的会意字；其繁体"罜"就是鸟负日从山峰升起的会意字。

由"暹"字隶写从"旦"、从"进"的结构来看，其义表示朝日。甲骨文中有一个表示暮日的字，写作"莫"，从茻、从日、从隹，表示鸟负日落入草中，是"莫"的异构，即今之"暮"字[23]。与此相对应，"罜"字从日、从隹、从山，表示鸟负日升出山头，其义为"朝"。

总之，大汶口文化陶尊上的"日隹山"纹（☒），表现的是旭日东升的景象，即所谓"朝日暹"。图案中的"五峰山"很可能指传说中的日出之地"旸谷"（或作"汤谷"）；负日升进的鸟，就是文献记载的"阳乌"。因此绘有"日隹山"纹的大汶口文化陶尊，很可能与原始社会的迎日祭祀活动有关。后世地名中的"朝鲜""日本"等可能起源于这类迎日祭祀活动。

三、史前太阳鸟纹的印证

古代世界很多地区都有关于"太阳鸟"的神话传说，例如古埃及神话中的太阳鸟（Benu）、亚述人的不死鸟（Phoenix）、古印度的金翅鸟（Garuda）、波斯人的巨鹏（Roc）、印第安人的太阳隼等[24]，又如叙利亚有

"鸟负日"之说等[25]，都把太阳和鸟联系在一起，从中可以看出原始思维的某些相通之处[26]。

中国古代盛传"阳乌"的神话传说。一说是"日中有三足乌"。《淮南子·精神训》："日中有踆乌。"高诱注："踆，犹蹲也，谓三足乌。"司马相如《大人赋》："吾乃今日睹西王母，暠然白首戴胜而穴处兮，亦幸有三足乌为之使。"《论衡·说日》："儒者言：日中有三足乌。"《初学记》卷三〇引《春秋元命苞》："日中有三足乌者，阳精，其倭忽也"，"阳数起于一，成于三，故日中有三足乌"。《艺文类聚》卷一引刘向《五经通义》云："日中有三足乌。"《文献通考·象纬考》引《宋中兴天文志》："日者，阳宗之精也，为鸡三足……鸡在日中。"

二是"阳乌载日"。《山海经·大荒东经》云："汤谷上有扶木，一日方至，一日方出，皆载于乌。"《山海经·海外东经》："汤谷上有扶桑，十日所浴……有大木，九日居下枝，一日居上枝。"《初学记》卷三〇引《山海经》曰："大荒之中汤谷，上有扶桑木，十日所浴。九日居下枝，一日居上枝，皆戴乌也。"《艺文类聚》卷一引《山海经》曰："大荒之中，旸谷上有扶桑，十日所浴，九日居下枝，一日居上枝，皆载乌。……有女子，名曰羲和，浴日于甘泉，羲和者，帝俊之妻，是生十日。"《广雅》曰："日名朱明，一名耀灵，一名东君，一名大明，亦名阳乌。"

三是"运日"鸟。《说文解字》："鸩，毒鸟也，从鸟、尤声；一名运日。"《楚辞·离骚》"吾令鸩为媒兮，鸩告余以不好"，王逸注："鸩，运日也，羽有毒，可杀人。"《太平御览》卷九二七"羽族·异鸟"鸩字条下："《广雅》曰'鸩鸟，雄曰运日，雌曰阴谐。'……《山海经》曰'女几之山、琴鼓之山、玉山、丰山、岷山，其鸟多鸩。'郭璞注曰'鸩大如雕，紫绿色，赤喙，食蛇蝮也。'……《淮南子》曰'运日知晏，阴谐知雨。'……《吴氏本草》曰'运日，一名羽鸩。'"《广韵·沁韵》："鸩，鸟名，《广志》云：其鸟大如鸮，紫绿色，有毒，颈长七、八寸，食蛇蝮；雄名运日，雌名阴谐；以其毛历饮，食则杀人。"从上引文献可知"运日鸟"具有"大如雕""食蛇蝮"等特征，与现实生活中的"鸮"或者"雕"类鸟比较接近，顾名思义，它与传说中"运日"的神鸟有关。

据孙机先生考证，三足乌的最早形象可以溯源到新石器时代的鸟形陶器，西周铜器中也有类似的鸟形器。最早的三足乌实物图像见于河南陕县仰韶文化庙底沟遗址的彩陶上（图二，1）[27]。1975年宝鸡茹家庄西周墓出土两件形态相同的三足青铜鸟形尊[28]，可能与古代传说中的三足乌有关。马王堆汉墓帛画中可见"日中乌"形象，汉代画像石中可以看到背负日之阳乌、日中阳乌、后羿射日（乌）、陪伴在西王母身边的阳乌等，大多有三只脚；三足乌甚至还见于明代皇帝的冕服[29]。庙底沟彩陶上的"三足乌"图像，与后世关于"三足乌"位于日中的传说不同，彩陶上的三足乌并不处于日中，而是位于日下，作驮日展翅飞行状，也就是后世所称载日飞行的"阳乌"。这大约有一个演变过程，即由史前的载日三足乌，至汉代演变为日中三足乌。陕西华县泉护村出土的仰韶文化庙底沟类型的彩陶上，可见阳乌和太阳在一起的图像（图二，2）[30]；陕县庙底沟彩陶上的"三足乌"图像，也是载日飞行的"阳乌"形象。南阳汉画像石中载日飞行的"阳乌"仍然可见有"三足"的刻划，这表明"三足乌"与"阳乌"的传说原本是同源的，都出自中国固有的"太阳鸟"神话。

仰韶文化庙底沟类型的汝州洪山庙遗址，出土陶缸上有彩绘的大鸟驮日图像（图二，3）[31]，图中描绘一只行走的大鸟，鸟头朝前倾斜，两脚粗大且前后张开，作奋力驮运状，背负一只巨大的太阳圆轮；正在运日的鸟位于中央，其前后两端各立一只鸟作迎送状，皆引颈张口，似在鸣叫。这与《山海经》记载的"一日方至，一日方出，皆载于乌"颇相合。此外，余姚河姆渡遗址出土象牙骨匕上雕刻有"双鸟朝阳"和"双鸟负日"图

像，含山凌家滩遗址出土玉鹰刻有太阳纹等，这些考古发现表明中国太阳鸟的神话有着悠久的历史。从上述图像刻划来看，它们大多数与类似乌鸦的"阳乌""三足乌"似有不同，这类太阳鸟纹更像是猛禽，称为鸩类"运日"鸟更为合适。

早期太阳鸟纹可分为两类。《山海经》载："一日方至，一日方出。""方至"是从天边由西方运来刚刚到达东方的太阳，"方出"是正要从东方飞向西方去的太阳。"运日"鸟是把太阳从西方运到东方汤谷的"扶木"上去的。结合考古发现的实物图像，我们认为这种"运日"行为有两个特点。其一，一定是在地上进行——人们可以从天空直接看到太阳东升西落，却无法看到太阳如何从西方回到东方，上古先民难以想象太阳从地下穿行的情形，因而想象太阳一定是在地上被从西方运回到了东方。汝州洪山庙彩陶上描绘大鸟驮日吃力地在地上行走，而不是在天空中飞行，就是上述观念的真实写照。其二，一定是在夜晚进行——可以想象，如果大鸟驮日在天上飞行，人们必定能看到太阳，那一定是白天；太阳周而复始地东升西落，肯定有一段看不

图二　史前三足乌、阳乌与运日鸟图像
1.陕县庙底沟　2.华县泉护村　3.汝州洪山庙

到的"运日"行为，之所以看不见，是因为这种"运日"行为在遥远的天边进行，远远超出人们的视线之外，人们看不到太阳及其光芒，所以是夜晚。这也符合《周髀算经》等记载"盖天说"有关昼夜形成的理论[32]。据此，我们把中国式的"太阳鸟"分为两类：一类是"阳乌"，在白昼的天空上由东向西载日飞行；另一类是"运日"鸟，在夜晚的大地上由西向东驮日行走。

神话传说中还有关于"太阳车"的记载，如《淮南子·天文训》载："（日）至于悲泉，爰止其女，爰息其马，是谓悬车。"《初学记》卷一引《淮南子》"爰止羲和，爰息六螭，是谓悬车"，并引许慎注"日乘车，驾以六龙，羲和御之"。但车的起源比较晚，考古发现二里头文化遗址（夏代）始有车辙，商代殷墟遗址发现有车的早期实物遗存。文献载夏朝"奚仲作车"，见于《世本·作篇》、《墨子·非儒篇》、《荀子·解蔽篇》、《吕氏春秋·君守篇》、《淮南子·修务篇》和《说文解字》等。基本可以肯定夏朝以前不大可能有"太阳车"的神话，只有"太阳鸟"神话。明了上述文化背景，我们对大汶口文化陶尊上刻划的"日茚山"纹就很好理解了，它刻划的就是展翅的"阳乌"负载日轮，从东方山头升出的情景。

四、迎日习俗

大汶口文化"日茚山"陶文可能与原始社会的"迎日"习俗有关。《史记·匈奴列传》载："单于朝出营，拜日之始生，夕拜月。"表明东周时期匈奴人保持着早晨迎接日出的习俗。《文心雕龙·祝盟》云："周之太祝，掌六祝之辞……唱于迎日之拜。"殷墟卜辞中有大量关于"出日""出入日""入日""各（落）日""王宾日"等的记载，《尚书·尧典》有"寅宾出日""寅饯纳日"等记载，郭沫若据甲骨文断定商朝人每天都有迎日出、送日入的礼拜仪式，与《尧典》相符合[33]。卜辞"出入日"等祭祀活动，是否如郭沫若所言频繁到每日必祭的程度，尚需要若干天同版并卜的卜辞来证实，且《尧典》记载的"出日""纳日"只在特定日期进行，并非每天进行。

中国古代文献记载的"祭日"活动大致可分为三类。第一类为"分至迎日"，即在春秋分和冬夏至举行祭日活动。《周礼·天官·掌次》："朝日，祀五帝。"郑玄注："朝日，春分拜日于东门之外。"这种活动一般由最高统治者主持，《礼记·玉藻》："（天子）玄端朝日于东门外。"郑玄注："朝日，春分之时也。"《汉书·贾谊传》载："三代之礼，春朝朝日，秋暮夕月，所以明有敬也。"颜师古注："朝日以朝，夕月以暮，皆迎其初出也。"是皆谓"迎日（月）"祭拜在日（月）出时进行。此类活动最早见于《尚书·尧典》记载"仲春""仲夏""仲秋""仲冬"举行的迎送日出、日入的活动。如《尧典》载："分命羲仲，宅嵎夷曰旸谷，寅宾出日，平秩东作，日中星鸟，以殷仲春。"孔安国传："寅，敬；宾，导；秩，序也。……东方之官敬导出日，平均次序东作之事，以务农也。"孔颖达疏："宾者主行导引，故'宾'为导也。东方之官当恭敬导引日出，平秩东作之事，使人耕耘。……郑玄云'寅宾出日，谓春分朝日'。"又如《书·尧典》："敬致日永。"蔡沈《书集传》："敬致，《周礼》所谓'冬夏致日'。"《左传》桓公十七年："天子有日官，诸侯有日御，日官居卿以底日。"《尔雅·释言》、《汉书·律历志》颜师古注引苏林曰："底，致也。"《汉书·郊祀志》："十一月辛巳朔旦冬至旸爽，天子始郊拜泰一，朝朝日，夕夕月，则揖。"颜师古注："以朝旦拜日为朝。"此冬至"朝日"即本"致日"之礼。殷墟卜辞中有很多"至日"的占卜，饶宗颐先生指出："（冬夏）至日是历法和乐律的定点，春秋分则是出入日的定点。"[34]

第二类为"五郊迎气"，即在四立节气举行的"祭日"活动。《礼记·月令》载："孟春之月……以迎春于东郊"，"孟夏之月……以迎夏于南郊"，"季夏之月……中央土，其日戊己，其帝黄帝，其神后土"，"孟秋之月……以迎秋于西郊"，"孟冬之月……以迎冬于北郊"。《续汉书·祭祀志中》："立春之日迎春于东郊，祭青帝句芒……立夏之日迎夏于南郊，祭赤帝祝融……立秋之日迎秋于西郊，祭白帝蓐收……立冬之日迎冬于北郊，祭黑帝玄冥。"《后汉书·蔡邕传》载："天子以四立及季夏之节迎五帝于郊，所以导致神气，祈福丰年。"

第三类是"朔日迎日"。《大戴礼记·公符》记载"迎日"祭辞有云："惟予一人某，敬拜迎于郊；以正月朔日，迎日于东郊。"《礼记·郊特牲》郑玄注："郊之祭也，迎长日之至也。"孔颖达疏："'迎长日之至也'者，明郊祭用夏正建寅之月，意以二月建卯春分后日长，今正月建寅郊祭，通而迎此长日之将至。"冬至月白日较短，立春月则白天开始变长，于是选取这一月的首日作为"长日"将至的开始。《史记·天官书》载："正月旦，王者岁首；立春日，四时之始也。"实际上"正月朔日"之祭，就是迎接新年"岁首"的元旦祭祀活动。每个月都有"告朔"之祭，是否同时伴随有迎日之祭，文献没有记载。

参照文献关于"迎日"习俗的记载，有助于我们理解早期"迎日"活动。因为这些记载可能保留了原始社会某些风俗习惯的孑遗。殷墟卜辞关于"出入日"记载，应该不仅是商朝才有的习惯，而极有可能是新石器时代遗留下来的风俗。这种普遍盛行的"迎日出"祭拜活动，不是一种单纯的宗教活动，而是与特定的自然节气固定对应的，它要求必须准确地确定祭拜日期，才能祭祀对应的神灵；这就要求必须有可以应验的方法来唯一确定祭祀日期，而最简单的方法就是根据"日出入"方位来观象授时。尤其是冬夏至和春秋分的具体日期，非常容易根据"日出"方位来唯一确定。经验告诉我们，在同一地点观测日出日入的方位可以确定季节，因为一年之中太阳出入地表（或山头）的方位，是在固定的南北夹角内移动一个来回：在白天和夜晚同样长的季节，太阳从平原上的正东方升起、正西方落下，这就是春分或者秋分；春分之后日出方位向北移动，在白天最长、夜晚最短的那一天，到达最北点，这就是夏至；而后又转向南方移动，先到达昼夜平分的秋分点；继续向南移动，在白天最短、夜晚最长的那一天，日出方位到达最南边的极限位置，这就是冬至，文献典籍称之为"日南至"；此后日出的方位回转向北方，周而复始。当日出方位第二次到达最南点时，就是第二个冬至，前后相邻的两个冬至之间就是一个回归年。冬至和夏至是两个最重要的节气点，春、秋分位于它们的正中间；即使在大地并非平坦、日出（入）方位存在高山遮挡的情况下，人们也能找到日出的最南点和最北点，并且以山峰或者山凹作为南、北点的标志，更便于观象授时。不过在山脉遮挡的情况下，春、秋分的日出（入）方位不可能在正东、正西方向上，也并不在二至方位的正中间，只有在冬、夏至日之间通过平半分日期来找到春、秋分，或者依靠昼夜长短来定春、秋分日期。其他时节，亦可根据日出方位在南北极限之间，按照平气长度平均分配日期，依次划出；再观察相应日期的日出（入）方位，标定在地物背景之上。

如果仅仅根据节气变化制订历法，那就是太阳历；如果再把月亮圆缺的周期作为一个月的长度，与回归年的长度互相协调（设置闰月），构成由"朔望月"与"回归年"配合的历法年，这就是"阴阳历"。以上观象授时的基本原理，主要依据日出地平方位角的周期变化，故此我们主张称之为"地平历"。如此简单的授时原理和操作方法，无须借助仪器设备，十分便于早期原始先民理解和掌握。考古发现的史前太阳鸟纹，把"阳乌"和"运日"的神话传说追溯到五千多年前的新石器时代，而"阳乌"的出山与落草，对应日出与日落的景象，似乎暗示了先民们对日出入方位的观测和基于此而进行的观象授时活动，也可以追溯到大致相同的时代。

天文学的发达是中国古代文明的显著特征，中国远古时代的天文学在文明起源和国家形成过程中，具有非常特殊的地位和作用，天文学诞生和发展的历史始终伴随着中国古代文明起源和发展的进程，这在世界古代文明史上也是十分独特的。因此，在对古代文明起源的探索过程中，对于中国上古天文学起源和发展的研究，是一个不可或缺的重大课题。大汶口文化陶尊上的原始文字，为上古天文学在日出天象的观测及授时方法上提供了重要信息。我们期待在不久的将来，在此文化区域内能够发现具有科学意义的天文观测遗迹。

注　释

[1] 裘锡圭:《汉字形成问题的初步探索》,《中国语文》1978 年第 3 期;李学勤:《论新出大汶口文化陶器符号》,《文物》1987 年第 12 期。

[2] 王吉怀等:《论大汶口文化大口尊》,《中原文物》2001 年第 2 期。

[3] 苏兆庆等:《莒县文物志》第 50 页,齐鲁书社,1993 年。

[4] 栾丰实:《太昊和少昊传说的考古学研究》,《中国史研究》2000 年第 2 期。

[5] 杜金鹏:《试论大汶口文化颍水类型》,《考古》1992 年第 2 期。

[6] 中国社会科学院考古研究所:《蒙城尉迟寺——皖北新石器时代聚落遗存的发掘与研究》,科学出版社,2001 年。

[7] 王吉怀等:《论大汶口文化大口尊》,《中原文物》2001 年第 2 期。

[8] 唐兰:《中国奴隶制社会的上限远在五、六千年前——论新发现的大汶口文化与其陶器文字》,山东大学历史系考古教研室:《大汶口文化讨论文集》,齐鲁书社,1979 年;唐兰:《中国有六千多年的文明史——论大汶口文化是少昊文化》,《大公报在港复刊卅周年纪念文集》,香港大公报,1978 年;高广仁、邵望平:《中华文明发祥地之一——海岱历史文化区》,《史前研究》1984 年第 1 期;王震中:《文明与国家——东夷民族的文明起源》,《中国史研究》1990 年第 3 期。

[9] 于省吾:《关于古文字研究的若干问题》,《文物》1973 年第 2 期。

[10] 郭沫若主编:《中国史稿》第 1 册,人民出版社,1976 年。

[11] 唐兰:《关于江西吴城文化遗址与文字的初步探索》,《文物》1975 年第 7 期;唐兰:《从大汶口文化的陶器文字看我国最早文化的年代》,《光明日报》1977 年 7 月

14 日;唐兰:《再论大汶口文化的社会性质和大汶口陶器文字——兼答彭邦炯同志》,《光明日报》1978 年 2 月 23 日。

[12] 李孝定:《再论史前陶文和汉字起源问题》,《中央研究院历史语言研究所集刊》第 50 本第 3 分,台北中研院史语所,1979 年;李学勤:《考古发现与中国文字起源》,《中国文化研究集刊》第 2 辑,复旦大学出版社,1985 年;李学勤:《论新出大汶口文化陶器符号》,《文物》1987 年第 12 期。

[13] 周谦、吕继祥:《大汶口文化陶文浅释》,《中国文物报》1998 年 9 月 30 日。

[14] 田昌五:《古代社会断代新论》,人民出版社,1982 年;饶宗颐:《中国古代东方鸟俗的传说——兼论大皞少皞》,《中国神话与传说学术研讨会论文集》上册,(台北)汉学研究中心,1996 年;饶宗颐:《大汶口"明神"记号与后代礼制——论远古之日月崇拜》,《中国文化》1990 年第 2 期。

[15] 李茂荪:《从文字和神话看大汶口文化"日月(山)"纹饰》,陕西省考古研究所、西安半坡博物馆编:《史前研究》辑刊,1990 ~ 1991 年合订本。

[16] 郭雁冰:《大汶口文化陶符新解》,《中原文物》2000 年第 1 期。

[17] 孙长初:《大汶口文化"◌"符号新解》,《东南文化》2005 年第 3 期。

[18] 杜升云:《山东莒县史前天文遗址》,《科学通报》1986 年第 9 期。

[19] 苏兆庆等编著:《莒县文物志》,齐鲁书社,1993 年;苏兆庆:《山东莒县陵阳河陶文的发现与考释》,《古文字研究》第 20 辑,中华书局,2000 年。

[20] 王树明:《谈陵阳河与大朱村出土的陶尊"文字"》,山东省《齐鲁考古丛刊》编辑

部编：《山东史前文化论文集》，齐鲁书社，1986 年。

[21] 冯时：《中国天文考古学》，社会科学文献出版社，2001 年。

[22] 王永鑫：《"暹罗"的由来》，参见"潮人网·潮汕见闻·史海钩沉"，2000 年 8 月 31 日，http://www.chaorenwang.com/cxnews/shgc/index.htm。

[23] 郭沫若主编：《甲骨文合集》第 23148 片，中华书局，1978 年；宋镇豪：《试论殷代的纪时制度——兼谈中国古代分段纪时制》，《考古学研究（五）——庆祝邹衡先生七十五寿辰暨从事考古研究五十年论文集》，科学出版社，2003 年。

[24] 高福进：《太阳崇拜与太阳神话》第 65 页，上海人民出版社，2002 年。

[25] S.H, Langdon, "The Mythology of All Races," vol.5, p.61.

[26] 宋镇豪：《夏商社会生活史》第 460 页，中国社会科学出版社，1994 年。

[27] 中国科学院考古研究所编著：《庙底沟与三里桥》，科学出版社，1959 年。

[28] 宝鸡茹家庄西周墓发掘队：《陕西省宝鸡市茹家庄西周墓发掘简报》，《文物》1976 年第 4 期。

[29] 孙机：《三足乌》，孙机、杨泓：《文物丛谈》，文物出版社，1991 年。

[30] 北京大学考古学系：《华县泉护村》，科学出版社，2003 年。

[31] 河南省文物考古研究所：《汝州洪山庙》，中州古籍出版社，1995 年；袁广阔：《仰韶文化的一幅"金乌负日"图赏析》，《中原文物》2001 年第 6 期。

[32] 武家璧：《大河村彩陶"十二太阳纹"研究》，《中原文物》2020 年第 5 期。

[33] 郭沫若：《殷契粹编》第 354～355 页，科学出版社，1965 年。

[34] 饶宗颐：《四方风新义》，《中山大学学报》1988 年第 4 期。

Explaining the Designs about "Sun and Bird and Mountain" on the Dawenkou Culture's Pithos

Wu Jiabi

Abstract: The design of "Sun and Bird and Mountain" on the Dawenkou Culture's Pithos was a chinese character which was "Xian"（暹）. There was a bird below the sun to fly, entire that was a picture of the " transport Sun bird ". "Xian" means that sun moves forward , in fact, it was sunrise. The people of primitive society works out calendar by observing the astronomical phenomena about sunrise. This design was depiction which that scene of the "sunrise from mountain", it had provided important information for studing ancient astronomy and exploring source of ancient civilization.

Keywords: Dawenkou Culture　Character　Astronomy

南北文化交流拓荒者[*]

——横断山区中段距今 5000 年新石器文化遗存分析

周志清

摘　要：横断山区近年新石器时代考古揭示距今约 5000 年，来自中国西北地区的新石器文化已经深入横断山区，它们的到来促进了当地居民的新石器化进程，深刻影响了当地新石器文化的内涵与外延，同时也为"西南丝绸之路"的开辟奠定了史前基础。横断山区是青藏高原东缘南北文化交流与族群交融的走廊，该区域距今 5000 年新石器文化遗存的发现凸显了其在中国史前时期文化交流中扮演的重要角色。

关键词：横断山区　新石器　银梭岛遗址　皈家堡遗址　走廊

横断山区位于我国西南部，地处青藏高原东南缘，跨越西藏、四川、云南三省，地形上是从我国第一大台阶青藏高原跨入第二大台阶云贵高原的过渡；地势从西北到东南逐渐降低，海拔落差大。由于构造运动的影响，其地形地貌极为复杂，包括高山、河谷、高原、盆地等，主要山系与河流均为南北向，横断东西交通。在西南季风、高原季风和地貌的影响下，复杂的气候造就了多样的植被类型，涵盖阔叶林、稀疏植丛、针叶林、稀疏灌草丛、草甸、灌丛、高山沼泽和水生植被。[1]横断山区的范围界限按"广义"而言，即东起邛崃山，西抵伯舒拉岭，北界位于昌都、甘孜至马尔康一线，南界抵达中缅边境的山区。横断山区北段是指巴塘—理塘一线以北地区；南段是指保山、下关一线以南地区，间于二者的部分为中段。中段以玉龙雪山（东经 100° 4′ 2″ ~ 100° 16′ 30″、北纬 27° 3′ 2″ ~ 27° 18′ 57″）为界，又分为南、北两段[2]。

南北纵贯的山脉，在东、西地貌之间形成了明显的地理分野与屏

---

* 本文系国家社科基金项目"盐源皈家堡遗址整理与研究"（19BKG005）和国家文物局"考古中国"重大项目"川渝地区巴蜀文明进程研究"阶段性成果。

作者：周志清，四川省成都市，610071，成都文物考古研究院。

障，这里不但成为气候、降水量的分水岭，独特的"垂直地貌"也形塑了该区域文化景观的"垂直"分布，同时自然地理的巨大反差阻碍了人类族群的交流、交融及文明的互鉴，造成文化之间的巨大隔阂与差异。尽管如此，南北向的河谷通道却促进了双方人群与文化的交流、交往、交融，"流域性"[3]是该区域古代族群与文化交流、传播的重要特征。金沙江在横断山区内呈一个开口向北的巨大"U"字，金沙江中游（自云南丽江石鼓镇至四川屏山县新市镇）则位于"U"字底部。该流域将横断山区南北纵贯、东西骈列的地势有机连接起来，奔流于川、滇两省之间的江水成为该区域南北自然地理分界线。因此，从文化区位观察，笔者认为可以金沙江中游为界，将横断山区中段的地理空间分为南、北二区。

横断山区中段近年来新石器考古新发现揭示，距今 5000 年以来，来自中国西北地区的人群，不断地沿着温暖湿润的横断山脉河谷南迁，在与当地居民的交融过程中慢慢形成了当地多元族群聚居的文化景观，横断山区南北向的交通孔道即成为古代人群互动与交融的纽带。独特的地理环境、多样的生态环境及多元的族群等形塑了横断山区特有的史前考古学文化内涵与族群面貌[4]。

一、横断山区中段距今 5000 年考古遗存发现与认识

在中国新石器时代灿如星河的文化版图中，西南地区的新石器文化颇显暗淡，与其他地区新石器文化的星光灿烂形成鲜明对比。西南山地目前发现的新石器文化寥若晨星，呈现出文化"孤岛"般的存在，对其文化内涵与时代特征的研究及文化溯源思考，囿于资料积累的不足与研究视域的狭窄，长期以来处于语焉不详的状态，以致游弋于中国新石器研究的边缘。20 世纪横断山区新石器时代考古成果主要包括澜沧江上游的昌都卡若遗址[5]、下游的云南永平新光遗址[6]，金沙江中游大墩子[7]、菜园子[8]、白羊村[9]、礼州遗址[10]，大渡河上游的四川丹巴罕额依[11]、中游的狮子山遗址[12]等的发现与研究。这些遗址的发掘为认识横断山区的新石器文化面貌提供了基础资料，令人耳目一新，拓展了该区域新石器文化的内涵与外延，并为了解该区域复杂的史前文化面貌提供了契机。

鉴于后续考古研究和周边地区考古发掘工作的匮乏或滞后，对横断山区史前文化面貌与年代序列的认识、文化谱系的建构等仍然是当前该区域史前考古主要的工作内容与目标。上述遗址的发现与研究相对于横断山区偌大的地理空间犹如"沧海一粟"，与其丰富的文化生态多样性形成强烈而鲜明的对比。加之横断山区史前文献记载匮乏，无疑使得考古学发掘与研究工作对于探明该区域史前文化面貌的重要作用得以凸显。进入 21 世纪，横断山区的新石器时代考古取得引人注目的成果，首先是川西北岷江

上游以茂县营盘山遗址为代表的新石器文化遗存的发掘[13]，大渡河上游金川刘家寨遗址[14]和中游汉源麦坪遗址的发掘[15]；其次是川西南雅砻江流域西昌横栏山遗址[16]和盐源皈家堡遗址[17]的发掘，金沙江中游乌东德电站淹没区一系列新石器遗址的爆发式发现[18]，以及滇西澜沧江流域的大理银梭岛遗址的发掘[19]。这些遗址的发掘改变了当前对横断山区新石器文化内涵的认知格局，研究成果进一步证实了在新石器晚期横断山区是西北地区与西南地区文化交流与族群互动的重要走廊，多样性、差异性与统一性共存是该区域的文化生态特质。近年来的考古新发现揭露了横断山区中段在南北文化交流中扮演着极为重要的角色，为认识横断山区古代文化交流与人群移动情况提供了重要视角。

近年来横断山区中段新石器时代考古新发现填补了诸多区域研究空白，特别是距今5000～4500年遗存的发现与确认。该时期遗存又以距今5000～4800年遗存的文化面貌和时代特征最为突出，可辨识度较高，使得南北文化互动的传播链条若隐若现，当引起特别关注。而距今4800～4500年遗存由于目前可辨识材料有限，文化面貌仍然不甚清晰，本文暂不对其展开讨论，留待资料积累成熟再做分析。横断山区中段距今5000年遗存北部以四川汉源狮子山、姜家屋脊遗址为代表，中部以盐源皈家堡遗址第一期遗存为代表，南部以云南大理银梭岛遗址第一期遗存为代表。

大渡河中游新石器文化遗存主要集中于大渡河汉源段，早期遗存以狮子山、姜家屋脊遗址出土新石器文化遗存为代表，晚期以麦坪遗址为代表。早期遗存代表性遗物有双唇口尖底瓶、敛口灰陶钵、彩陶等；晚期遗存夹砂陶占有绝对优势，常见复合纹饰组合，以绳纹和附加堆纹组合最多见，另有刻划纹和附加堆纹组合、戳印和刻划组合，但未见类似彩陶纹样图案，戳印主要是圆圈纹，未见典型点线纹。晚期遗存的器类以罐、钵为大宗，绳纹附加堆纹罐、敛口钵、壶、缸、杯等较具代表性，除了平底器外，出现少量圜底器和圈足器。研究认为狮子山、姜家屋脊遗址属于仰韶晚期石岭下类型，以姜家屋脊为代表，距今5000年；狮子山受马家窑文化南下影响，距今4500年；并将麦坪为代表的新石器文化遗存推测为距今4000年前后[20]。亦有将狮子山、姜家屋脊遗址时代推测为距今4900年，属于仰韶文化晚期；将麦坪遗址第一、二段归为麦坪遗存，时代属于龙山早中期，认为其是营盘山文化流变所致，影响了安宁河流域的横栏山文化类型，时代当为距今4800～4500年[21]。麦坪遗址发掘者将该地区2007年发现的新石器晚期文化遗存时代定为距今5000～4500年[22]；2008年的则参考西昌横栏山遗址测年，将新石器文化遗存时代上限推测为距今4500年，下限则延伸至西周中期[23]。万娇认为麦坪遗存的时代在距今 4800～4500 年 [24]。相对而言，麦坪遗存时代分歧较多。笔者认为，囿于麦坪遗址新石器资料和测年数据刊布有限，其与金沙江中游新石器文化圈有着明显的差异 [25]，二者之间当有着时代上缺环；加之麦坪遗址出土的尊同皈家堡出土的同类器相同 [26]，而该类尊在皈家堡出现的时间下限不晚于距今 4500 年，故麦坪遗址新石器文化遗存下限当不晚于距今 4500 年，上限当不逾距今 5000 年。考古资料揭示大渡河中游是尖底瓶、彩陶分布最南地域，该文化传统根植于西北仰韶文化晚期和马家窑文化底层。

皈家堡遗址地处川西南凉山彝族自治州西南的盐源县，该遗址位于盐源县双河乡杨柳桥村二组杨柳河西岸二级阶地之上。2016~2018 年，对该遗址进行了三次考古发掘，发掘面积总计 2000 平方米。三次发掘成果丰富，其中灰坑 193 个、灰沟 9 条、土坑墓 13 座、瓮棺 2 座、窖藏 1 个、器物坑 3 个、石刀堆积 4 处、水井 5 个、烧结面 5 处、柱洞若干，以及出土大量遗物。该遗址主体遗存属于新石器时代晚期，另发现有少量青铜时代和唐宋时期遗存。早期遗存以皈家堡遗址第一期遗存（皈家堡遗址2016 年第 6 层和 2017 年第 6、7 层及 F21）为代表 [27]。早期遗存仅在发掘区个别探方地势低凹区域分布，遗迹单一，仅发现少量灰坑和半地穴式建筑。出土遗物相对较少，以陶器为主，另有少量玉器、石器。石器体量普遍较小，仅见小型凿、锛及石叶，不见大型石器和刀。陶器质地以泥质灰陶为主，其次为夹砂褐灰、红褐陶，另有少量泥质红陶；纹饰以绳纹、篮纹、网格纹、凹弦纹为主，另有少量水波划纹、附加堆纹、穿孔装饰等。器形以钵、长颈罐、尊形器、壶等多见，另有少量尊、瓮、小口罐等。其中钵数量和形制最为丰富，浅腹钵多见，敛口深腹钵相对少见；其次为尊、瓮、捏制小罐等。长颈罐多为侈口，亦有少量敞口、小口。尊形器陶胎厚重，多见烧流变形，可复原之物极少，仅见喇叭口、筒形腹、平底，器底较厚；器表遍施纵向篮纹是其一大特征。细绳纹交错组成的网格纹极具特色，一般网格纹和凹弦纹组合使用，此类纹饰普遍施于夹砂灰褐陶颈部，使用此类纹饰陶器可能属于壶类。该期遗存时代大致在距今5000～4800 年 [28]。

银梭岛遗址位于云南大理海东镇，地处洱海东岸近岸小岛，属于典型的贝丘遗址，2003 年和 2006 年先后历经两次发掘，发掘面积共计 625 平方米。该遗址地层深厚，堆积丰富，具有鲜明的区域与时代特征。从目前刊布的材料来看，其新石器时代遗存复杂多样。简报认为可分四期，第一期为新石器时代，其余为青铜时代遗存；新石器时代遗存以 F3 和第四组地层为代表 [29]。正式考古报告尚未刊布，鉴于其新石器时代遗存介绍目前发表材料较多，万娇《苍洱地区史前文化》[30] 已经有详细介绍，在此不再赘述。新石器时代遗存二期五段，其中第一期遗存[31]具有非常明显的时代特点。银梭岛第一期遗存陶器质地主要为夹细砂灰陶或泥质灰陶，另有少量夹砂黄褐陶，尤以泥质灰陶最有特色。纹饰有网纹和粗、细绳纹，其中以绳纹交错而成的网格纹和粗绳纹为特色。典型陶器有长颈罐、侈口盆、浅腹钵、深腹钵和肩部施绳纹的罐等，流行平底器，底部多施有绳纹。石器多残破，形制多不可辨[32]，另有少量骨器。该期时代推测为距今5000～4900年。

横断山区中段距今4500年前遗存除了上述三个代表性遗址外，在其他遗址中亦有线索可寻。如近年配合乌东德水电站发掘的会理河头地遗址Ⅱ期第二组遗存中，长颈罐、敛口钵同上述皈家堡和银梭岛遗址第一期遗存同类器相同[33]，相邻的猴子洞等遗址中也发现皈家堡遗址第一期遗存类似的遗物[34]，云南永胜县堆子遗址亦有同类器发现[35]，大墩子、海门口新石器时代遗存中同样发现与皈家堡、银梭岛新石器较早遗存类似的绳纹、网格纹陶片。这些遗址可能存在同时期遗存（表一）。上述信息再次提醒我们当以动态的视角在新资料研究基础上重新审视过往遗址的发掘资料。

由上可知，横断山区中段目前新石器早期遗存的上限为距今5000年，下限不晚于距今4500年，而川西南皈家堡和滇西银梭岛遗址第一期以泥质陶为代表的新石器文化遗存的时代可至距今约5000～4800

年。该区域遗存文化与时代特征鲜明，与西北地区新石器文化有着密切的渊源关系。

二、横断山区距今5000年文化遗存的渊源

万娇认为，银梭岛第一期文化与以姜维城、营盘山为代表的岷江上游早期文化有关，滇西高原文化有岷江上游新石器文化南传的影响；其也认为滇西高原新石器文化部分因素，可能是横断山西缘的新石器文化向南传播影响的结果[36]。这两种可能性，目前都缺乏直接证据。皈家堡遗址第一期遗存的发现与确认，将银梭岛第一期遗存来源明确指向川西南地区，其基于仰韶文化晚期或马家窑文化底层影响的川西北新石器文化，可能是此类遗存的主要源头。

盐源盆地地处青藏高原东缘横断山区中段雅砻江下游地区，地形、地貌与云贵高原相同。其同滇西地区无论在地缘还是自然环境上，均非常相似，史前文化之间有着千丝万缕的关系。盐源盆地东南缘皈家堡遗址第一期遗存出土的钵、长颈罐、喇叭口高领罐、尊、壶等与银梭岛第一期遗存同类器非常接近，特别是钵、长颈罐、细绳纹组成的网格纹等几乎一致，浅腹泥质灰陶钵与银梭岛同类器亦如出一辙。其与川西北岷江上游营盘山、姜维城新石器遗存同类器也非常相似（表一）。又如F21出土的泥质红陶钵同仰韶文化庙底沟时期的同类钵几

乎一致；尊同麦坪遗址新石器文化遗存同类器亦如出一辙；而尊形器、喇叭口高领罐作为皈家堡遗址第一期遗存特色器物，在银梭岛、麦坪遗址却不见或少见。这些文化因素的发现，显示皈家堡遗址第一期遗存当与川西北地区岷江上游和大渡河中、上游有着密切的关系（其中大渡河中、上游的关系可能更为紧密[37]），构建了由大渡河中游至川西南再至滇西的文化与族群传播路径，彼此之间的联系与差异可能与基于马家窑文化或仰韶晚期文化底层文化形成的原生性与次生性相关[38]。

横断山区距今5000年新石器文化遗存中长颈罐、钵、尊等器物及绳纹和附加堆纹组合的装饰传统，与川西北地区新石器文化同类文化因素非常接近（表一），明显具有西北地区新石器文化影响烙印。粟作农业伴随着西北新石器文化南传影响了横断山区的农业形态，并催生了横断山区当地新石器化进程[39]，深刻影响了横断山区龙山时代的新石器文化[40]，其影响甚至已经远及东南亚北部地区。川西南皈家堡和滇西银梭岛距今5000年新石器文化遗存的发现与确认，将西北与西南地区文化联系上溯至距今5000年，为呈现西北地区新石器文化与人群向南传播、迁徙的链条提供了关键证据，洱海地区的银梭岛遗址是目前此类遗存在横断山区分布区域的南沿。川西北与滇西地区的链条缺环因川西南皈家堡遗址的发现而得以填补，使得由中国西北至西南的史前

文化走廊线路豁然明朗。通过该史前文化走廊，中国西北与西南地区文化与交流如榫卯般[41]连接在一起，同时它有助于研究者以长时段西南疆域的"边疆视角"来探讨中华民族共同体建构这一重大命题的历史轴线，特别是透过疆域空间长期、复杂的历史变动过程，来解析和阐释中华民族共同体建构的动力机制及其所表现出的不同层次的多元关系[42]。横断山区中段距今5000年新石器文化遗存的发现，证实了西南地区古代各族交流、交往、交融的悠久历史，丰富了中国历史和文化的整体性与共同性，为铸牢中华民族共同体意识历史基础提供了考古学支撑。

西南横断山区距今5000年新石器文化遗存的发现，可能与西北地区新石器时期人群南下有着密切的关系。气候是促成甘青地区古代人群南下的一个重要因素。西北地区距今5000年以来发生的降温事件以及由此带来的干旱导致农业减产，加剧了人地矛盾，为了继续生存，外迁成为甘青地区部分人口无法回避的选择。迁徙路径既有从高阶地带向低阶地带的纵向迁徙，也有从西北向东南的横跨气候带的横向迁徙，这些迁徙在促进不同人群与文化接触、碰撞的同时，也促使彼此之间展开频繁的资源争夺。距今4500年前后的气候转变促进了甘青地区齐家文化的发展，环境的改变超越了当地的承受极限，西北地区的史前农业体系不可避免地走向衰落[43]。为了生存与发展，甘青

地区的人群被迫再次大规模迁移，一部分人群横向迁徙至地势与环境相近的西南山地[44]。西北新石器文化遗存自北而南呈线性分布，正是新石器时代人群扩散移动的缩影。这个由北而南单向度的发展进程呈现以下几个特点：第一，考古学文化呈流域性分布，横断山区众多河道成为文化与人群交流与融合的走廊；第二，波浪式与长时段影响同频共奏，即文化融合与人群移动并非一蹴而就，而是呈现长时段波浪式递进发展；第三，考古学文化具有底层同质性，即这些文化可能均渊薮于仰韶庙底沟或马家窑文化，其为构建横断山区跨区域的文化交互圈奠定了基础；第四，传播通道具有广域性、多样性，传播向度上由北而南占据主导；第五，以粟为代表的旱作农业成为当时居民主要的生业形态，粟作旱地农业南传与南方稻作农业的结合催生了当地"稻粟混作"农业体系为基础的新石器化进程[45]，独具特质的金沙江中游新石器文化圈的崛起成为西南山地龙山时代的代表[46]。

三、小结

横断山区距今5000年新石器文化遗存的发现与确认，将中国西北与西南史前文化交流进一步向前延伸。地处横断山区中段的川西南叵家堡遗址和滇西地区银梭岛遗址的发现，极大改变了现有对横断山区新石器文化面貌与年代的认识，突破了既往认为川滇地区新石器文化遗存不早于距今4500年的窠臼[47]。川西南以叵家堡遗址第一期遗存为代表的新石器文化遗存的发现，填补了川西北与滇西地区之间的空白，完善了文化与族群传播链条上的关键节点，同时亦延展了中国西南疆域的"边疆视角"历史轴线，并为"从边疆发现中国"[48]提供了重要的史前案例。横断山区由北而南距今5000年新石器文化遗存发现奠定了中国西南丝绸之路[49]的史前基础，拓宽了西南丝绸之路文化内涵的广度与时间维度，凸显出横断山区在中国南北史前文化交流与族群交融中扮演着重要角色。横断山区史前文化的特质与复杂性特征应当引起学界更多的重视与关注。

本文插图由成都文物考古研究院陈睿描绘，特此致谢！

表一 横断山区距今5000年代表性陶器一览

	川西北（营盘山）	大渡河（麦坪）	川西南（皈家堡）	滇西（银梭岛）
钵	（00H3：35） （00H7：1） （00H3：17）	（2008HMSH16：3） （2007HMSⅡH77：2）	（2017SYGF21：1） （2017SYGF21：8） （2017SYGF21：4）	（HYT24.18：21） （HYT24.18：10）
长颈罐（高领罐）	（00T10③：18） （00T8④：42） （00H12：2）	（2007HMSⅡT0603⑦：13） （2007HMSⅡT0301⑧：15） （2008HMSH80：2）	（2017SYGTN31E34⑥：18） （2016SYGTN31E36⑥：41） （2017SYGF21：6）	（HYT20.16：22） （HYT15.26：16） （HYT15.26：21） （HYT20.17：8）
附加堆纹罐	（00H8：71） （00H18：1）	（2007HMSⅡT0301⑧：10） （2008HMST003⑦：6） （2008HMST003⑦：7） （2007HMSⅠT0301⑦：2）	（2017SYGTN25E38⑦：12） （2016SYGTN30E34⑥：112） （2017SYGTN32E37⑥：11）	（HYT24.17：52） （HYT24.17：55）

续表

	川西北（营盘山）	大渡河（麦坪）	川西南（皈家堡）	滇西（银梭岛）
绳纹陶片	（00T10④：53） （00H17：37）	（2006HMSⅡT4⑦） （2006HMSⅡT4⑥） （2008MNSH80：3）	（2016TN27E36⑥） （2017H140） （2016TN30E36③）	（HYT20.18：9） （HYT15.23：6） （HYT20.18：9） （HYT20.18：W5） （HYT25.18：W1）
尊		（2008HMSM3：1） （2010HMSM2：1）	（2017SYGF21：2） （2016SYGTN31E39⑥：10）	

续表

	川西北（营盘山）	大渡河（麦坪）	川西南（皈家堡）	滇西（银梭岛）
瓮			（2017SYF21：7）	
尊形器			（2017SYGTN32E38⑥：2） （2016SYGTN26E38⑥：23）	

资料来源：四川省文物考古研究院、雅安市文物管理所、汉源县文物管理所：《四川汉源县麦坪新石器时代遗址 2007 年的发掘》，《考古》2008 年第 7 期；云南省文物考古研究所、大理市博物馆、大理市文物管理所、大理州文物管理所：《云南大理市海东银梭岛遗址发掘简报》，《考古》2009 年第 8 期；四川省文物考古研究院、雅安市文物管理所、汉源县文物管理所：《四川汉源县麦坪遗址 2006 年发掘简报》，《四川文物》2011 年第 3 期；四川省文物考古研究院、雅安市文物管理所、汉源县文物管理所：《四川汉源县麦坪遗址 2008 年发掘简报》，《考古》2011 年第 9 期；万娇：《银梭岛遗址的分期与年代》，《苍洱地区史前文化》，文物出版社，2013 年；成都文物考古研究院、阿坝藏族羌族自治州文物管理所、茂县羌族博物馆：《茂县营盘山新石器时代遗址》，文物出版社，2018 年；成都文物考古研究院、凉山彝族自治州博物馆、盐源县文物管理所：《四川盐源县皈家堡遗址 2016 年新石器时代晚期遗存的发掘》，《考古》2023 年第 6 期；成都文物考古研究院、凉山彝族自治州博物馆、盐源县文物管理所：《四川盐源皈家堡遗址 2017 年新石器时代晚期遗存的发掘》，《考古学报》待刊；成都文物考古研究院、凉山彝族自治州博物馆、盐源县文物管理所：《皈家堡遗址发掘报告》，文物出版社，待出版。

注　释

[1] 中国科学院青藏高原综合科学考察队：《横断山区自然地理》第 1~36、80 页，科学出版社，1997 年。

[2] 李炳元：《滇西北、川西南地区地貌的基本特征》，《横断山考察专集》第 174 ~ 183 页，北京科学技术出版社，1986 年。

[3] 周志清：《滇东黔西青铜时代的居民》第 49 页，科学出版社，2014 年；周振鹤、游汝杰：《方言与中国文化》第 68 ~ 75 页，上海人民出版社，1986 年；鲁西奇：《区域历史地理研究：对象与方法——汉水流域的个案考察》第 32 ~ 33 页，广西人民出版社，2000 年。

[4] 周志清：《横断山区新石器时代文化的互动——兼论西南丝绸之路形成的史前基础与文化交流》，《中华文化论坛》2021 年第 3 期。

[5] 西藏自治区文物管理委员会等：《昌都卡若》，文物出版社，1985 年；西藏自治区文物管理委员会：《西藏昌都卡若遗址试掘简报》，《文物》1979 年第 9 期。

[6] 云南省文物考古研究所、大理州文物管理所、永平县文物管理所：《云南永平新光遗址发掘报告》，《考古学报》2002 年第 2 期；云南省文物考古研究所、大理

州文物管理所、永平县文物管理所:《永平新光遗址第二次发掘报告》,《云南文物》2004 年第 1 期;云南省文物考古研究所、大理州文物管理所、永平县文物管理所:《永平新光遗址第四次发掘报告》,《云南文物》2007 年第 1 期;云南省文物考古研究所、永平县文物管理所:《永平新光遗址第五次发掘报告》,《云南文物》2008 年第 1 期。

[7] 云南省博物馆:《元谋大墩子新石器时代遗址》,《考古学报》1977 年第 1 期。

[8] 云南省文物考古研究所、中国社会科学院考古研究所云南工作队、成都文物考古研究所、楚雄州博物馆、永仁县文化馆:《云南永仁菜园子、磨盘地遗址 2001 年发掘报告》,《考古学报》2003 年第 2 期。

[9] 云南省博物馆:《云南宾川白羊村遗址》,《考古学报》1981 年第 3 期。

[10] 礼州遗址联合考古发掘队:《四川西昌礼州新石器时代遗址》,《考古学报》1980 年第 4 期。

[11] 四川省文物考古研究所、甘孜藏族自治州文化局:《丹巴县中路乡罕额依遗址发掘简报》,《四川考古报告集》,文物出版社,1998 年。

[12] 刘磐石、魏达议:《四川省汉源县大树公社狮子山发现新石器时代遗址》,《文物》1974 年第 5 期;四川省文物考古研究院、雅安市文物管理所、汉源县文物管理所、石棉县文物管理所:《大渡河瀑布沟水电站淹没区文物调查简报》,《四川文物》2008 年第 1 期。

[13] 成都文物考古研究院、阿坝藏族羌族自治州文物管理所、茂县羌族博物馆:《茂县营盘山新石器时代遗址》,文物出版社,2018 年。

[14] 陈苇:《金川县刘家寨新石器时代遗址》,中国考古学会编:《中国考古学年鉴 2012》,文物出版社,2013 年;四川省

文物考古研究院等:《四川金川县刘家寨遗址调查简报》,《四川文物》2012 年第 5 期;四川省文物考古研究院、阿坝藏族羌族自治州文物管理所、金川县文物管理所:《四川金川县刘家寨遗址 2011 年发掘简报》,《考古》2021 年第 3 期。

[15] 四川省文物考古研究院、雅安市文物管理所、汉源县文物管理所:《四川汉源县麦坪新石器时代遗址 2007 年的发掘》,《考古》2008 年第 7 期;四川省文物考古研究院、雅安市文物管理所、汉源县文物管理所:《四川汉源县麦坪遗址 2008 年发掘简报》,《考古》2011 年第 9 期;四川省文物考古研究院、雅安市文物管理所、汉源县文物管理所:《四川省汉源县麦坪遗址 2006 年发掘简报》,《四川文物》2011 年第 3 期;四川大学历史文化学院考古学系、四川省文物考古研究院、汉源县文物管理所:《四川汉源县麦坪遗址 B 区 2010 年发掘简报》,《四川文物》2013 年第 1 期。

[16] 成都文物考古研究所等:《西昌市横栏山遗址 2014 年度试掘简报》,《成都考古发现(2014)》,科学出版社,2016 年;成都文物考古研究所等:《西昌市大兴乡横栏山遗址 2011 年试掘简报》,《成都考古发现(2012)》,科学出版社,2014 年。

[17] 周志清等:《四川盐源皈家堡遗址》,国家文物局主编:《2018 中国重要考古发现》,文物出版社,2019 年。

[18] 四川省文物考古研究院、凉山彝族自治州博物馆、会理县文物管理所:《四川会理县河头地遗址Ⅱ区 2018 年度先秦时期遗存发掘简报》,《四川文物》2019 年第 3 期;四川省文物考古研究院、凉山彝族自治州博物馆、会理县文物管理所:《四川会理县李家坪遗址新石器时代遗存发掘简报》,《四川文物》2020 年第 2 期。

[19] 云南省文物考古研究所、大理市博物馆、

大理市文物管理所、大理州文物管理所：《云南大理市海东银梭岛遗址发掘简报》，《考古》2009 年第 8 期；万娇：《苍洱地区史前文化》第 30 ~ 114 页，文物出版社，2013 年。

[20] 陈剑：《大渡河中游先秦考古学文化的分期及相关问题》，《中华文化论坛》2005 年第 4 期。

[21] 陈苇：《甘青地区与西南山地先秦时期考古学文化及互动关系》第 85 ~ 90 页，吉林大学博士学位论文，2009 年。

[22] 四川省文物考古研究院、雅安市文物管理所、汉源县文物管理所：《四川汉源县麦坪遗址 2008 年发掘简报》，《考古》2011 年第 9 期。

[23] 四川省文物考古研究院、雅安市文物管理所、汉源县文物管理所：《四川汉源县麦坪新石器时代遗址 2007 年的发掘》，《考古》2008 年第 7 期。

[24] 万娇：《苍洱地区史前文化》第 197 页。

[25] 周志清：《试析金沙江中游新石器文化圈》，《中华文化论坛》2023 年第 1 期。

[26] 皈家堡出土陶尊同麦坪遗址石棺出土陶尊 M3：1（泥质黑皮陶，胎呈灰黑色，器表经过磨光处理。圆唇，大敞口，束颈，折腹，平底。颈部饰一圈锥刺纹，底部遍饰交错刻划纹。口径 9.7、腹径 8.5、底径 3、高 7.6 厘米）、B 区 M2：1（夹砂黄褐陶。敞口，卷沿，束颈，折肩斜内收为平底，底部饰网格纹。最大径在口部。口径 27、肩径 22.5、底径 8.5、高 19.5 厘米）如出一辙。四川省文物考古研究院、雅安市文物管理所、汉源县文物管理所：《四川汉源县麦坪遗址 2008 年发掘简报》，《考古》2011 年第 9 期；四川大学历史文化学院考古学系、四川省文物考古研究院、汉源县文物管理所：《四川汉源县麦坪遗址 B 区 2010 年发掘简报》，《四川文物》2013 年第 1 期。

[27] 周志清等：《四川盐源皈家堡遗址》，《2018 中国重要考古发现》。

[28] Hao Xiaoxiao, Zhou Zhiqing, Liu Linghe, Tian Jianbo, "The Neolithic Occupants in the Yanyuan Basin: Excavation of the Burials at the Guijiabao Site, Sichuan Province, Southwest China," *Archaeological Research in Asia*, vol. 29, 2022.

[29] 云南省文物考古研究所、大理市博物馆、大理市文物管理所、大理州文物管理所：《云南大理市海东银梭岛遗址发掘简报》，《考古》2009 年第 8 期。

[30] 万娇：《苍洱地区史前文化》。

[31] 万娇将第二期分为两段，其中一段既保留第一期特点，亦新出现附加堆纹罐、敛口罐、侈口罐等，纹饰新见点线纹（万娇：《苍洱地区史前文化》第 97 页）。笔者以为该段应还可细分，可将与第一期相近文化因素归入第一期，在其上分早、晚段。另一段新出现文化因素同第二大期 II 段同质性更强，笔者以为其应与第二期 II 段归为一期。同时第三期 I 段除了陶匦外，其余遗物均属于第二期特征，当归为第二期较晚阶段。其陶器形制同马鞍子、莲塘遗址等距今 4000 ~ 3700 年同类器相近，即第二期应分三段或三小期。第二期时代推测距今 4600 ~ 4400 年。该期遗存的文化因素同皈家堡遗址主体新石器文化遗存几乎一致，时代也相近，其与第一大期之间有着明显时代缺环。

[32] 万娇提到该期有极少量的可疑网坠，但备注了第二次发掘代表本期探方地层中均未出土网坠。结合皈家堡同期遗物无网坠出土及网坠出土在该遗址晚期阶段，笔者认为所谓可疑网坠可排除，皈家堡网坠出土均为距今 4500 年后遗存，网坠有可能是代表了新石器进程不同阶段生业形态的标识物，渔业在该阶段中并不

是人类主要的动物蛋白营养来源，狩猎或许即可满足人类日常的动物蛋白需要。渔猎经济或许是为适应日益增长的山地人口规模而发展的广谱经济，是人与环境互动发展的产物，是随着人口扩张和林缘动物的退却因应而生的生产策略，是定居社会的一个重要特征。

[33] 四川省文物考古研究院、凉山彝族自治州博物馆、会理县文物管理所：《四川会理县河头地遗址Ⅱ区2018年度先秦时期遗存发掘简报》，《四川文物》2019年第3期。

[34] 刘化石、高寒：《石棺葬文化研究获突破性新材料——会理县猴子洞遗址发掘取得重要收获》，《中国文物报》2018年10月16日，第7版；高寒：《李家坪遗址发掘获重要发现》，《中国文物报》2018年10月16日，第7版。

[35] 堆子遗址第一期遗存出土的黄褐夹砂陶遍施细绳纹，绳纹上有褶皱状附加堆纹。资料现存云南省文物考古研究所，http://www.ynkgs.cn/html/discover/20131219161242.htm。

[36] 万娇：《苍洱地区史前文化》第212～231页。

[37] 从地缘而言，雅砻江中、上游可能与之关系更为紧密，但目前该区域尚未发现明确的具有西北地区文化因素的新石器遗存，尚无相关线索可寻，故暂不展开讨论。

[38] 周志清：《横断山区新石器时代文化的互动——兼论西南丝绸之路形成的史前基础与文化交流》，《中华文化论坛》2021年第3期。

[39] 从甘肃南部经由川西进入云南的这条通道，是粟作农业传播的另一条重要线路。稻粟混作是西南地区早期作物结构的重要特征。根据盐源皈家堡、宾川白羊村等遗址的研究结果，这一组合大致在距今5000年前后传播到了川西南地区，稍晚在距今4600年前后甚至更早，

已到达了洱海地区。四川盆地和西藏南部地区早期农业的出现，均是这一通道支线的影响结果，东南亚大陆农业的出现也可能与这一通道有关。与中部线路是两个农业体系的新石器人群之间的相互交流不同，这条西部通道所影响的区域原本没有任何新石器人群。因此，这里的农业传播过程是伴随着整个新石器生活方式和技术体系的传播共同完成的，既是当地的农业化过程，也是新石器化过程，人群迁徙可能是这一过程实现的重要方式。见邓正华：《黍粟的起源与早期南传》，《考古学研究》（十三）第172～214页，科学出版社，2022年。

[40] 周志清：《试析金沙江中游新石器文化圈》，《中华文化论坛》2023年第1期。

[41] 李大龙：《榫卯：走廊与中国疆域的形成与发展》，《广西民族大学学报》2020年第3期。

[42] 尹建东：《论历史时期西南疆域空间结构的多元属性和流动特征——兼论中华民族共同体建构的"边疆视角"》，《云南师范大学学报》2020年第3期。

[43] 吴文祥等：《甘青地区全新世环境变迁与新石器文化兴衰》，《中原文物》2009年第4期。

[44] 周志清：《中国西南早期青铜时代刍议》，成都文物考古研究所编著：《成都考古研究》（三），科学出版社，2016年。

[45] 稻作农业在横断山区出现与传播的发展进程是什么？西北地区人群进入横断山区前，当地是否没有人群居住？横断山区新旧石器的分野是什么？诸如此类的许多问题目前仍然没有得到有效厘清，关于该区域的新石器化进程仍然存在不少基础性问题。这是下一个阶段横断山区新石器发掘与研究工作中的关切点。

[46] 周志清：《试析金沙江中游新石器文化圈》，《中华文化论坛》2023年第1期。

[47] 目前所知，除四川地区农业出现时间可能稍早以外，其他如广西、云南和贵州等地最早的农业大致都出现在距今4500年之后的新石器时代。张弛、洪晓纯：《华南和西南地区农业出现的时间及相关问题》，《南方文物》2009年第3期。

[48] 边疆社会"拥有主动参与中国历史的能力，而且事实上它就是中国历史演变的一个重要的动力源"。姚大力：《拉铁摩尔的"内亚视角"》，《读书》2015年第8期。

[49] 西南丝绸之路是指经中国西北地区通过四川而至云南乃至东南亚或南亚的中国古代南北向文化交流通道，其外延与时代维度均较俗称"南方丝绸之路"为广。"南方丝绸之路"是以成都为中心视角出发观察周遭世界的，而从文化交流发展的总体趋势背景而言，其含义是逼仄的，具有明显的局限性。从目前丝绸之路南亚廊道线路规划远景观察，它仅属于南亚廊道的东线部分，南亚廊道中线和西线部分并不包括于此。而从横断山区的范围看，其涵盖南亚廊道的东、中线及西线部分区域。狭义西南地区为云贵川渝藏，广义而言则涵盖甘青一部及广西一部，由此笔者认为从地理空间而言，"西南丝绸之路"涵盖空间要比"南方丝绸之路"更为宽泛；横断山区位于南亚廊道的东线和中线上，以东线为主，该线路纵贯西南地区川滇藏及甘青部分地区。如果从时间纵轴维度和史前基础的形成谈起，可以发现以成都为起点的"南方丝绸之路"在先秦以前并不成立，在先秦时期的西南地区，不晚于距今5000年，这条通道即已经存在，尤其是横断山区呈现来自西北地区人群自北而南为主的文化复线影响，人群的移动成为这些地区自新石器晚期以来新石器化、迈入青铜时代的主要动力，西南丝绸之路从时间纵轴而言增加了其历史厚度（周志清：《横断山区新石器时代文化的互动——兼论西南丝绸之路形成的史前基础与文化交流》，《中华文化论坛》2021年第3期）。

The Pioneer of the North-South Cultural Interaction: an Analysis of the 5000 yrs.BP Neolithic Remains in the Middle Hengduan Mountain Range

Zhou Zhiqing

Abstract: It is evidenced by the Neolithic remains unearthed in the Hengduan Mountain Range in recent years that the Neolithic cultures from northwest China spread southward to the Hengduan Mountains in 5000 yrs. BP, contributing to the neolithization of the latter region and its Neolithic cultural development. The cultural dispersal also laid foundation for the opening of the Southwest Silk Road. The Hengduan Mountain Range is part of the channel for cultural interaction and human migration in the eastern Tibetan Plateau. The Neolithic remains dating to 5000 yrs. BP found in this region have demonstrated a significant role in the interregional contact within China in prehistory.

Keywords: the Hengduan Mountains　Neolithic　Yinsuodao Site　Guijiabao Site　Channel

北辛文化房屋建筑技术的
退化与过渡 *

杨　菁

摘　要： 北辛文化房屋建筑主要包括半地穴式、地面式建筑两类，半地穴式建筑以小规模、不规则圆形平面、结构简单为特征，相较于早期后李文化建筑技术体现出明显的技术退化。至迟在北辛文化晚期出现了新的地面式建筑技术，并逐渐发展成为大汶口文化的主要建筑形制。新的建筑形制的发展与整体建筑技术的过渡是导致北辛文化半地穴式建筑技术退化的主要原因。

关键词： 北辛文化　房屋建筑　建筑技术退化

北辛文化以山东滕县北辛遗址命名，是海岱地区新石器晚期前段的一支重要的考古学文化，分布在山东及苏北地区，以釜、鼎、钵等典型器物为代表，上承后李文化，是大汶口文化的主要来源，绝对年代为距今7300～6400年[1]。在大汶口[2]、东贾柏[3]、西康留[4]、后李[5]、王因[6]、西桑园[7]、白石村[8]、北阡[9]、河口[10]、大墩子[11]等遗址发现北辛文化时期的房屋建筑及相关遗迹，为研究北辛文化房屋建筑及聚落形态提供了考古资料。本文以考古发掘资料为主，对北辛文化房屋建筑技术进行重新梳理与分析，讨论建筑技术的特征与形成原因。

一、北辛文化房屋建筑的
分类

北辛文化建筑遗存丰富，但保存情况较差、材料相对零散。目前较为完整的房址遗存主要见于大汶口一期、东贾柏、西康留、后李遗址，仅有20座。分布相对集中在鲁中南、鲁北地区，均属于北辛文化中晚期。另在王因、白石村、北阡、大墩子等遗址发现该时期的柱洞、居住面、烧灶等与房址有关的遗存，为讨论建筑技术特征提供部分线索。根据以上资料，可见北辛文化的房屋形制分为半地穴式、地面式两大类。

* 本文受北京联合大学科研项目（SK20202202）资助。
　作者：杨菁，北京市，100191，北京联合大学考古研究院。

（1）半地穴式房屋

目前发现的较完整房屋中绝大多数为半地穴式房屋，被认为是北辛文化的主要建筑形制[12]。房屋均为圆形、椭圆形平面，规整程度差。按照居住面的面积计算，均为小型房屋，面积在 4 ~ 15 平方米之间，以小于10 平方米者居多，尚未发现超过 20 平方米的房屋。穴壁的残存高度在0.3 ~ 0.7 米不等，个别可达近 1 米。大汶口一期房屋中多有不规则的生土二层台，如 F205，平面呈圆形，底部平坦，略小于口部，面积约 4.5 平方米，穴室深 0.9 米。穴壁北、东南部有不规则窄二层台，台面宽 0.1 ~ 0.3、高于居住面 0.6 米（图一）。

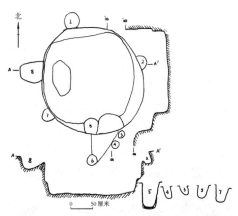

图一　大汶口一期 F205 平、剖面图

从结构做法和门道设置上来看，半地穴式房屋的结构多样，建造做法不统一。一种是穴室之上直接架设椽子，搭设圆锥状屋顶，穴室外围发现数量不等、向内倾斜的柱洞，应为固定屋顶椽木的柱洞；门道为独立于穴室之外的斜坡门道。如大汶口一期

F207，平面为不规则椭圆形，穴室面积约 4 平方米，穴室残存深度仅 0.3 米；穴室四周发现 20 个柱洞，规模小，直径 0.07 ~ 0.1、深 0.06 ~ 0.13 米，洞壁均朝向室内倾斜；穴室东侧有斜坡门道，平面呈内窄外宽的梯形，长 0.5米，中部还保留小片路土。F207 共发现两层居住面，上层保存较好，中部偏后有一处烧灶；在室内北侧、西北、西南均有高于居住面 0.2 米的生土台面，宽度在 0.2 ~ 0.4 米不等，可能是用于放置器物的平台（图二）。F205 规模和结构与 F207 类似，但柱洞的规模明显扩大，门道形制不同。F205 穴室平面呈圆形，坑口直径 2.4、坑残深 0.9 米。室内外共发现 8 个柱洞，其中室内 D5、室外 D1、D2、D7、D8 是构成屋顶的椽木柱洞，坑口直径在 0.3 ~ 0.4、深度多在 0.2 ~ 0.4 米，均不同程度地向室内倾斜；其中唯一一个位于室内的D5，口径 0.4、深 0.6 米，底部用料礓石铺底并夯实。穴室南侧还有 D6、D3、D4，规模较小，应为构筑门棚的木柱洞。F205 虽然有门棚痕迹，但其门道属于内嵌式，在穴室内、南壁处有一

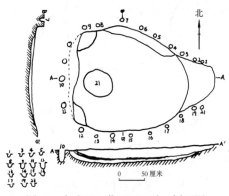

图二　大汶口一期 F207 平、剖面图

个半圆形台阶作为出入的通道，高0.3米。底部居住面为踩踏硬面，北、东、西有高0.3米的生土平台，室内中部偏西有平面不规则的烧灶。

另一种是穴室内外设直立的承重柱，用于支撑屋顶结构。东贾柏F2平面呈椭圆形，穴壁较直，面积8.5平方米，穴壁深0.75米。居住面靠近穴壁处残存3个柱洞，直径0.2、深0.15～0.25米，穴壁外也发现有3个柱洞，直径0.24～0.28、深0.15～0.25米，均为洞壁垂直的立柱柱洞，洞底多经过处理，填充红烧土渣并夯实，应当共同作为承重柱，支撑屋顶结构。东北部有独立阶梯门道，由两块红烧土块铺垫而成，长3.6、宽3米（图三）。大汶口一期也有室内外设置承重柱的房屋，柱洞的数量、规模、位置均不相同。如大汶口一期F211西边、北边残存柱洞6个，推测原有柱洞数量在10个以上；F209柱洞位于室内靠近穴壁处，残存9个，

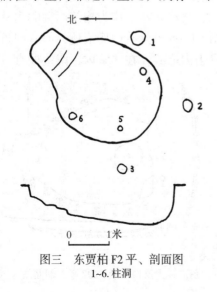

图三　东贾柏F2平、剖面图
1~6.柱洞

推测原有20个左右。由于报告未提供具体的柱洞数据，无法确定柱洞的大小和功能。但从以上信息可看出，相同规模的房屋内的做法并不统一。

后李遗址发现北辛文化时期的房址中，在穴室外南侧发现残存柱洞7个，直径0.05～0.1、间距0.1～0.2米，由于规模较小，不排除可能是木骨泥墙的木骨柱洞的可能，F1穴室上部可能还有木骨泥墙存在。

（2）地面式房屋

在大汶口一期偏晚阶段，发现一座方形房屋F208[13]，是以20余个柱洞围合起来的地面式房屋。以柱洞边缘计算，占地面积约15.88平方米，室内面积不足10平方米。房址仅见四周及中部柱洞，未见居住面、灶址或门道等迹象。柱洞排列整齐，间距均匀，唯南壁东段两柱之间间距较大，可能是门道的位置。四角柱洞较其他柱洞的口径更大，深度也明显更深。报告未提供柱洞的具体尺寸，据图推测柱洞口径多数在0.3～0.4米，最大者在0.5米以上。所有柱洞底部均放置石柱础（图四）。F208应是一

图四　大汶口一期F208房基

座地面起建、四周筑墙围合、顶部四面坡顶的房屋建筑，从结构上来说，墙内的柱是房屋的主要承重构件，柱间筑墙用以围合四周空间，构成墙柱一体、柱承重的结构特点。四角柱洞荷载的强化说明已经出现了角柱的概念，柱洞内普遍设石柱础也是对承重柱荷载的强化。

F208 的确认表明至迟在北辛文化晚期，海岱地区已经出现新的建筑技术。虽然目前仅确认一例，但在其他遗址中发现的大量零星柱洞，推测应当也是地面式房屋的相关遗存。白石村二期聚落共发现柱洞 216 个，均位于 I 区的 5 个探方中，分布相当密集，可见建筑活动极为频繁。由于居住面破坏严重，仅按照柱洞为单位进行发掘和记录[14]。根据构筑方法可分为两类。普通柱洞，共 143 个，直接挖柱洞，栽柱后填埋周边，柱洞口径 0.2 ~ 0.3、深 0.3 米，多数底部经过夯实或垫有石块。柱坑柱洞共 73 个，先挖一个长径 1、深 1 米的椭圆形柱坑，再在柱坑一端或中部再挖一个用于栽柱的柱洞，一般一坑内一柱，也有个别柱坑内栽两柱。柱洞深度多数在 1 米以上，有的可达 2 米（图五）。此外在王因遗址中也发现有北辛文化时期的柱洞，口径在 0.25 米以上，深度不及白石村二期，但多数底部经过夯实处理，垫红烧土块并夯实，放置石块做柱础[15]。这种情况与大汶口一期 F208 的柱洞情况一致，应当也存在北辛文化时期的地面式房屋，形成以柱承重、无墙基的技术特征。

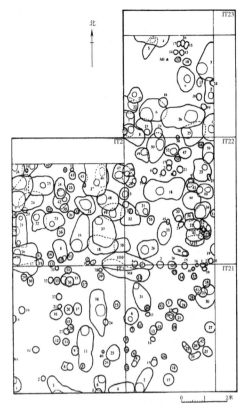

图五　白石村二期柱洞分布图

通过对北辛文化房址资料的梳理，可以看出该文化房屋建筑的技术特征。该时期包括半地穴式、地面式两类建筑形制，前者为主，后者出现较晚。二者在规模、空间、功能等方面具有明显的共同特征：其一，规模小，以室内面积 10 平方米以下的小型房屋为主；其二，均为单间房屋；其三，绝大多数室内有灶面，为居住性房屋；其四，普遍发现柱洞底部夯实或设柱础的处理方式。

二、半地穴式建筑技术的"退化"

北辛文化的半地穴式房屋呈现出

小型化、多样化的特征。房屋体现出建造活动的随意粗糙，圆形或椭圆形平面多不规整，穴壁多不直，居住面也多为踩踏硬面，极少有防潮处理。结构上并不统一，部分为简单的窝棚式房屋，部分有承重柱；柱洞的规模、数量和分布都不统一，即便在同一聚落内亦存在不同的做法。同样的窝棚式房屋，F207 的穴室（残存）深度仅 0.3 米，其上直接搭设圆锥状屋顶，室内立面空间，尤其是有效活动空间相当有限；F205 穴室（残存）深度达 0.9 米，室内的垂直空间相对更大，同时使得屋顶的椽木规模更大，房屋的稳定性更强。二者的门道设施也不同，前者为独立斜坡门道，后者为室内的台阶门道。可见聚落内部相同功能的居住性房屋在建造用材、建造方法上并不统一，这种多样性反映出的是建筑活动的随意性，即聚落内部并未形成统一的建筑原则。

早于北辛文化的后李文化同样以半地穴式房屋为主，但二者呈现出完全不同的建筑特征和技术水平。后李文化的房址以小荆山 [16]、西河 [17] 遗址为代表，集中在鲁中南地区、泰沂山北麓地带。规模上，后李文化房屋的规模从十几平方米至 70 余平方米不等，可分为小型（10 ~ 25 平方米）、中型（25 ~ 50 平方米）、大型（大于 50 平方米）三类，以中型房屋居多。规模最大的西河 F306 进深 9.48、面阔 8 米，面积近 76 平方米，远远超过北辛文化房址的规模。平面形状上，以圆角长方形为主，多为纵长方

形，形状规整，穴壁略外弧。小荆山遗址的平面形状规整程度一般，穴壁多外弧，四角角度不一，但也与北辛文化的不规整圆形、椭圆形明显不同。结构上，每个聚落内部形成相对统一的建筑做法，西河遗址流行无柱房屋，大部分房屋内外均未发现柱洞，仅在部分小型房屋中有设附壁墙柱；小荆山遗址则流行在室内靠近穴壁处设直立墙柱，如 F11 四壁共 10 个墙柱，间距在 1 ~ 2.5 米，柱洞直径 0.12 ~ 0.16、深 0.14 ~ 0.36 米，用以支撑屋顶结构。其他方面，后李文化房址多设置独立短门道，室内流行设支石灶，小型房屋 1 室 1 组，大、中型房屋有 1 ~ 3 组不等。西河遗址的大、中型房屋居住面及壁面加工良好，抹一层黄泥膏后经过烧制，形成厚 0.02~0.05 米的坚硬烧结面。西河遗址不同规模的房屋存在功能差异，房屋的建造处理上也有相应区别。大、中型房屋室内设灶，居住面处理考究，室内可分为炊事区、活动区、储藏区等，作为聚落内主要的居住及室内活动场所；小型房屋无灶，居住面无特殊处理，室内残存遗物多为破碎陶片、石片、石块等，认为其可能作为专门的手工操作间或者垃圾坑 [18]。

从房屋规模、结构，以及聚落内建筑技术的一致性和区别性上，可以看出后李文化半地穴式建筑技术的发展水平之高。而北辛文化并未继承以上建筑特征，反而呈现出明显的技术退化。相较于本地的早期文化，北辛

文化的建筑特征与同时期东部裴李岗文化存在诸多方面的相似性。

以贾湖[19]、唐户[20]、石固[21]等遗址发现的裴李岗文化的房址情况来看，以半地穴式为主，室内面积多在 20 平方米以下，又尤以 10 平方米以下规模的房屋为主。为圆形、椭圆形，形状不规整。穴壁走向多曲折或外斜，残存高度多在 0.6 ～ 1.2 米。建筑结构多样化，室内外发现数量不等、位置不一的柱洞，以室外居多，如唐户 F22，穴壁外围共分布 14 个直壁的圆形柱洞，原应为直立承重柱，大小相当，直径 0.2 ～ 0.3、深 0.1 ～ 0.15 米（图六）；长葛石固Ⅲ F3 穴室顶部外围残存有 5 个柱洞，上端向室内倾斜，应为屋顶椽木洞，直径 0.12 ～ 0.15、深 0.35 ～ 0.42 米。门道有独立门道和内嵌台阶门道两种，室内有灶房屋偏少，居住面普遍为踩踏硬面。从总体特征上，与北辛文化基本一致。同时，在器物组合上也存在很多共同因素，如大型石

铲、钵、小口双耳罐、鼎等，裴李岗文化被认为是北辛文化的重要来源之一[22]。因此北辛文化建筑技术的退化被认为是裴李岗文化东进影响的结果[23]。

但在相似的形制特征下，二者在空间构成上存在很大差异。最为突出的是裴李岗文化中的多间房屋不见于北辛文化中。这一点是裴李岗文化建筑的重要特征之一，即在新石器中期整个北方地区，这里是唯一流行多间结构的区域[24]。从贾湖一期文化至裴李岗文化，聚落内均发现数量不等的双间或多间房屋，规模多为 10 ～ 20 平方米。根据建造方式可分为两种。第一种为一次性挖掘出半地穴，通过在穴室底部预留生土坎或构筑熟土隔墙的方法将房屋分为两间。如贾湖 F5，平面呈较规整的椭圆形，残高 1.16 米，面积 14.4 平方米，中间以一道东西向黄土坎将房屋分为南、北两间，东壁中部共用一个斜坡门道（图七）。第二种是逐渐扩建而成，由 2 ～ 4 间不等的房间构成，房屋整体呈不规则状，房间扩建的形状随意性较大。如贾湖 F17，由 4 个大小不同的圆形开间构成，其间有土坎相隔，面积共 16 平方米；台阶式门道在四间中部，平面呈三角形。柱洞数量也随着房屋扩建而增设。

裴李岗文化聚落中的多间房屋虽然数量不多，但始终存在。目前尚不能够确定多间房屋与单间房屋在功能上是否有差异，但确是聚落内部必备的要素之一。这种建筑特征与居

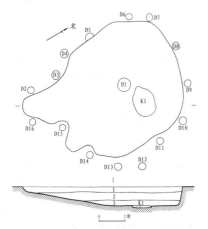

图六　唐户 F22 平、剖面图
1. 灰褐色土　2. 黑褐色土　3. 褐色土

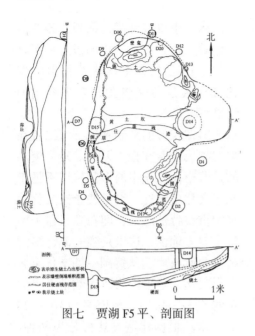

图七 贾湖 F5 平、剖面图

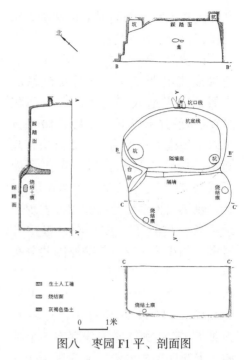

图八 枣园 F1 平、剖面图

住原则随着裴李岗文化向西扩张，直接影响到了晋南地区。在仰韶文化初期枣园一期聚落内发现一座双间房屋 F1[25]，分南、北两间，其间有堆筑隔墙，隔墙中部有缺口作为通道，西侧共用一个台阶门道。报告根据形制及堆积状况，判断北间建造时间晚于南间，二者共用并同时废弃（图八）。从空间构成和建造方法上，枣园 F1 与裴李岗文化的房屋一脉相承。

但这种多间构造绝不见于北辛文化中。北辛文化的房屋均为单间。甚至海岱地区整个新石器阶段，除了个别区域受到淮河流域影响，其余都以单间房屋为主要的空间构造模式。虽然北辛文化形成过程中受到裴李岗文化的影响，但并不能够将建筑特征的相似性解释为文化的强势干预，裴李岗文化在建造技术与居住模式上的特

点并没有被北辛文化居民所接受，因此无法据而解释北辛文化半地穴式建筑技术的退化。

三、地面式建筑技术的起源与发展

以往考察北辛文化建筑技术特征时都没有关注到地面式房屋的存在与兴起。从大汶口一期 F208 与白石村等聚落存在的大量零散柱洞可知，至迟在北辛文化晚期，已经出现了新的地面式建筑技术。

从目前的发现归纳北辛文化地面式房屋的建筑特征，有如下几项：其一，占地面积在 10～20 平方米之间，考虑到柱洞和墙体所占的位置，实际室内面积当在 10 平方米左右；其二，平面呈方形；其三，单间结构；其四，

以四面墙柱为承重结构，其间用泥封闭围合墙体，墙体不设墙基；其五，柱洞规模大、多有柱础处理。从柱洞的处理上可以看出一定的区域差异：以白石村一期为代表的胶东半岛地区流行柱坑柱洞和普通柱洞两类，柱洞普遍栽设较深；而以王因为代表的鲁中地区则流行填红烧土块、设石柱础的做法。二者都强调墙柱的稳定性，说明柱在整个房屋建筑中的承重作用。

由于资料不完整，缺少北辛文化早期的房屋建筑遗存，鲁南地区也尚未发现完整的北辛文化时期的房址，想要追溯新的建筑技术的出现尚有难度。同时期黄河流域及其以北地区仍然以半地穴式建筑为主，在渭水流域仰韶文化初期出现了地面式房屋，见鱼化寨[26]、零口[27]等遗址，但其为有墙基槽的木骨泥墙地面式房屋，平面有方形、圆形两类，与北辛文化的地面式建筑技术不同。淮河流域上游地区以干栏式建筑为主[28]，中下游地区流行地面式建筑。与北辛文化相同时期，在淮河中游的小孙岗[29]、石山孜二期[30]均发现不同形制的地面式建筑，前者主要是方形、小型、基槽式建筑，后者则为无墙基槽的柱洞式建筑，平面形状较为多样。淮河下游地区尚未发现北辛文化同时期的完整房屋，向前追溯至顺山集文化，其晚期已经出现地面式房屋，为椭圆形平面，由外围17个柱洞、室内中部1个柱洞构成，无墙基槽[31]。这种结构一直延续至龙虬庄二期，平面从圆形转变为方形，并且疑似出现多间房屋[32]，说明这种建筑形式一直流行于淮河下游地区。

从周边地区的情况来看，北辛文化的地面式建筑技术的出现，可能受到淮河流域的影响。文化上，北辛文化也包含淮河流域双墩文化的要素[33]。但目前由于缺少苏北地区的房址资料，该判断尚且存疑，二者在房屋的规模、平面形状上也存在一定差异，尤其是胶东半岛地区流行的柱坑柱洞，亦不见于淮河下游及其他地区，因此不排除是本地创新的可能。

北辛文化的地面式建筑自出现以后即迅速发展，成为大汶口文化最主要的建筑形制。除了皖北、苏北等地区受到淮河流域的影响，出现少量红烧土排房，绝大部分区域的建筑技术特征演变为以小型、方形、单间地面式房屋为主，半地穴式建筑已经退为次要建筑并逐渐消失。大汶口文化时期的地面式房屋，一方面，保持了方形、单间、以柱为承重构件的技术特征。如大汶口遗址2002～2003年发掘的6座房屋，均为方形、单间、地面式房屋[34]。F6边长4.2米、占地面积17.6平方米，由四壁19个、室内1个柱洞构成，四壁柱洞排列较整齐，多为圆形或椭圆形柱洞，直径0.22～0.5、深度0.78～1.3米；室内柱位于中部偏西，保存有完整的碳化木柱，直径0.08米，木柱周围抹泥。居住面分南、北两部分，南部地面经过烧烤、表面光滑，北部地面则无明确活动面。在F6周围还有一圈宽0.3米的烧土集中的环带，可能与墙体有关（图九）。另如北阡 F6，残存南半部，平面呈方形，推测占地面积在 14 平方米左右，残存 8 个柱洞，柱洞口径 0.2、深 0.64 ~ 0.84 米，房屋居住面下有三层垫土，室内东南部有一个椭圆形灶坑[35]。在胶东半岛以外区域也出现了柱坑柱洞的做法，位于鲁西南地区的建新、玉皇顶遗址发现有柱坑柱洞房屋。如建新 F25[36]，平面呈方形，占地面积 22.6、室内面积 17.9 平方米，由 25 个柱坑柱洞围合，均一坑一柱，柱坑为圆形或椭圆形，柱洞深度与柱坑相当或略深；柱坑排列紧密，间距 0.1 ~ 0.3 米，在西壁中部有 1.3 米宽的缺口，疑似为门道。四壁柱洞由柱坑柱洞、普通柱洞构成，柱坑一般为长方形，内部有 1 ~ 2 个柱洞（图一〇）。

另一方面，出现了设墙基槽的地面式房屋，在北阡、大汶口等地都可

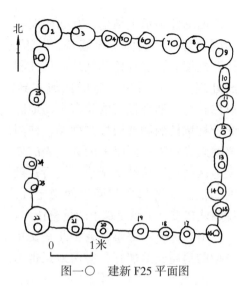

北

图一〇　建新 F25 平面图

见该类型，平面、规模与传统做法相同。如大汶口 F204[37]，方形平面，四周有墙基槽，基槽宽 0.35 ~ 0.5、深度 0.1 ~ 0.3 米，基槽深浅不一，是为了结合地基找平。基槽在北部中部有缺口，应为门道。基槽内共有圆形柱洞 10 个，口径 0.3、深度多数在 0.6 ~ 0.75 米，其中东壁中部的 D5 底部垫有碎陶片（图一一）。

以上的传统做法和新做法往往共存于同一聚落中，这种情况尤其体现在大汶口文化早期。如北阡聚落中包括半地穴式、地面式建筑两大类，后者有包括无基槽普通柱洞、无基槽柱坑柱洞、有墙基槽的地面式房屋，柱洞普遍较深，普通柱洞深度可达 1 米，柱坑及墙基槽也宽且深，部分柱洞底部用石块、红烧土块做柱础[38]。鲁中南地区的大汶口、王因等聚落中也存在半地穴式房屋、地面式房屋多种建筑形式共存的局面。这种建筑技术的

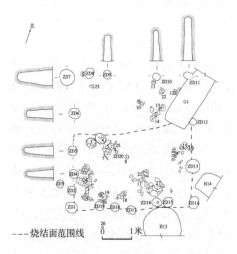

北

---烧结面范围线

图九　大汶口 2012 ~ 2013F6 平面图

1、2、27.陶盆　3~5、8、19.陶鼎　6、23.石器
7.长条形骨器　9~11、15、16、21、24、25.陶罐
12.陶器盖　13、14、17、18、20、22.陶钵　26.石球

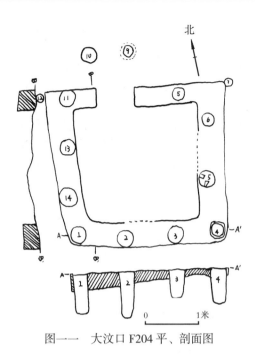

图一一　大汶口 F204 平、剖面图

多样性体现出建筑技术传统转变的过程，亦反映出地面式建筑技术发展的过程。

四、北辛文化建筑技术的过渡性

结合新的地面式建筑技术的出现，重新审视北辛文化半地穴式建筑体现出的技术退化，可知其并不是受到外来文化因素影响导致的结果，而是从传统的半地穴式技术向新兴的地面式建筑发展过渡阶段造成的局面。根据目前的材料，在北辛文化中期偏晚阶段，部分区域就出现了新的地面式建筑技术，胶东地区白石村二期聚落中不见半地穴式建筑，仅有零散柱洞，很有可能已经形成以地面式建筑为主体建筑形式的格局。而在鲁中南

地区，新旧建筑形式一直共存至大汶口文化早期，建筑技术的转变与过渡阶段持续的时间相对较长。

由于聚落内部开始发现地面式建筑，半地穴式建筑逐渐变为次要建筑形式，技术成本的投入减少，建造上就相对简单随意。从北辛文化到大汶口文化，半地穴式建筑的比重逐渐减少，并且始终以圆形、小型建筑为主，再没有新的技术革新。大汶口文化早期北庄一期聚落是唯一一个以半地穴式房屋为主体建筑的聚落，并且形成了墙柱分离的结构特征[39]。一方面，这种墙柱分离结构并非本地半地穴式建筑的传统做法，反而与北辛文化地面式建筑的结构特征相似，以柱为承重结构、墙体仅用于围合、无墙基槽；另一方面，北庄的半地穴式建筑技术并未被海岱腹地接受并继续发展，胶东半岛地区在大汶口中晚期仍然回归至以大且深的柱坑柱洞构成的地面式建筑为主要建筑特征。

地面式房屋的出现，并没有迅速将半地穴式房屋淘汰，二者的长期共存可能与建筑材料的利用分配有关。地面式房屋与半地穴式房屋均需要使用大量木材来构建房屋的主体结构，但对材料的需求不同。北辛文化的地面式房屋柱洞普遍规模大，柱洞口径多在 0.3 米以上，代表需要直径 0.2 米左右的树木主干或主枝做木柱。而半地穴式房屋的柱洞规模普遍较小，口径多在 0.1 ~ 0.2 米，仅需要 0.15 米以下的侧枝杈即可。根据二者在木材

使用上的区别，可以推测聚落内部的房屋建造活动，主要利用树木主干构筑地面式房屋，而较细的枝杈就用于建规模较小的半地穴式房屋。

建筑技术过渡的背后，是居住模式的变化。后李文化聚落中，大、中型房屋室内出现多处灶址，一座房屋是多个对偶家庭的生产消费场所[40]。而自北辛文化开始，海岱地区不见大、中型房屋，至新石器末期始终以小型单间房屋为主，1~2 座房屋代表一个对偶家庭，就构成一个相对独立的生产消费单元。家户单元人口规模缩小，不仅代表社会生产水平提高，同时反映出聚落内社会组织形态产生了新变化，从集体性向个体化发展，社会构成逐渐复杂化。

注　释

[1] 栾丰实：《北辛文化研究》，《考古学报》1998 年第 3 期。

[2] 山东省文物考古研究所编：《大汶口续集——大汶口遗址第二、三次发掘报告》，科学出版社，1997 年。

[3] 中国社会科学院考古研究所山东工作队：《山东汶上县东贾柏村新石器时代遗址发掘简报》，《考古》1993 年第 6 期。

[4] 山东省文物考古研究所、滕州市博物馆：《山东滕州市西康留遗址调查、钻探、试掘简报》，《海岱考古》第 3 辑，科学出版社，2010 年。

[5] 济青公路文物考古队：《山东临淄后李遗址第一、二次发掘简报》，《考古》1992 年第 11 期；济青公路文物工作队：《山东临淄后李遗址第三、四次发掘简报》，《考古》1994 年第 2 期。

[6] 中国社会科学院考古研究所编著：《山东王因——新石器时代遗址发掘报告》，科学出版社，2000 年。

[7] 中国考古学会编：《中国考古学年鉴1989》第 169~170 页，文物出版社，1990 年。

[8] 烟台市博物馆：《烟台白石村遗址发掘报告》，北京大学考古学系、烟台市博物馆编：《胶东考古》第 28~95 页，文物出版社，2000 年。

[9] 山东大学历史文化学院考古学系、青岛市文物保护考古研究所、即墨市博物馆：《山东即墨市北阡遗址 2007 年发掘简报》，《考古》2011 年第 11 期；栾丰实、王芬、林玉海：《胶东半岛区域视野下的北阡考古》，山东大学文化遗产研究院编：《东方考古》第 10 集，科学出版社，2013 年。

[10] 烟台市博物馆：《荣成市河口遗址发掘报告》，山东省文物考古研究所编：《海岱考古》第 5 辑，科学出版社，2012 年。

[11] 南京博物院：《江苏邳县四户镇大墩子遗址探掘报告》，《考古学报》1964 年第 2 期。

[12] 方拥：《从房址和陶鼎看北辛文化的成因》，《中国历史文物》2010 年第 4 期。

[13] 山东省文物考古研究所编：《大汶口续集——大汶口遗址第二、三次发掘报告》第 26 页。

[14] 烟台市博物馆：《烟台白石村遗址发掘报告》，北京大学考古学系、烟台市博物馆编：《胶东考古》第 59 页。

[15] 中国社会科学院考古研究所编著：《山东王因——新石器时代遗址发掘报告》第 12~13 页。

[16] 章丘县博物馆：《山东章丘县小荆山遗址调查简报》，《考古》1994 年第 6 期；济南市文化局文物处、章丘市博物馆：《山东章丘小荆山遗址第一次发掘》，山东大学东方考古研究中心编：《东方考古》

第 1 集，科学出版社，2004 年；山东省文物考古研究所、章丘市博物馆：《山东章丘市小荆山遗址调查、发掘报告》，《华夏考古》1996 年第 2 期；山东省文物考古研究所、章丘市博物馆：《山东章丘市小荆山后李文化环壕聚落勘探报告》，《华夏考古》2003 年第 3 期。

[17] 山东省文物考古研究所：《山东章丘市西河新石器时代遗址 1997 年的发掘》，《考古》2000 年第 10 期；山东省文物考古研究所、章丘市城子崖博物馆：《章丘市西河遗址 2008 年考古发掘报告》，《海岱考古》第 5 辑，科学出版社，2012 年。

[18] 孙波：《后李文化聚落的初步分析》，《东方考古》第 2 集第 108 页，科学出版社，2005 年。

[19] 河南省文物考古研究所：《舞阳贾湖》，科学出版社，1999 年；河南省文物考古研究院、中国科学技术大学科技史与科技考古系：《舞阳贾湖》（二），科学出版社，2015 年。

[20] 郑州市文物考古研究院、河南省文物管理局南水北调文物保护办公室：《河南新郑市唐户遗址裴李岗文化遗存 2007 年发掘简报》，《考古》2010 年第 5 期。

[21] 河南省文物研究所：《长葛石固遗址发掘报告》，《华夏考古》1987 年第 1 期。

[22] 栾丰实：《北辛文化研究》，《考古学报》1998 年第 3 期。

[23] 方拥：《从房址和陶鼎看北辛文化的成因》，《中国历史文物》2010 年第 4 期。

[24] 杨菁：《新石器时期半地穴式房屋建筑技术研究》第 26～27 页，北京大学博士学位论文，2021 年。

[25] 山西省考古研究所：《翼城枣园》，科学技术文献出版社，2004 年。

[26] 西安市文物保护考古研究院：《西安鱼化寨》，科学出版社，2017 年。

[27] 陕西省考古研究所：《临潼零口村》，三秦出版社，2004 年。

[28] 向金辉：《汉淮地区新石器时代的文化发展和区域交流》第 134 页，北京大学博士学位论文，2018 年。

[29] 淮南市博物馆：《安徽淮南市小孙岗遗址试掘收获》，《文物研究》第 14 辑，黄山书社，2005 年。

[30] 安徽省文物考古研究所、淮北市博物馆、濉溪县文物事业管理局：《濉溪石山孜——石山孜遗址第二、三次发掘报告》，文物出版社，2017 年。

[31] 南京博物院、泗洪县博物馆：《顺山集：泗洪县新石器时代遗址考古发掘报告》，科学出版社，2016 年。

[32] 龙虬庄遗址考古队：《龙虬庄：江淮东部新石器时代遗址发掘报告》，科学出版社，1999 年。

[33] 韩建业：《双墩文化的北上与北辛文化的形成——从济宁张山"北辛文化遗存"论起》第 46～50 页，《江汉考古》2012 年第 2 期。

[34] 山东省文物考古研究所：《山东泰安市大汶口遗址 2012～2013 年发掘简报》，《考古》2015 年第 10 期。

[35] 山东大学历史文化学院考古学系、青岛市文物保护考古研究所、即墨市博物馆：《山东即墨市北阡遗址 2007 年发掘简报》第 6 页，《考古》2011 年第 11 期。

[36] 山东省文物考古研究所、枣庄市文化局：《枣庄建新——新石器时代遗址发掘报告》，科学出版社，1996 年。

[37] 山东省文物考古研究所编：《大汶口续集——大汶口遗址第二、三次发掘报告》。

[38] 山东大学历史文化学院考古学系、青岛市文物保护考古研究所、即墨市博物馆：《山东即墨市北阡遗址 2007 年发掘简报》，《考古》2011 年第 11 期；栾丰实、王芬、林玉海：《胶东半岛区域视野下的

北阡考古》，山东大学文化遗产研究院编：《东方考古》第10集。

[39] 北京大学考古实习队、烟台地区文管会、长岛县博物馆：《山东长岛北庄遗址发掘简报》,《考古》1987年第5期；张江凯：《北庄类型前期的房屋建筑与聚落结构》，宿白主编：《苏秉琦与当代中国考古学》，科学出版社，2001年。

[40] 孙启锐：《后李文化研究》，山东大学硕士学位论文，2014年。

The Degradation and Transitivity of Architectural Technology in Beixin Culture

Yang Jing

Abstract: The mainly architectural form of dwelling architecture of Beixin culture includes semi-subterranean and ground architecture. The semi-subterranean houses are characterized by small scale, irregular circular shape and simple structure, which shows technical degradation compared with the architecture technology of Houli culture. As a new architectural structure, the ground houses appeared in the late period of Beixin culture at the latest and gradually developed into the main architectural form of Dawenkou culture. The main reason of the degradation of semi-subterranean architecture of Beixin culture is the development of new architectural form, begetting the reansition of whole architectural technology.

Keywords: Beixin Culture   Dwelling Architecture   Architectural Technology Degradation

史前朝圣行为的考古学研究 [*]

姜仕炜

摘 要: 原始宗教作为古代社会的一个重要构成部分,对不同地区、不同发展阶段的古代社会有着重要的影响。朝圣是礼仪活动的内容之一,作为宗教物化表现形式的礼仪活动,通过一系列的方法可以从繁杂的考古学遗迹和遗物中辨识出来,这使得考古学者研究古代社会的意识形态领域成为可能。通过梳理西方考古学界关于朝圣遗址的考古学研究成果,结合中国史前牛河梁遗址和良渚遗址群的实例,对我国史前朝圣行为进行初步的考古学探索。

关键词: 礼仪行为 朝圣行为 考古学证据

朝圣是一种宗教活动,是追寻精神或意识上重要意义的行为。韦斯勒(Wesler)认为在考古学层面朝圣不仅仅是一趟行程,它包括了具有宗教目的的朝圣者、圣物以及圣地或神圣建筑等要素[1]。

目前学界对于宗教的定义有不同理解,但普遍认同把宗教作为一种信仰框架,视其为人类创造的一个超自然的概念。多数考古学者认为宗教在史前和历史时期大多数文化和社会中扮演着重要角色,对社会的发展有着极为重要的作用。如法国人类学家迪尔凯姆(Emile Durkheim)所说:"宗教有助于隔一定时期加强和巩固集体的情感和集体的意识,而这些对于一个社会集团的凝聚和人格的形成都十分重要。"[2]

在考古学上,宗教的物化表现形式是称之为礼仪的固定行为体系,宗教考古有时也被称为"礼仪考古"。因此,从考古学角度考察朝圣行为时,应当将其纳入礼仪考古的框架之中。作为一种信仰系统,礼仪在物质文化中很难完整地体现出来。考古学者面临的一个问题是,礼仪行为与日常生活行为常常难以区分,一些礼仪活动往往包含在日

---

* 本文受北京市教育委员会科研计划项目"京津冀地区新石器时代家户考古研究"(SM202311417014)资助。

作者:姜仕炜,北京市,100191,北京联合大学考古研究院。

常活动中。并且，考古学者生活环境中的宗教意识形态与所要研究的史前社会的宗教意识形态存在相当的差异，因此容易忽视史前宗教礼仪活动的考古学证据，这也使得考古学者在识别史前社会的宗教活动遗存的过程中存在很大困难。此外，也要避免把一些目前尚不能理解的现象都笼统划归为礼仪行为。

一、朝圣中心与礼仪中心的关系

特纳（Victor Turner）认为礼仪行为是社会进程的重要一面，它是人类社群为适应外部环境的变化而进行的内部调整。朝圣行为则是礼仪行为中尤其重要的一个内容[3]。因此，在进一步讨论朝圣中心的考古学界定标准之前，有必要理清朝圣中心与礼仪中心之间的关系。目前国际学界对史前礼仪活动研究的重点之一是对中南美洲前西班牙时期的古文明的探索，得益于安第斯文明和中美洲文明深厚的祭祀礼仪传统，在该地区至今还保存有大量与礼仪活动相关的遗址和遗物。不少学者对一些礼仪中心遗址或朝圣中心遗址做过深入的田野工作与考古学研究。综观他们的研究成果，不难发现朝圣中心与礼仪中心是被包含与包含的关系，也就是说并非所有的礼仪中心都是朝圣中心，礼仪中心可能是朝圣中心，而朝圣中心则一定是礼仪中心。如同属安第斯文明的瓦里科托（Huaricoto）遗址是区域性的礼仪中心[4]，而稍晚的卡瓦奇（Cahuachi）遗址，不仅是区域性的礼仪中心，还是朝圣中心[5]。

二、礼仪的考古学识别方法

宗教礼仪包括富有表现力的向神等祭拜的仪式活动。考古学上识别宗教礼仪很重要的一个途径是辨认礼仪活动。关于礼仪活动的考古学证据，目前西方学术界普遍认同通过辨别出考古遗存中包含的与礼仪活动相关的要素来获得。

虽然不同的学者根据其研究的实践提出了不同的识别礼仪活动的要素体系，但总体而言大同小异。马库斯（Joyce Marcus）从中美洲的考古实践中归纳出礼仪活动的八个基本构成要素，包括表演者、仪式对象、地点、仪式目的、意义和主题、时间、行为、用品[6]。目前对识别礼仪活动的体系总结较为全面的是伦福儒的四要素系统[7]。具体而言，第一，关注的焦点。仪式要在一个特殊的、与自然相结合的地点举行，或在独立的具有仪式功能的建筑中举行；仪式中有用于集中注意力的设施或可移动器物；祭祀区应有反复出现的象征物。第二，现实世界与神界的临界。举行仪式之地能同时反映出仪式的公开性和隐蔽性；清洁和污染的概念可能同时反映在祭祀区的设施中。第三，神祇的存在。神祇或是其象征符号应反映在仪式所用物上；经常出现的动物或植物等符号与被祭拜的神祇相关联。第四，参拜和供奉。祭拜者进行祭拜的特殊形式可能反映在艺术品或肖像、塑像上；仪式中会使用各种物品，如牺牲和供奉物等。

此外，除了上述所论，还可以根据遗迹现象、遗物的出土背景来综合推断礼仪行为。礼仪与日常生活具有不同的逻辑结构，礼仪逻辑通常具有不符合技术常理的"非理性"特点，即礼仪行为往往没有实际功能或现实意义不大[8]。

考古学者在观察单个考古材料时可能只能发现少数几个指示物，对于界定仪式性遗址尚显得证据不够充分。如果发现具有相似特征的多处遗址，则说明存在一种反复出现的礼仪行为，在这种情况下，礼仪行为才可最终得以确定。如目前发现的红山文化晚期礼仪性遗址，除了牛河梁遗址外，还有田家沟、四家子、东山岗、半拉山等积石冢群遗址。这些积石冢群的结构、规模以及保留的特殊遗物与牛河梁遗址都很相似，只是在规模、数量与特殊建筑有无方面存在差别。显然，在红山文化晚期社会存在比较一致的宗教祭祀行为。而如果仅有一处可能带有礼仪色彩的遗迹，将其断定为礼仪性遗迹则有很大的冒险性，如周玮在讨论凌家滩的"祭坛"性质时，认为该遗迹是遗址所在区域仅有的一例，且其构造不规则，建造投入的实际人力并不多，附属设施所具有的祭祀功能不明显，因此他提出，凌家滩遗址的"祭坛"遗迹被作为祭坛的证据并不充分[9]。

三、朝圣中心遗址的考古学证据

朝圣活动的构成主体包括朝圣中心、人的朝拜行为、朝拜的路途等方面。不过，在考古学上保留下来的证据中，朝圣中心无疑是辨识度最高的。

朝圣中心属于一种特殊的礼仪中心。在对朝圣中心遗址的特征及相关考古学证据进行探索前，需要先讨论礼仪中心遗址特点及相关考古学证据。对于礼仪中心的界定，中外学者有颇多讨论，尤其是对于历史时期的考古学来说，得益于文献资料，在一定程度上较为容易辨识考古遗存中礼仪活动的遗物和遗迹。比如考古学家根据史料记载对不同形式犹太教会堂的识别与分类，将其分为小型会堂和带半圆形后殿的会堂[10]。而关于史前礼仪中心的研究主要集中在中南美洲地区，如理查德·伯格（Richard Burger）分析作为礼仪中心的瓦里科托遗址时，从遗址所处位置具备的神圣性、遗址出现大量由祭祀炉灶及环绕在其周围的石室构成的建筑单元群聚，以及在该遗址发现大量不同于定居性遗址的遗物等方面，论证该遗址是区域性的礼仪中心[11]。关于史前礼仪中心遗址的识别标准，西尔弗曼（Helaine Silverman）在总结前人研究成果的基础上，将其归纳为两点：一是建筑物集群的性质是礼仪性的，明显是用来举行公开的礼仪性活动；二是大规模礼仪性建筑物群聚的非永久

居住性 [12]。

识别出礼仪中心遗址，有助于进一步探讨朝圣中心遗址的识别。关于哪些考古学证据可以用来证明史前时期的朝圣现象，西方考古学界比较典型的案例是西尔弗曼关于秘鲁卡瓦奇遗址的讨论：在他之前的西方考古学者大多认为卡瓦奇遗址是一个礼仪中心遗址，而他通过分析该遗址作为永久性居住遗址证据不足，大面积的空旷空间和土丘并非日常生活使用，而是多次祭祀行为的遗存，加之发现大量祭祀用品，如用于宴饮的精美陶器、储存食物的大型陶器和用作牺牲的羊驼、鸟、几内亚猪等，得出该遗址也是一个朝圣中心遗址的结论 [13]。

总结西方学者的研究成果，从考古学记录上对朝圣中心遗址的界定可以归纳为：遗址具备的神圣属性、礼仪性建筑、遗址的非永久定居性、拥有大量的宗教物品遗存、进行朝圣的随时性 [14] 以及朝圣路途等方面。

第一，朝圣中心的神圣属性是其基本特征。伊利亚德（Eliade）在对跨文化的宗教思想和行为进行研究后总结出一些共同特性，其中之一即神圣是维持世界秩序的力量，且不属于现实世界，神圣之地是另一个世界侵入现实世界的部分，这个部分被当成现实世界的中心。不同的圣地是不同文明意识形态的世界之轴，并且这个"轴"理所当然是固定不变的，这种圣地一般有山峰、泉水、大树等 [15]。朝圣中心在位置和景观方面，往往表现出其独特性、神秘性或"宇宙之轴"的特性。在很多文明中，山因其高大巍峨通常被认为是天地之中心，在古人的世界中常被作为沟通天地的重要媒介，古人因而将其看作圣地。例如牛河梁遗址位于山梁顶部，最为特殊的第一地点高达 683 米，依照该山梁东北—西南的走向，视野往西南方向延伸则正对着近似"猪首"的山峰 [16]，而"猪首"的形象在红山文化中反复出现，尤其是出现在各遗址的玉猪龙形象。如前所述，反复出现的动物符号与被信仰的神祇是紧密相关的。从遗址内部看，各积石冢分布在第一地点周围海拔较低的丘陵顶部，突出第一地点的主体地位 [17]。综上，特殊景观、高程等方面的特征显示了第一地点所在的主梁具备圣地属性的可能性。又如良渚遗址群位于丘陵与平原接壤地带，北部与南部的丘陵对遗址群形成夹抱之势，东苕溪穿遗址群而过，遗址范围内小丘林立 [18]，瑶山、汇观山等祭坛遗迹即是对这类小丘进行改造而成。此种景观体现的是先民出于世俗定居的需要，其神圣属性却并不明显。

第二，朝圣中心遗址有礼仪性建筑或建筑群。礼仪建筑的识别显然需要确定该建筑物是否与礼仪性活动有关，除了遗留的与祭祀有关的物品可以直观地表明仪式活动的发生，通过对遗物出土背景的综合分析也可佐证礼仪行为的存在，比如在远离居住性聚落的建筑物发现大量的盛储陶器的碎片，很可能说明在此地发生过宴饮或奉献等礼仪行为。伯格在识别瓦里科托遗址为礼仪中心时，通过统计对比该遗址与同一文化的定居性遗址于1立方米堆积内包含物的多寡，发现瓦里科托遗址的包含物数量要明显多于定居性遗址，以此作为判定其为礼仪中心的证据之一[19]。通常情况下，作为礼仪中心的遗址具备的礼仪功能并不单一，往往包含不同种类的礼仪祭祀活动，且礼仪建筑表现出建筑单元式的分布模式。如牛河梁遗址就包含了不同形制和功能的礼仪建筑。第一类是祭祀建筑群，以规模巨大的山台为中心，在其周围环绕几处规模较小的从属祭祀设施，分别为女神庙、山台、庙台、祭祀坑等。山台为"品"字形分布的三座方形台址，面积有数千平方米。山台北缘保留大片红烧土堆积，以及泥塑人像残件和仿木结构残件。女神庙为土木结构的半地穴式建筑，总面积约75平方米，墙壁施彩绘壁画，出土有人物塑像、动物塑像和塔形器、陶熏炉器盖等。庙台为半地穴式，其形制不明，目前发现了17个柱洞，中部有4个烧土面[20]。方形祭祀坑，使用过程中经过多次修整，并经历过多次大规模用火，坑内堆积有80～100件无底筒形器[21]；其他规模略小的祭祀坑共3个，填土皆为灰烬层，出土了大量与祭祀有关的特殊陶器、经加工的兽骨、彩陶片、存储陶器、小型人塑像等遗物。第二类是单体大型土石建筑，如第十三地点，有学者称之为"金字塔式巨型建筑"[22]。中心部分呈正圆形，由夯土筑成圆形土丘，直

径40米，高约7米。土丘外包积石并砌石墙，石墙直径约60米。南部出土5具人骨以及特异形陶筒形器、巨型特异形陶器[23]，证明在此地进行过大规模的祭祀活动。第三类是小型祭坛和祭祀坑群，不同积石冢地点或有专门设置的大型建筑，如第二地点的Z3、Z5祭坛，或有祭祀坑群，如第五地点下层积石冢阶段大量的祭祀坑。不同类别的礼仪建筑与祭坛、祭祀坑遗迹，反映了牛河梁遗址作为礼仪中心，可以实现不同的祭祀功能，并可进行大规模的祭祀活动。又如良渚遗址群包括礼仪建筑和祭坛遗迹，其中莫角山作为超大型礼仪建筑，是一座人工建造的夯土平台，其上有大型柱坑、烧土堆积、积石坑、灰坑等遗迹；瑶山、汇观山祭坛依托自然山体，人工堆筑成方形覆斗状，顶面以灰土围沟分成内外三重；卢村是平地起建的土筑祭坛，长方形覆斗状；子母墩也是土筑祭坛，梯级上收，呈现出规整的金字塔形；此外，还有马山祭坛。这些祭坛上往往埋有大型墓葬[24]。

第三，朝圣中心遗址建筑的非永久居住性。这种非永久居住性的建筑又可进一步分为两类来讨论。一类是与居住性聚落相距较近或共处一地的礼仪性建筑，比如西亚欧贝德文化第Ⅲ期的埃利都遗址是以神庙为中心的大型聚落遗址，常居人口规模约5000人，同时也是周围小型村落的祭祀中心；对同一时期的聚落进行调查的结果也显示，带有神庙的聚落数

量很少，说明神庙聚落的服务范围很广[25]。如近年来发现的良渚古城说明本地存在一个超大型定居聚落[26]，同时广布的祭坛遗迹分布于古城内外，表明该聚落兼备礼仪中心的功能。另一类是远离居住性聚落，独处一隅的礼仪性建筑。对于此类非居住性遗址的识别，在考古学上，目前区域系统考古学调查为解答此问题提供了重要的参考。这是因为区域系统调查能够了解礼仪中心遗址所在区域内是否具有与礼仪中心规模相称的大型定居性聚落遗址或是数量足够多的规模较小的定居性聚落群。如牛河梁遗址群及其周边地区已开展的两次区域系统调查就提供了相关信息。其一是位于牛河梁遗址周边的大凌河上游的区域系统调查，结果显示在牛河梁遗址方向并未出现大型聚落[27]。其二是 2014 年牛河梁遗址所在区的区域系统考古调查项目，调查范围约 42.5 平方千米，虽然在各遗址点的周围发现了一定数量的具有生活性质的红山文化遗存采集点，但并没有发现能够支持建设该体量工程的定居聚落群。而调查发现的生活类遗存所代表的人口"很可能是为了维护礼仪设施、管理祭祀器物和组织礼仪活动之需"[28]。

第四，朝圣中心遗址保留有大量的祭祀牺牲和供奉物、宗教物品遗存等要素，以上这些要素同识别礼仪中心的要素基本重合。考古学家基里亚吉德斯（Kyriakidis）提出以物质遗存相同的特质和所处位置可有助于识别宗教物品不同的祭祀用途[29]。如牛河梁遗址多处发现塔形器。此种器类主要发现在牛河梁遗址，在红山文化晚期其他礼仪性遗址也有发现，且塔形器的出土背景基本上集中在积石冢、祭祀坑、女神庙等礼仪建筑中，表明其是红山文化专属的祭祀用器[30]。又如良渚文化、红山文化、凌家滩遗址在墓葬中都发现了大量的玉器，其中良渚文化瑶山"祭坛"内的 11 座墓葬发现的玉器数量达 635 件[31]，而且良渚文化玉器上出现的神兽形符号或纹饰高度统一。参考中美洲前西班牙时期的玉器使用情况，这类特殊且贵重的物品除了作为个体社会身份的标志物外，在不同发展程度的社会中也都被当作礼仪或祭祀用品[32]。

第五，对于朝圣中心的界定，不可忽视的一个问题是礼仪活动举行的随时性。如在一个固定的季节举行祭祀活动，或者是按照某种宗教历法在固定的时间举行祭祀，这种情况下举行祭祀活动的地点可以称之为祭祀礼仪中心。而朝圣中心的特征是除了社会成员在固定的时间举行祭祀活动外，个体也可以随时去往固定地点进行个人的朝圣，也就是说朝圣中心的特征也体现在祭祀时间的非固定性[33]。祭祀行为发生的随时性是表明该中心遗址作为朝圣中心的重要证据。

多次的朝拜行为遗留下的祭祀牺牲、奉献物及宗教物品等，其分布应具备量大且分散的特点。而这类物品大量且集中的分布方式则可能是一次性大规模的祭祀活动留下的遗存，如西尔弗曼调查当代秘鲁尧卡（Yauca）地区土著印第安人的祭祀活动时，发现在重大祭祀仪式之前会把祭祀场所的平台清扫干净，把遗留在平台上的祭祀物品、奉献物等收集起来扔到平台后面尧卡河的河滩上[34]。从牛河梁遗址女神庙的形制、规模和埋藏物等方面综合来看，其可能兼具神庙及神像储存场所两种功能，在特殊时间点进行大规模祭祀活动时由此搬出置于山台之上，供红山先民进行集体祭祀之用；平时众神像置于此庙址，供不同的团体或个人随时来进行参拜。此外，各遗址点发现大量的存储器、盛食器以及饮用器，这些器物很可能是祭祀活动中宴饮、奉献之用，且这些陶器以碎片的形式散落于各积石冢的封石土层之上，其数量之多、分布之广，间接反映了祭祀活动的频繁性。然而在良渚遗址群，除了莫角山礼仪建筑遗迹和各祭坛遗址发现了大型礼仪活动的遗存[35]，并未发现频繁的礼仪活动遗存。

第六，朝圣行为的另一个重要的组成部分是朝圣的路途。考古学者很难从考古学上找到个人朝圣路途的证据，但作为朝圣中心遗址所处位置的交通便利性可作为朝圣路途的佐证。比如卡瓦奇遗址作为朝圣中心也处于便利的交通位置，该遗址位于伊卡（Ica）河谷的中部，北部的纳兹卡草原（Pampa de Nazca）和南部的阿塔科草原（Pampa de Atarco）的居民很容易来到这个朝圣中心[36]。又如牛河梁遗址位于红山文化晚期分布区中央偏西南部，若以它为圆心，红山文化晚期遗址分布密集的大凌河流域、老

哈河上游、赤峰地区、教来河和孟克河流域[37]等基本囊括在以150千米为半径的范围内。而且遗址所在地区是全新世中期东北－西南方向的交通要道[38]。又如在良渚遗址群西北部各个谷口构筑不同高度的筑坝蓄水，形成的水面成为适宜的航道，发掘者认为其主要功能是方便运输各个山谷的资源[39]。遗址群内部水网密布，东苕溪自此流过，最终入太湖。综上，良渚地区便利的水运网络，有利于良渚遗址群作为礼仪中心辐射到周边地区。

四、结语

通过归纳总结目前西方有关史前朝圣行为和朝圣中心遗址的研究成果，结合我国牛河梁遗址的案例分析，可推测红山文化晚期以牛河梁遗址为中心的朝圣行为存在的可能性。良渚遗址群包含有一定数量的礼仪性建筑，且埋藏其中的墓葬随葬了大量的玉器。但综合来看，良渚遗址群虽兼具礼仪中心的功能，其作为朝圣中心可能并不成立。

从考古遗存中识别出古代社会的朝圣行为，有助于考古学者扩展对古代社会的研究范围。朝圣行为包括本地、区域、跨区域等层次，因此考古学证据可在一定程度上重建具有朝圣中心的古代社会政治、经济等方面的图景。对于该问题的系统梳理亦可以帮助考古工作者在发掘中关注更多与朝圣行为有关的遗迹和遗物。从中美洲考古学实践中总结的有关朝圣行为的考古学证据必然有其局限性，在借

鉴的基础上应结合中国史前社会的具体情况，归纳出符合中国史前不同区域古代社会的朝圣行为的特征，辨识可能存在的朝圣中心遗址。此外，在朝圣行为的考古学表征方面，还可利用多学科交叉分析手段获取更多与仪式相关的信息，比如对用于宴饮或供奉的存储器进行残留物分析，可了解在仪式活动中是否使用含有酒精或者致幻成分的药物。

注　释

[1] Kit W. Wesler, "Archaeology of Pilgrimage," in *An Archaeology of Religion*, edited by Kit W. Wesler, University Press of America, Lanham, 2012, pp.260–271.

[2] 科林·伦福儒、保罗·巴恩著, 中国社会科学院考古研究所译:《考古学：理论、方法与实践》第 412 ~ 422 页, 文物出版社,2004 年。

[3] Victor Turner, "Process, Performance, and Pilgrimage," *A Study in Comparative Symbology*, Concept Publishing Company, New Delhi, 1979.

[4] Richard L. Burger, Lucy Salazar–Burger, "The Early Ceremonial Center of Huaricoto," in *Early Ceremonial Architecture in the Andes*, edited by Christopher B. Donnan, Dumbarton Oaks Research Library and Collection, Washington D.C., 1982, pp.111–137.

[5] Helaine Silverman, "The Archaeological Identification of an Ancient Peruvian Pilgrimage Center," *World Archaeology*, vol. 26, 2010, pp.1–18.

[6] Joyce Marcus, "Rethinking Ritual," in *The Archaeology of Ritual*, edited by Evangelos Kyriakidis, Cotsen Institute of Archaeology, UCLA, Los Angeles, 2007, pp.43–76.

[7] 科林·伦福儒、保罗·巴恩著, 中国社会科学院考古研究所译:《考古学：理论、方法与实践》第 412 ~ 422 页。

[8] 杨谦:《考古学视野下的礼仪甄别方法及其反思》,《东南文化》2016 年第 1 期。

[9] 周玮:《安徽含山凌家滩祭坛的初步研究——兼及良渚文化祭坛》,《东南文化》2001 年第 1 期。

[10] Rachel Hachlili, "The Archaeology of Judaism," in *Archaeology and World Relogion*, edited by Timothy Insoll, Routledge, London, 2001, pp.96–123.

[11] Richard L. Burger, Lucy Salazar–Burger, "The Early Ceremonial Center of Huaricoto, " in *Early Ceremonial Architecture in the Andes*, edited by Christopher B. Donnan, pp.111–137.

[12] Helaine Silverman, "The Archaeological Identification of an Ancient Peruvian Pilgrimage Center," *World Archaeology*, vol.26, 2010, pp.1–18.

[13] Helaine Silverman, "The Archaeological Identification of an Ancient Peruvian Pilgrimage Center," *World Archaeology*, vol.26, 2010, pp.1–18.

[14] Kit W. Wesler, "Archaeology of Pilgrimage, " in *An Archaeology of Religion*, edited by Kit W. Wesler, pp.260–271.

[15] Mircea Eliade, *The Sacred and the Profane: The Nature of Religion,* Harcourt, Brace Jovanovich, New York, 1959, pp.20–67.

[16] 郭大顺:《红山文化》第 118 ~ 125 页, 文物出版社, 2005 年。

[17] 莫多闻等:《红山文化牛河梁遗址形成的环境背景与人地关系研究》,《第四纪研

究》2002 年第 2 期。

[18] 王明达：《论良渚遗址群》，《浙江省文物考古研究所学刊（九）——纪念浙江省文物考古研究所成立三十周年论文集》第 58 ~ 67 页，科学出版社，2009 年。

[19] Richard L. Burger, Lucy Salazar-Burger, "The Early Ceremonial Center of Huaricoto, " in *Early Ceremonial Architecture in the Andes*, edited by Christopher B. Donnan, pp.111–137.

[20] 辽宁省文物考古研究所编著：《牛河梁——红山文化遗址发掘报告（1983 ~ 2003 年度）》第 10 ~ 11 页，文物出版社，2012 年。

[21] 华玉冰：《牛河梁女神庙平台东坡筒形器群遗存发掘简报》，《文物》1994 年第 5 期。

[22] 郭大顺：《红山文化》第 88 ~ 91 页。

[23] 辽宁省文物考古研究所编著：《牛河梁——红山文化遗址发掘报告（1983 ~ 2003 年度）》第 45 页。

[24] 浙江省文物考古研究所编：《良渚遗址群》第 86 ~ 92、315 页，文物出版社，2005 年。

[25] 杨建华：《从聚落布局看史前宗教功能的演变》，《考古》2005 年第 8 期。

[26] 浙江省文物考古研究所：《杭州市余杭区良渚古城遗址 2006 ~ 2007 年的发掘》，《考古》2008 年第 7 期。

[27] 柯睿思等：《大凌河上游流域红山文化区域性社会组织》，匹兹堡大学比较考古研究中心，2014 年。

[28] 辽宁省文物考古研究所等：《2014 年牛河梁遗址系统性区域考古调查研究》，《华夏考古》2015 年第 3 期。

[29] Evangelos Kyriakidis, "Finding Ritual: Calibrating the Evidenc, " in *The Archaeology of Ritual*, edited by Evangelos Kyriakidis, Cotsen Institute of Archaeology UCLA Publications, Los Angeles, 2007, pp.9‑22.

[30] 郭大顺：《牛河梁等红山文化遗址所见"祖先崇拜"的若干线索》，辽宁省博物馆编：《辽河寻根　文明溯源——中华文明起源学术研讨会论文集》第 100 ~ 105 页，文物出版社，2012 年。

[31] 浙江省文物考古研究所：《余杭瑶山良渚文化祭坛遗址发掘简报》，《文物》1988 年第 1 期。

[32] Kenneth G.Hirth, "Intermittent Domestic Lapidary Production during the Late Formative Period at Nativitas, Tlaxcala, Mexico," *Archaeological Papers of the American Anthropological Association*, vol.19, no.1, 2009, pp.157–173.

[33] Kit W. Wesler, "Archaeology of Pilgrimage," in *An Archaeology of Religion*, edited by Kit W. Wesler, pp.260–271.

[34] Helaine Silverman, "The Archaeological Identification of an Ancient Peruvian Pilgrimage Center," *World Archaeology*, vol.26, 2010, pp.1–18.

[35] 浙江省文物考古研究所：《余杭莫角山遗址 1992 ~ 1993 年的发掘》，《文物》2001 年第 12 期。

[36] Helaine Silverman, "The Early Nasca Pilgrimage Center of Cahuachi and the Nazca Lines: Anthropological and Archaeological Perspectives," in *The Line of Nazca*, edited by A. F. Aveni. American Philosophical Society, Philadepphia,1990, pp.207–244.

[37] 刘国祥：《红山文化研究》第 12 ~ 21 页，科学出版社，2015 年。

[38] 莫多闻等：《红山文化牛河梁遗址形成的环境背景与人地关系研究》，《第四纪研究》2002 年第 2 期。

[39] 刘斌、王宁远：《2006 ~ 2013 年良渚古城考古的主要收获》，《东南文化》2014 年第 2 期。

The Archaeological Approach of Prehistorical Pilgrimage Center

Jiang Shiwei

Abstract: The primitive religion is an important section of ancient society, and also have an important influence on the order of ancient society in different area. Pilgrimage is a part of ritual. Ritual is a physical form of primitive religion. There have a series of archaeological evidence to identify the ritual from diversified sites and remains, that make archaeologists study the ideology of ancient world possible. The summary of archaeological approach of pilgrimage research in western, combine with analysis of the Niuheliang Site and Liangzhu Sites of China will help archaeologists in China to conduct the related research.

Keywords: Ritual   Pilgrimage   Archaeological Approach

当阳季家湖楚城为郢郢考 *

王红星　　王潘盼　　朱江松

摘　要： 本文通过对当阳季家湖城址及城外相关墓地资料的系统梳理，认为季家湖城址的始建年代应为战国早期晚段，废弃年代可能与公元前278年秦将白起拔郢之年相当。结合出土楚简及相关文献资料，认为季家湖故为郢地，郢地筑城年代为战国早期晚段。郢地称郢郢，为楚肃王四年，郢郢不是郢都，应为楚王居之地。楚肃王墓葬在青山墓群竹园墓区的谢家冢。楚宣王前期徙于蔵郢之后，郢郢降为楚之郢县，直至公元前278年前后，季家湖楚城废弃。

关键词： 楚都　郢郢　楚肃王　季家湖　谢家冢

距湖北荆州楚都纪南城西北35公里的当阳季家湖城址（图一），被不少学者认定为早期楚都。周宏伟认为楚武王所徙之郢，就是新蔡楚简中多见的"郢郢"，是为楚人势力进入沮漳河流域后的统治中心——湖北当阳季家湖古城遗址[1]。郭德维认为季家湖城址应是春秋中晚期的楚国都城"南郢"[2]。

季家湖城址是否为春秋时期的楚都，关系到楚国政治、经济、文化中心地域的确认，以及长江中游开发史的研究，也具体涉及荆州大遗址如何定位、如何解说。然而，由于季家湖城址考古发掘收获的考古材料不多，且至今还没有同人对这些材料做具体梳理，对该城址的始建年代与使用年代是为何时，其是否具备楚国都城的规模与等级，论者皆语焉不详，相关论述亦缺乏足够的说服力。因此，有必要通过对季家湖城址及相关材料的分析、归纳、比较，就季家湖城址的年代、功能的变迁，做一些具体的探讨。

一、季家湖城址概况

季家湖城址位于湖北省当阳市草埠湖镇季家湖村南，地处江汉冲积

---

* 本文系湖北省人文社会科学重点研究基地长江大学荆楚文化研究中心资助项目"楚简与楚国城市研究"（CWH202009）阶段性成果。
作者：王红星，湖北省荆州市，434020，荆州纪南生态文化旅游区文物局；王潘盼、朱江松，湖北省荆州市，434200，荆州博物馆。

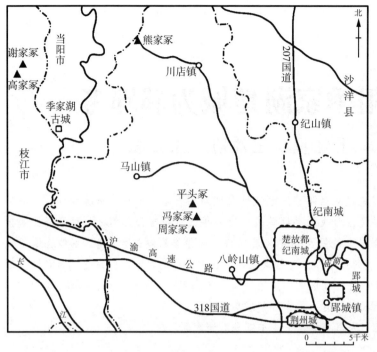

图一 纪南城与季家湖楚城、楚王陵关系示意图

平原西部沮漳河流域的西侧，处于当阳、枝江、荆州三市交界处。其西北距当阳市区约40公里，南距长江约15公里，东距沮漳河约3公里，东南距荆州纪南城约35公里。历史上或归枝江，或归当阳管辖。城址东部紧邻季家湖，海拔高程约为39.7米，是当阳市海拔高程较低处。城址所在地为沮漳河冲积平原，其整体地势低洼，西面不远处是连绵起伏的丘陵地带。

根据考古调查和勘探报告，知城址略呈长方形，南北长1600米，东西宽1400米[3]。实际上这一被广泛引用的数据并不确实，在其后试掘的五个地点中，仅南部九口堰发现了城墙和城壕，原先通过地貌观察，

认为杨家山子和季家坡是东城墙通过的位置，经过试掘却未见城墙遗迹。故公开发表的简报中，没有报道城址的面积。

季家湖南城墙叠压在石家河文化晚期遗存之上，墙体两侧又被东周文化层所叠压。城墙为平地夯筑起建，底部南北宽13.4米，两侧呈斜坡状，中部残高1.4米，夯窝不明显，但夯层清楚，每层厚约0.8米。城墙内包含物主要为石家河文化晚期的碎陶片，只有一件约为商周时期的陶器座把，筒形，竹节状，直径4.8、残高15厘米，没有发现东周或东周以后的遗物。南城壕距城垣10～34米，壕沟宽9.8、深0.98米。壕沟内淤土分为四层，分别出土有新石器时代晚期和东周时期的陶片[4]。

城内北部中央地带，发掘了一处高出附近地面的夯筑台基，编号为1号台基。这处台基破坏得较为严重，仅发现厚0.15~1.24米的灰白色夯土层，上部铺满绳纹筒瓦、板瓦。发掘者认为此处应是1号台基东侧的散水部位。1973年，当地老

百姓曾在该夯土台基处发现了一件有铭铜钟[5]，1974 年又在同一地点发现木质钟架上的青铜方筒形构件，证明该台基是城内最为重要的建筑之一[4]。

城内东北部的季家坡，发现规模不大、东西长 16 米的房屋遗迹，未见明显的夯层或夯窝，有用绳纹板瓦铺垫的散水，散水东侧又有上口宽 2.6、底宽 0.3、深 1 米的水沟[4]。

城内中部偏东的杨家山子，发现一座房屋遗迹，暴露范围东西长 8 米，土色浅黄，但简报没有报道是否为夯筑而成。杨家山子 T3 内发现两个灰坑，发掘者疑为储藏物品或粮食的窖穴。杨家山子西部发掘出一个大坑，深达 1.56 米以上，发掘者推测这附近可能是城内的制陶作坊区[4]。

城外北部鲁家坟，分布有密集的中小型土坑墓，已发掘两座小型墓葬，时代为战国中期[4]。

城内出土陶片，灰陶占 50.25%，红陶占 46.95%；纹饰主要为绳纹、占 50.46%，还有少量弦纹和几何形纹、共占 1.7%，素面陶占 47.83%；器形有鬲、釜、甑、罐、长颈罐、瓮、盆、盂、豆、量，以及筒瓦、板瓦、瓦当等。据此，简报认为该城址年代为东周时期，"似乎比纪南城已发现的堆积稍早些"[4]。

季家湖城址周围分布有大量东周墓地，其西北 6.8 公里处的枝江青山墓群，至今仍保存有高大的封土堆，应是季家湖城址使用期间的楚国高级贵族墓地[6]。

二、季家湖城址的年代

季家湖城址发掘材料不甚丰富，南城垣叠压的是新石器时代晚期的地层，城垣包含物没有晚于西周时期的遗物；城垣两侧叠压的东周地层，可能是该城址使用时期的堆积，没有发现打破城垣的遗迹和城址废弃的直接证据。因此，确认季家湖城址的始建与废弃年代，有一定的困难。探讨季家湖城址的年代，只能从其使用年代入手。

说明季家湖城址使用年代最明确的证据，是城内北部中央地带 1 号台基之上曾发现的有铭铜钟。该钟有铭"秦王卑（俾）命競（景）坪（平）王之定救秦戎"[5]。宋华强认为"景平王之定救秦戎"与崇源铜器铭文"景之定救秦戎"记载的是同一事件，年代约为楚悼王九年（前 393），与《史记·魏世家》所记魏文侯败秦于注之事有关[7]。据此，知该钟在季家湖城内 1 号台基的使用年代，当与该钟铸造年代（前 393）同时或稍晚。

城内东周时期的地层堆积并不复杂，简报除对护城河内的堆积有分层叙述之外，对城内地层没有详细的分层报道，而是将其作为东周大层来处理。实际上，如果将简报报道的遗物与潜江龙湾[8]和荆州纪南城[9]出土的同类器对比，就会发现季家湖城内出土遗物，有着年代早晚的差异。

东周时期本地区陶器陶系总的变化趋势是红陶所占比例逐渐减小，灰陶所占比例逐渐增大。潜江龙湾遗址春秋中期以褐红陶或红陶为主，占70%以上，红黄陶次之；春秋晚期以红黄陶居多，占60%以上，浅灰陶次之，约占20%以上，红陶较少，约占10%以下；战国早期以浅灰陶居多，约占50%，红黄陶次之，约占40%，深灰陶占10%左右；战国中期以浅灰陶为主，占46% ~ 70%，深灰陶次之，占16% ~ 50%[8]。季家湖城址出土东周陶片的陶系是合并统计的，无法与龙湾遗址各段陶系统计做具体对比。但是，如果将龙湾遗址春秋中期至战国中期的陶片陶系做合并统计，与季家湖城址出土陶片陶系做比较，就会发现二者出入较大，季家湖红陶和红黄陶是合并统计的，其所占比例明显低于潜江龙湾春秋晚期红黄陶所占比例。而仅将龙湾遗址战国早期至战国中期的陶片陶系做合并统计，则与季家湖陶片灰陶占50.25%、红陶占46.95%的比例大体接近。

东周时期本地区小口高足鬲的逻辑演变过程是：卷沿→仰折沿→平折沿；高颈→短颈→无颈；裆上弧→平弧→下弧；足窝深→浅。季家湖Ⅰ式鬲（杨T1③：6）平折沿，短颈，鼓肩（图二，1）[4]，与纪南城河ⅠJ111：6陶鬲类似，年代应为战国早期偏晚[9]。季家湖Ⅱ式鬲（杨H2：1），宽沿，无颈，斜肩（图二，2）[4]，与纪南城台J11：6陶鬲形似，年代为战国晚期早段[9]。季家湖出土的鬲足多为圆柱形，足内窝较浅（图二，3）[4]，这种鬲足战国中期多见。

甑的逻辑演变过程是：器身矮→高；圆鼓腹→下腹内收；箅孔圆形→椭圆形；底近平→内凹。季家湖出土陶甑（杨T3③：6），下腹内收，底内凹，有八个椭圆形箅孔（图二，4）[4]，与潜江龙湾Ⅶ式甑（ⅩⅣH5：88）类似[8]，年代为战国早期偏晚。

盂的逻辑演变过程是：卷沿→折沿；无颈→有颈；口、腹过渡圆缓→明显有肩；腹深→腹浅。季家湖出土陶盂（范T1③：4），折沿，短颈，腹深中等（图二，5）[4]，年代可定在战国早期偏晚。

盆的逻辑演变过程是：窄沿→宽沿；束颈→直颈；圆鼓腹敛口→腹壁圆滑下收→上腹壁较直；平底→凹圜底。季家湖出土陶盆（杨T3③：3），宽沿，短颈，腹壁较直（图二，6）[4]，与纪南城南水门T10③：28陶盆相差不大[9]，年代为战国中期晚段。

小口高领绳纹罐的逻辑演变过程是：束颈→直颈；鼓腹最大径在上部→鼓腹最大径在中部；平底→凹圜底。季家湖出土的小口高领绳纹罐（杨D1：1），直颈，鼓腹最大径在上部，凹圜底（图二，7）[4]，与江陵九店M216：1同型器大体相同[10]，年代为战国早期偏晚。

浅盘高柄豆的逻辑演变过程是：柄矮→柄高；束腰式柄→直柄→上粗下细的直柄→竹节状柄；盘深→盘浅。季家湖出土的Ⅰ式豆（杨T7㉑：10），柄中间细，两端粗（图二，8）[4]，年代为战国早期偏晚。季家湖出土的Ⅱ式豆（杨T6㉘：2），浅盘，直柄（图二，9）[4]，与金家山（JM180：7）出土的 B 型Ⅳ式豆接近[11]，年代为战国中期。

筒瓦的逻辑演变过程是：瓦榫头长→瓦榫头短；罐形口→直口；束颈→直颈内斜；弧肩→斜肩→直肩→直肩内凹；瓦凸面弧度较高→瓦凸面弧度减小。季家湖（杨F1：1）筒瓦瓦头微曲，直口，直肩，外壁绳纹规整[4]，与潜江龙湾 A 型Ⅸ式（ⅩⅥBT6②：3）筒瓦类似[8]。季家湖（季T1④：3）筒瓦瓦头较短，直颈内斜，瓦凸面弧度较小[4]，与潜江龙湾 A 型Ⅹ式（IT0505④：10）筒瓦相近（图二，10）[8]。这两种筒瓦的年代为战国早期晚段至战国中期。

板瓦的逻辑演变过程是：瓦榫头长→瓦榫头短；平沿无唇→平沿尖唇外侈；瓦凸面弧度较高→瓦凸面弧度减小。季家湖（季T1④：1、杨T1③：12）板瓦，平沿尖唇外侈，瓦凸面弧度较小，外饰规整的绳纹，头端饰多道弦纹[4]，与潜江龙湾 A 型Ⅸ式（IT0405④：9；图二，11）[8]、A 型Ⅺ式（IT0609④：67）[8]板瓦近似，年代为战国早期晚段至战国中期。

上述城内出土遗物的年代，早到战国早期晚段，晚到战国晚期早段。综合考察城内出土遗物，则以战国早中期之际的遗物最多。下面再来看看城外相关墓葬的年代。

前文已述及城外北部鲁家坟分布有密集的中小型土坑墓，发掘了两座小型墓葬，时代为战国中期。

1988 年，宜昌地区博物馆在季家湖城外南面的季家湖墓地，清理了两座小型楚墓，年代为战国早期偏晚。此前农民在此处挖鱼池，发现了两件铜盥缶和一件铜方壶，盥缶整体矮胖，通体满饰蟠虺纹，其年代为战国早期偏晚；方壶体形修长，通体满饰几何纹、蟠虺纹，腹饰对称铺首衔环，其年代为战国中期晚段[12]。

季家湖城址西北部 6.8 公里处的枝江、当阳青山墓群，可分为袁码头、大竹园、革新、新建四个墓区，目前仍能见到封土堆的墓葬有 31 座，其中枝江境内24座，当阳境内7座[6]。这处墓地目前还不见考古发掘材料报道，对其具体延续年代不清楚。但现有已发掘楚墓的材料显示，大量有封土堆的墓葬出现，应该在战国时期，而青山墓群距季家湖城址不远，等级较高，应为季家湖城址所属的高级贵族墓地。2013 年 12 月，湖北省文物考古研究所对枝江市青山墓群规模最大的谢家冢进行了考古勘探，知其封土底边南北长 81、东西宽 79、封土残高 10 米；墓坑口南北长 64、东西宽 62 米；墓道位于墓坑东侧，东西长 16.5、南北宽 6.2 ~ 26 米，墓道坡度为 14°。在该墓坑的南、北两侧，发现有东西成排、南北成列、坐落有序的陪葬墓，北部陪葬墓 63 座，南部陪葬墓 29 座。主墓封土的北侧与陪葬墓之间，还发现两座祭祀坑。主墓封土西侧发现一座南北长 114、宽 10.8、深 2.7 米的大型车马坑。车马坑北坑道的西侧有一座墓葬。考古勘探发现有夹砂红陶片和磨光黑陶

图二 季家湖城址出土战国陶器及龙湾遗址出土筒瓦、板瓦

1. I式鬲（杨T1③：6） 2. II式鬲（杨H2：1） 3. 鬲足（杨T1③：7） 4. 甑（杨T3③：6）
5. 盂（范T1③：4） 6. 盆（杨T3③：3） 7. 小口高领罐（杨D1：1） 8. I式豆（杨T7⑳：10）
9. II式豆（杨T6㉘：2） 10. 筒瓦（IT0505④：10） 11. 板瓦（IT0405④：9）

片，出土陶片总体呈现出战国时期的特点，年代稍早于荆州纪南城遗址出土的同类器[13]。笔者曾在对荆州大遗址楚王陵系统梳理的基础上，认定该墓为楚肃王墓，其下葬年代为公元前370年[14]。

通过对季家湖城内出土遗物和城外相关墓地的系统梳理，其年代无一例外，均在战国早期晚段至战国晚期早段之间，战国早中期之际的遗物较多，城内没有秦汉时期的任何遗物。因此，季家湖城址的始建年代应为战国早期晚段，废弃年代可能与公元前278年秦将白起拔郢之年相当，战国早中期之际应是该城较为繁荣的使用期。

三、季家湖楚城为楚肃王所徙之郢郢

季家湖城内出土遗物和城外相关墓葬出土遗物，均反映出目前公认的楚文化特征，季家湖城址的文化性质为楚城，学术界对此没有异议。考古同人分歧的关键点在于，季家湖楚城究竟是楚郢都，还是楚王居之地，抑或是楚之重要城邑。

季家湖楚城规模不大，城垣很窄，城壕不宽且浅。与已知楚都荆州纪南城、淮阳陈城、寿县寿春城相比较，季家湖楚城各项建筑指标都明显小得多。以郭德维先生为代表，认为季家湖城址是楚郢都的考古同行，将其规模较小，构筑方法原始，解释为年代较早的特征[2]。

《左传》庄公二十八年："凡邑，有宗庙先君之主曰都，无曰邑。"杜预注："然宗庙所在，则虽邑曰都，尊之也。"[15] 据此，东周时期的列国都城，均有一定的规制，作为春秋五霸、战国七雄之一的楚国，当然也不能例外。有宫城、王之宗庙者为都，无宫城、宗庙者为邑，似乎已是当时多数国家的共识。除秦国外，东方诸国均为"两城制"，即以宫庙为主的宫城和以平民工商业者为主的郭城[16]。现有资料表明，"筑城以卫君，造郭以守民"的"两城制"，可以追溯到偃师商城时期[17]。晏昌贵等对已知楚国都城进行了系统分析，发现楚国都城布局以东北或东南为重心，宫城多位于城内东北部或东南部，体现了楚人方位观念中对"东"的重视[18]。季家湖城址曾经过多次考古调查，在城内东北或东南部都没有发现有宫城的任何迹象，对城内东北部季家坡的发掘，发现东西长16米的规模不大的房屋遗迹，未见明显的夯层或夯窝，可能只是普通的房屋遗迹。

那么，目前已发现的季家湖城内北部正中的1号台基作为该城最重要的建筑，有无可能与楚王族的宗庙、社稷所在有关呢？

季家湖1号台基曾发现有铭铜钟与钟架之青铜构件，现有研究表明，编钟的套数，包括钟和钟架的大小，是当时反映社会等级身份的重要指示物。季家湖1号台基出土的有铭甬钟，原本应为一组甬钟中的一件，由铭文内容观察，其既不是起首最大的钟，也不是结尾最小的钟，但有可能是位置较靠前的甬钟。该钟通高 38、甬长 10.5、甬径 4～4.8、舞长 18.7、舞宽 14.5、铣长 27.5、铣间 20.7、鼓间 17、壁厚 0.9 厘米，重 11 公斤[5]。年代为战国早期、早于季家湖有铭钟的曾侯乙墓，出土的最大的甬钟（下.1.1）通高 152.3、甬长 66.5、甬径 10.23～16、舞长 58.9、舞宽 43.2、铣长 87、铣间 69、鼓间 50.6、壁厚 1.45 厘米，重 203.6 公斤；最小的甬钟（中.2.1）通高 37.2、甬长 16.2、舞长 13.06、舞宽 9.06、铣长 21.2、铣间 14.4、鼓间 11.15、壁厚 0.85～1.44 厘米，重 8.3 公斤[19]。季家湖 1 号台基出土青铜钟架构件通长 50、壁厚 0.5～1 厘米，方筒形，一端弯曲，弯曲一端横切面近方形，为 11.2 厘米 ×13.2 厘米，另一端呈长方形，为 16.3 厘米 ×9.8 厘米[4]。曾侯乙墓下层钟架横梁青铜构件通长 52、宽 29.5、高 25.5、壁厚 1 厘米，浮雕纹饰最厚处达 4.3 厘米，重 53.5 公斤；中层钟架横梁青铜构件通长 56.8、宽 22.2、高 25.2、壁厚 0.8～1.2 厘米，重 57.5 公斤[19]。两相比较不难发现，季家湖 1 号台基出土的甬钟，大小与曾侯乙墓出土的最小甬钟相差无几；曾侯乙墓所出钟架青铜构件，与季家湖 1 号台基所出钟架青铜构件相比，不仅尺寸要大，而且精美得多。曾侯乙墓编钟的年代为楚惠王时期[19]，季家湖 1 号台基出土的甬钟和钟架构件的年代为楚悼王时期[7]。曾国其时已为楚国之附庸，曾侯所用编钟的规格，不可能超过如日

中天的楚王。因此，季家湖 1 号台基所出有铭甬钟和青铜钟架构件，不是楚王所用之器，1 号台基也不是楚王的宗庙建筑。

我们在已知楚王墓和楚高级贵族墓研究的基础上，结合近几年相关考古研究机构对纪南城外高级贵族墓葬所做的考古调查与勘探资料，总结出楚王墓的判定标准：封土底径在 80 米以上，墓坑开口在 60 米以上，外椁面积在 300 平方米以上[20]。据此标准，知与纪南城相关的楚王墓有 3 座，墓葬规模与荆州熊家冢相当的枝江青山墓群谢家冢为楚肃王墓[14]。已知枝江青山楚人高级贵族墓群隶属当阳季家湖楚城，故楚肃王生前当居住在季家湖城内。

清华简《楚居》载有楚王徙于郢郢一事，是《楚居》所记楚王的最后一次迁徙[21]。楚王徙于郢郢又见于葛陵楚简，此事件的发生之年，即是葛陵楚墓下葬之年[22]。李学勤、刘信芳根据葛陵楚简历日排列，推定"王徙于郢郢之岁"为公元前 377 年，即楚肃王四年[23]；宋华强[24]、刘彬徽[25]则认为该年为公元前 398 年。陈伟注意到清华简《楚居》所记"中谢起祸"与吴起之死有关[26]，而此事发生在前述"王徙于郢郢之岁"之前，可证"王徙于郢郢之岁"应以楚肃王四年为是。

荆州纪南城为藏郢[27]，而成篇于楚肃王时期的清华简《楚居》记载的"某郢"多达 14 个，却唯独不见藏郢[21]。下葬年代为楚肃王四年的新

蔡葛陵楚墓出土楚简，多次出现"王徙于鄀郢之岁"，也不见"蔵郢"的记载[22]。目前所见"蔵郢"的最早记载为天星观1号墓楚简，其年代为公元前340年前后[28]。据此，知鄀郢应早于蔵郢。又据与楚都纪南城相关的荆州川店和八岭山两个楚国王陵区只有三座楚王墓，分别为楚宣王、楚威王、楚怀王墓[14]，而位于荆州川店望山村三组的望山桥1号墓，东南距楚都纪南城约11公里，其下葬年代为公元前340年前后，墓主生前值楚宣王后期，在楚都纪南城任中央职官"中厩尹"[29]，证明至少在楚宣王后期，纪南城已为蔵郢。再结合前述楚肃王墓位于季家湖城外的青山墓地，可证蔵郢出现的时间，最早也只能是楚宣王前期。

新蔡楚简甲三：30录有大事纪年"☒☒公城鄀之岁"，此纪年早于"王徙于鄀郢之岁"，[22]可证其筑城时间早于楚肃王四年。包山楚简12"䣵公丁"[30]，李学勤释"䣵"为"鄀"[31]。李零认为"县"在当时是主要的行政单位，因为习见，常常可以省去"县"字，其长官叫"公""正"，前者可能是大县之长，后者可能是小县之长或县吏的统称[32]。吴良宝认为战国中期的包山楚简所记之"鄀"，应与所谓楚别都"鄀郢"之"鄀"有关，故定其为楚县[33]。

综上所述，鄀地始筑城早于楚肃王四年，楚肃王徙于鄀郢为公元前377年，楚宣王前期徙于蔵郢之后，鄀地仍为楚之大县，直至公元前278年前后被秦占领。以上结论与本文所论季家湖楚城始建于战国早期晚段，繁荣期为战国早中期之际，废弃年代为公元前278年前后完全吻合。结合楚肃王墓葬于季家湖城外，可证季家湖楚城为楚肃王时期的鄀郢，亦为战国中期的鄀县。

从楚国发展的历史背景考察，楚人的势力约在春秋中期已到达今当阳、枝江地区，春秋晚期开始重点对包括该地区在内的现荆州大遗址片区进行经营，始有"江汉沮漳，楚之望也"的说法[34]。季家湖楚城始建年代为战国早期晚段，其繁荣期为战国早中期之际，与新发现楚简记载"城鄀""王徙于鄀郢"的时间完全吻合，加之已发现楚肃王墓位于季家湖城外，可证季家湖楚城应为鄀郢。季家湖楚城规模不大，没有宫城，不见楚王宗庙，其始建年代为战国早期晚段，说明楚肃王徙于鄀郢之前，季家湖已修筑城邑，同时证明鄀郢不是郢都，而应是楚王居之地[21]。公元前377年，楚肃王迁居鄀郢——季家湖楚城。公元前370年，楚肃王死后，葬于枝江青山墓群的谢家冢。楚宣王前期迁居"蔵郢"纪南城后，季家湖楚城为楚之鄀县。约在公元前278年，季家湖楚城最终废弃。

附记：徐少华、陈伟、晏昌贵、胡雅丽对本文提出了很好的修改意见，本文均已采纳。另外，本文所引谢家冢勘探资料为黄文新研究馆员提供。卢川翻译了英文摘要，专此一并致谢。

注　释

[1] 周宏伟:《新蔡楚简与楚都迁徙问题的新认识》,《北大史学》第 44 页, 北京大学出版社, 2009 年。

[2] 郭德维:《楚郢都辨疑》,《江汉考古》1997 年第 4 期。

[3] 杨权喜:《当阳季家湖考古试掘的主要收获》,《江汉考古》1980 年第 2 期。

[4] 湖北省博物馆:《当阳季家湖楚城遗址》,《文物》1980 年第 10 期。

[5] 荆州地区博物馆:《湖北枝江出土一件铜钟》,《文物》1974 年第 6 期。

[6] 湖北省宜昌地区博物馆:《枝江县青山古墓群调查简报》,《江汉考古》1987 年第 2 期。

[7] 宋华强:《澳门崇源新见楚青铜器刍议》,《中文学术前沿》2011 年第 2 期。

[8] 湖北省潜江博物馆、湖北省荆州博物馆:《潜江龙湾: 1987~2001 年龙湾遗址发掘报告》第 81、96、118、453 ~ 458 页, 文物出版社, 2005 年。

[9] 湖北省博物馆:《楚都纪南城的勘查与发掘》(上、下),《考古学报》1982 年第 3、4 期; 湖北省博物馆:《楚都纪南城考古资料汇编》, 湖北省博物馆, 1980 年。本文所引用的纪南城资料均为以上资料, 不另注。

[10] 湖北省文物考古研究所:《江陵九店东周墓》第 192 页, 科学出版社, 1995 年。

[11] 湖北省宜昌地区博物馆、北京大学考古系:《当阳赵家湖楚墓》第 86 页, 文物出版社, 1992 年。

[12] 宜昌地区博物馆:《当阳季家湖楚墓发掘简报》,《江汉考古》1991 年第 1 期。

[13] 郧海燕、黄道华、方亚明:《枝江青山古墓群》,《湖北日报》2015 年 4 月 15 日, 第 3 版。

[14] 王红星、谢军:《荆州大遗址研究》第 120 ~ 129 页, 湖北人民出版社, 2019 年。

[15] 杜预集解:《春秋经传集解》第 201 页, 上海古籍出版社, 1978 年。

[16] 梁云:《战国都城形态的东西差别》,《中国历史地理论丛》第 21 卷第 4 辑, 陕西人民出版社, 2006 年。

[17] 刘庆柱:《中国古代都城考古学研究的几个问题》,《考古》2000 年第 7 期。

[18] 晏昌贵、江霞:《楚国都城制度初探》,《江汉考古》2001 年第 4 期; 晏昌贵:《楚国都城制度再认识》,《社会科学》2008 年第 8 期。

[19] 湖北省博物馆:《曾侯乙墓》第 77 ~ 86、88 ~ 99 页, 文物出版社, 1989 年。

[20] 王红星、朱江松、谢军:《荆州大遗址楚国高级贵族墓综览》,《楚学论丛》第 9 辑, 湖北人民出版社, 2021 年。

[21] 李学勤主编:《清华大学藏战国竹简》(壹) 第 180、182 页, 中西书局, 2010 年。

[22] 河南省文物考古研究所:《新蔡葛陵楚墓》第 183、187、189 ~ 231 页, 大象出版社, 2003 年。

[23] 李学勤:《论葛陵楚简的年代》,《文物》2004 年第 7 期; 刘信芳:《新蔡葛陵楚墓的年代以及相关问题》,《长江大学学报》2004 年第 1 期。

[24] 宋华强:《新蔡葛陵楚简初探》第 134 ~ 135 页, 武汉大学出版社, 2010 年。

[25] 刘彬徽:《葛陵楚墓的年代及相关问题的讨论》第 378 页,《楚文化研究论集》第 7 集, 岳麓书社, 2007 年。

[26] 陈伟:《读清华简〈楚居〉札记》, 简帛网, 2011 年 1 月 8 日, http://www.bsm.org.cn/show-article.php?Id=1371。

[27] 王红星:《楚郢都探索的新线索》,《江汉考古》2011 年第 3 期。

[28] 湖北省荆州地区博物馆:《江陵天星观 1

号楚墓》,《考古学报》1982 年第 1 期。

[29] 荆州博物馆:《湖北荆州望山桥一号楚墓
发掘简报》,《文物》2017 年第 2 期。

[30] 湖北省荆沙铁路考古队:《包山楚墓》第
17 页, 文物出版社, 1991 年。

[31] 李学勤:《续释"寻"字》,《故宫博物院
院刊》2000 年第 6 期。

[32] 李零:《包山楚简研究（文书类）》第

131 ~ 147 页,《李零自选集》, 广西师范
大学出版社, 1998 年。

[33] 吴良宝:《战国楚简地名辑证》第 150、
263 页, 武汉大学出版社, 2010 年。

[34] 王红星:《荆州大遗址形成与发展的历史
背景考察》,《楚学论丛》第 5 辑, 湖北
人民出版社, 2016 年。

Jijiahu Ancient City of Chu in Dangyang City is *Xunying*（郢郢）

Wang Hongxing Wang Panpan Zhu Jiangsong

Abstract: Based on the systematic analysis of Jijiahu ancient city of Chu in Dangyang City and the archaeological materials from the relevant cemetery around it, this paper suggests that the ancient city was built in the late period of the early Warring States period, and abandoned in 278 B.C., which may be the same as the year of Bai Qi captured the capital of Chu. Combined with the unearthed Chu slips and related documents, it is believed that Jijiahu ancient city was *Xun*（郢）, and *Xun* was founded in the late period of the early Warring States period. *Xun* called *Xunying* in the fourth year of King Su of Chu. *Xunying* was not the capital of Chu, but the residence of the king of Chu. The tomb of the King Su of Chu is in Xiejia tomb of Zhuyuan tomb area in Qingshan Tomb Group. After the capital migration to *Qiying* in the early period of the King Xuan of Chu, *Xunying* downgraded to the County. Until around 278 B.C., Jijiahu ancient City abandoned.

Keywords: Capital of Chu State *Xunying* King Su of Chu Jijiahu Ancient City Xiejia Tomb

楚、秦文书简牍中的"氏"与"族"及其使用[*]

——"姓氏合一"说的再思考

祁　萌

摘　要："姓氏合一"是学界对战国以后姓、氏的基本认识之一，但无论分析对象还是基本思路都存在商榷余地。既有研究的主要问题之一是缺少对姓、氏实际使用状况的分析。近年来所出土战国中期以后官府文书则涉及不少称谓的实际使用。包山楚简中的人名多以称氏与私名为主，"居凥（处）名族"中的"族"则对应于氏。里耶秦简官吏履历亦以"族氏"记录官吏身份信息，涉及抓捕"从人"的秦律令、"谳"文书则使用"名、族"，亦强调"族"与氏。但"姓"在楚、秦、汉初官府公文中则较少出现。战国中期以后的官府文书简应在比较明确的意义上使用氏，并与"族"关系密切，姓在这些场景和事务中并不常见。今人论及战国时所讲的"姓氏"或更宜按照时人的说法，称作"氏"。

关键词：族　氏　姓　文书简　"姓氏合一"

　　"姓名"是现代汉语中人名的基本结构，作为日用的指称方式，"姓名"不仅包含对身份的一系列界定与维系，也是历史长期层累的结果。如学界所熟知，先秦时期人名的结构与今天有很多不同[1]，名、字、爵、谥的使用均与人的身份、社会关系与使用场景息息相关，而私名前的氏、姓亦存在多元关系之下复数的使用方式。经历了复杂的演变之后，"姓氏""姓名"才脱颖而出，成为后人习惯的说法，过往的幽微却被渐渐淡忘。

一、司马迁以来的"姓氏合一"说及其问题

　　关于"姓氏""姓名"的出现，学

---

* 本文受北京联合大学新进博士孵化项目"周秦汉魏户籍登记形式及其国家治理意义研究"（SK20202201）资助。
　　作者：祁萌，北京市，100091，北京联合大学应用文理学院历史文博系。

界目前基本从"姓氏合一"的角度理解，也就是认为历经春秋、战国到秦汉时代，由于宗法制崩溃等原因，姓、氏之间的差别渐渐消除。在此说潜移默化的影响之下，学界普遍使用与后世相等同的"姓氏"指称战国以降私名前的称谓，并可与私名连用为"姓名"。

此说流传数千年，从汉代就已经影响颇深，现代学者甚至结合人类学等社会科学理论，进一步引申出"姓族""氏族"之类的现代概念[2]，追溯到母系社会向父系社会的演变等问题[3]。然而，氏与姓在春秋到西汉之间是否走向了混同，因而产生了"姓氏"之称？结合近年来刊布的战国到西汉初期的出土资料，前人这种影响甚广却又模糊点颇多的看法，相当令人怀疑。私名前的称谓究竟是否可以理解为后人笼统承袭的"姓氏"，抑或更为明确地被时人作为氏来使用？

众所周知，西周姓、氏二分，在使用与意义上都有着严格的区分。不过，《史记》称述先秦人物，却多言"姓某氏"，如《五帝本纪》云：

> 帝禹为夏后而别氏，姓姒氏。契为商，姓子氏。弃为周，姓姬氏。[4]

类似的说法俯拾皆是，无须赘言。《史记》所称"姓某氏"中，"姒""姬"等先秦古姓似与氏相等同，不再区分，颇为怪诞。《史记》此说亦多为汉魏时人所承袭，称述古人或注疏文献时亦会混一姓、氏[5]，不太注意先秦时代二者的差异。与此同时，不晚于西汉中期，官文书中也

采用了"姓某氏"的登记方式，亦说明此说不仅限于史家著述[6]。中古以降的谱牒著述追述姓氏源流，在先秦氏、姓关系上同样存在模糊之处。

郑樵较早注意到氏与姓在汉代以后的说法中"合二为一"的现象：

> 三代之前，姓氏分而为二，男子称氏，妇人称姓……良由三代之后，姓氏合二为一，虽子长、知几二良史犹昧于此。[7]

顾炎武亦批评汉代"姓、氏之称"在时人论述先秦时的"混而为一"：

> 战国时人大抵犹称氏、族，汉人则通谓之姓，然氏、族之称犹有存者。

> 姓、氏之称，自太史公始混而为一。《本纪》于秦始皇则曰"姓赵氏"，于汉高祖则曰"姓刘氏"。

> 自秦以后之人以氏为姓，以姓称男，而周制亡而族类乱。[8]

二人对姓氏关系的论述均认为秦汉以前仍比较严格地区分姓与氏，往往将姓、氏的混同系于汉代，并联系到《史记》对先秦人物的指称；顾炎武还强调了先秦对氏、族的使用。在二人看来，汉代史家混同了姓、氏，造成了误解。钱大昕则重视贵族消亡和庶民编户，与郑樵、顾炎武讨论史家著述的聚焦点有所不同，如其认为：

> 战国纷争，氏族之学久废不讲，秦灭六雄，废封建，虽公族亦无议贵之律，匹夫编户，知有氏不知有姓久矣。汉高帝起于不易，太公以上，名字且无可考，

况能知其族姓所出耶？故项伯、娄敬赐姓刘氏，娥姁为皇后，亦不言何姓。以氏为姓，遂为一代之制，而后世莫能改焉。[9]

也就是认为战乱导致"氏族之学"荒废，贵族的消亡和庶民普遍编户导致"知有氏不知有姓"，汉初刘邦等无法确定祖先的名号，继而出现了汉代后的"以氏为姓"。

姓、氏关系亦是现代学术界分析姓氏制度的重要领域[10]，大致认同姓、氏存在从西周的严格区分到此后渐趋模糊的过程[11]，具体到春秋战国时期，则多以"姓氏合一""姓氏合流"等说法描述姓、氏关系变迁，即认为春秋战国时代人们私名前的称谓已经可以理解为后人惯称的"姓氏"，人名亦可理解为"姓名"，不再区分氏与姓。分歧在姓与氏何时开始"合一"，或以为春秋晚期[12]，或以为战国[13]。相关分析则往往围绕《左传》《孟子》等诸子经典中的寥寥数语，并带入了不少对宗法、婚姻等问题的认识。除聚焦姓、氏关系的讨论外，涉及春秋战国相关问题的论著基本混用"姓""姓名""姓氏"说法，亦等于默认春秋战国姓、氏混同。

各家说法多从几个方面论述。首先，传世文献中姓、氏并称或混称的记录方式往往被讨论"姓氏合一"者所重视，马雍、陈絜等人对《礼记·大传》《孟子·尽心》《荀子·王制》《战国策·中山策》《左传》《穀梁传》的分析比较典型，亦牵涉先秦

玺印、侯马盟书等出土资料。这种思路多认为姓、氏并称混用表明二者已无区别。其次，女性称氏或男性称姓的做法也被认为是姓氏合一的力证。复次，同姓间婚姻被认为"反映"了宗法制和姓氏制度的混乱，即"姓别婚姻"的崩溃。最后，"氏"向庶民的普及被认为代表了"氏别贵贱"意义的消解，亦被理解为姓、氏合流的表征。既有研究虽然在一定程度上揭示出称谓走向泛化和混杂的现象，但并不能充分说明时人是否已经明确把氏视为"姓"或后世的"姓氏"，从"男子称氏，女子称姓""姓别婚姻，氏别贵贱"出发的讨论，亦只说明姓、氏原有的意义有所消解。实际上，从宗法、婚姻制度的崩溃讨论姓、氏关系，多少带有从既有结论倒推历史情境的意味，称谓的使用亦被简单理解为"宗法""婚姻"的"反映"，相对遮蔽了人的观念、行为与历史之间复杂的互动关系。

除聚焦姓、氏关系者外，牵涉春秋战国问题，学界基本混用"姓""姓名""姓氏"概念，亦等于默认春秋战国姓、氏合一。姓、氏的宗法意义在春秋战国诚然走向淡化，但似乎并不能据此推论姓、氏本身是否已经发生实际上的混同，而非学理逻辑上的混同。据此以后人惯用的"姓氏"来指称时人私名前实际使用的称谓，亦值得反思。

实际上，囿于资料阙如，无论前述哪种说法，对于春秋以降姓、氏的

讨论，都缺少具体场景下实际使用情况的分析归纳。更为重要的是，今人所说氏与姓渐趋"合流""合一"，恐怕也带入了汉代人的观念，如上述《史记》"姓某氏"潜移默化的影响。"姓"与"姓氏"在汉代演变成非常流行的说法[14]，但战国时代这种演变后的"姓"的概念是否也如此流行？更为根本的问题则是战国人如何称呼、理解私名前实际行用中的称谓，是否将其视为"姓"或"姓氏"？

从顾炎武、钱大昕的说法来看，战国人对"姓"的概念和意义恰可能十分陌生，时人未必认为私名前的称谓已经等同于后人理解的"姓氏"[15]。

另外，近年来刊布的出土文献中，氏与"族"关系的问题渐渐浮出水面，包山楚简、里耶秦简、岳麓秦简、张家山汉简等官府文书中能见到关于"族"、氏的说法，却几乎没有留下姓的痕迹；《左传》等传世文献亦能找到不少有关"族"与氏的蛛丝马迹。不过，学界的注意力主要集中在姓、氏，较少注意到先秦古人自己所讲的"族"；所谓"姓族""氏族"等分析概念则混入了不少现代因素，亦受社会科学对原始社会研究的影响[16]。

所幸近年来出土了大量战国以后的器物、简牍，涉及实际事务者多与官府有关，虽然仍是零星的局部画面，但为我们深入到具体的历史场景、探究称谓的实际使用情况提供了些许线索。称谓如何使用，取决于所涉的事务、关系，称谓发挥着不同的

意义和功能，并不能做简单的同质化理解，而应结合具体场景观察。差异之中也存在共性，具体而微的细节场景背后包含战国以来姓、氏、族在官府实际使用中复杂的演变关系。

而从这些历史的碎片来看，战国到汉初私名前的称谓仍然被古人理解为氏，并与族关系密切，不能简单称之为"姓"或"姓氏"。春秋战国直到西汉中期，并不存在姓与氏的普遍性的混同。前人笼统的姓氏合一说，忽略了此期氏、姓仍然存在的区别，也曲解了此后常用的"姓名""姓氏"之说的源头，遮蔽了氏、族、姓之间微妙差异的同时，亦消解了周代姓与汉代之后所习用"姓氏"的差别。对于理解战国中期以降的文献、文书、铭文中的人名称谓，乃至时人对自己与他人的界定，都造成了误解。

《礼记·大传》、《孟子·尽心》、《荀子·王制》以及《春秋》三传等传世文献固然给人留下了姓、氏已经趋同、混一甚至褪去宗法色彩的印象。但上述出土资料中留下的碎片亦暗示，战国到汉初官方文书、公器铭文等场合下私名前的称谓可能仍然被时人理解为氏，并与族关系密切，时人自己不会称之为"姓"或"姓氏"。氏、族、姓在战国到西汉实际行用中的关系及演变状况如何？这段久被遗忘的幽隐有必要加以揭示。氏、族、姓在战国以降实际行用中的关系及其演变，有必要加以勾陈。

二、"氏"与"族"：从包山楚简中的人名与"居凥名族"说起

近年来湖北荆州、荆门等地发掘了大量先秦、秦汉墓葬。围绕楚都纪南城遗址，发现数量可观的楚国高等级墓葬，大量简牍伴随随葬器物出土，提供了不少认识楚国历史的新线索。其中，荆门包山楚墓 2 号墓中即发现了战国中期的楚简，墓主人"昭㲋"，为楚国"左尹"，墓葬在纪南城北约 16 公里，下葬时间为公元前 316 年楚历六月二十五日[17]。该墓出土的简中，除卜筮祷祀记录和丧葬记录外，还包括楚国的官文书[18]，大致可以分为七类[19]，内容涉及名籍、司法等事务，如名为"集箸"的文书应是"有关查验名籍的记录"，"集箸言"则是"有关名籍告诉及呈送主管官员的记录"[20]，"受期"则与诉讼案件的审理时间和初步结论有关，"疋狱"则是"关于起诉的简要记录"[21]，另外几类缺少标题简的文书也多与司法问题相关。各类文书中提到了大量人名，亦有不少学者关注，具体研究涉及人名的汇总整理以及简文考释[22]，多以"姓氏""姓名"笼统指称这些称谓。实际上，在这些称谓中，能找到不少源流清楚的氏。

举例而言，"卲（昭）""悬（悼）"在包山简中均比较常见，如墓主人即为"昭㲋"；各类文书中也能见到很多，如简 15 提及"昭行"、简 95 有"昭无害"、简 124 有"昭戊"，卜筮祷祀记录又能找到不少私名前有"悬（悼）"者[23]。其中"昭"氏源自楚昭王，在楚王室中权势很大，战国中后期不乏高级官吏出自该氏；"悼"氏出自楚悼王，同样是战国中后期楚国重要氏族，二者均应为氏无疑[24]。

与此类似，"競"亦多见于包山简，可通"景"[25]，所指即为"景"氏。结合"救秦戎"钟铭，"景"氏出自楚平王，以王谥为字[26]，"救秦戎"钟铭中所谓"景平王之定"，所指也就是景氏名叫"定"的贵族[27]，包山简中多见的"競"亦应为"景氏"，是较为明确的氏。除"昭""悼""景"等以王谥为氏的楚国公族外，包山简中还能见到屈氏、臧氏等多个重要的楚国公族[28]，多有比较明确的族源可考，私名前的称谓均应作为氏理解。除此之外，"舒"在包山简中也较常见[29]，《左传》文公十二年有"群舒叛楚"，一般认为"舒"氏即出自"群舒"，属以国为氏，其先追述为皋陶，偃姓。还能见到陈、蔡等，应也与以国为氏相关[30]。

实际上，学界对于包山简中不少氏的来源都有涉及，在具体讨论中，往往认同私名前的称谓是氏，不过论述中也多混用"姓氏""姓名"指称。但是，如果不先入为主地带入前人"姓氏合一"的看法，并无证据证明包山简中私名前的称谓为"姓"。如所周知，先秦的姓非常少且长期固定不变[31]，目前包山简中找不到实际可以对应者；包山简中亦见不到"姓"的说法，甚至没有"姓"字。这恐怕

说明在战国中期的楚国官文书中，时人并不认为氏与姓可以并称，私名前的称谓在时人看来，应该也比较明确地被作为氏理解和使用。

包山简中见不到姓的说法，却能明确看到"族"。简32是"受期"中的一则，简文如下：

> 八月戊寅之日，邸昜君之州里公登（邓）缨受眚（几），辛巳之日不以所死于其州者之居尻（处）名族至（致）命，阱门又（有）败。　　旦塙戠之。[32]

本条内容或涉及为死者削去名籍的事务[33]，其中"居尻（处）名族"即被认为与楚国的"典"登记的信息有关。作为死后要除去的内容，"居尻（处）名族"也应该是名籍登记的基本要素[34]。学界对于本句的讨论多聚焦于"居"和"尻（处）"，虽未有定论，但大致可以理解为对相关人员户籍地与居住地进行登记的要求[35]，这一点亦与秦户籍相似[36]。其中的"名"比较明确指人的私名，而"族"的意思则非常关键。结合上文分析，包山简中出现在私名前的有不少是源流清楚的氏，同时见不到姓的说法，"居尻（处）名族"中的"族"与氏应该有非常紧密的联系。

理解战国中期楚文书中所称的"族"，亦可结合古人自己对族与氏、姓的表达。《左传》即提供了不少具体场景，其中族与氏的关系非常密切。《左传》隐公八年：

> 无骇卒。羽父请谥与族。公问族于众仲。众仲对曰："天子建德，因生以赐姓，胙之土而命之氏。诸侯以字为谥，因以为族。官有世功，则有官族，邑亦如之。"公命以字为展氏。[37]

这段文字历来聚讼纷纭，如杨希枚、朱凤瀚等均有讨论。何谓"赐姓"有不少异说，对于先秦命氏制度，特别是"赐姓、命氏、胙土"要素和法则的分析，亦往往以本段文字为线索，对命氏的实际实施情况也有不同估计[38]。但就文献本身的意思而言，大致可以理解为无骇去世后，羽父向鲁隐公请求给予谥号和"族"，鲁隐公遂询问众仲"族"的问题，而众仲的回答则聚焦于"氏"，包括命氏胙土的法则，以及可以把什么名号作为氏。如郑樵分析，其给出了五种命氏的方法来回应鲁隐公所问的"族"，即"胙土命氏，及以字、以谥、以官、以邑"[39]。事情的处理结果便是以无骇的字命名了"展氏"。也就是说，请"族"、问"族"的结果对应于氏的命赐；众仲也说字、谥、官可以"因以为族"，在其表达中，族亦对应于氏。

关于其中族、氏的理解，《史记·五帝本纪》说"弃为周，姓姬氏"，《集解》引郑玄《驳许慎〈五经异义〉》注该句说："（《左传》'无骇卒'条）以此言之，天子赐姓命氏，诸侯命族。族者，氏之别名也"[40]。郑玄的说法即针对《左传》本条。如郑樵、顾炎武所批评，司马迁"姓某氏"的表述是对先秦人物的误解，而从郑玄说法来看，先秦族被视为氏的别称，只是针对使用的场合和命氏者的地位而有所区分。因而鲁隐公问"族"的结果是无骇的族获得了"展氏"的名号，虽然以"命族"为名义，但最终氏的获得与"命氏"并无不同。孔颖达疏本条则说："别而称之谓之氏，合而称之谓之族。"[41] 氏、族使用场合有别，但所指亦均为同一个名号。李学勤分析了甲骨文中的"族"并结合上引《左传》内容，亦指出"族就是氏"[42]。与此类似，《左传》还经常把氏与族联系起来：

> 郑伯使大子华听命于会，言于齐侯曰："泄氏、孔氏、子人氏三族，实违君命。若君去之以为成，我以郑为内臣，君亦无所不利焉。"（僖公七年）

> （季札）适晋，说赵文子、韩宣子、魏献子，曰："晋国其萃于三族乎！"（襄公二十九年）

> 叔向曰："晋之公族尽矣。肸闻之，公室将卑，其宗族枝叶先落，则公从之。肸之宗十一族，唯羊舌氏在而已。肸又无子。公室无度，幸而得死，岂其获祀？"（昭公三年）

> 子鱼曰："……殷民六族，条氏、徐氏、萧氏、索氏、长勺氏、尾勺氏……殷民七族，陶氏、施氏、繁氏、锜氏、樊氏、饥氏、终葵氏……"（定公四年）[43]

以上四条均为《左传》对相关人物所说内容的转录，具体表述可能有所改写，但亦应与春秋末年的习惯性说法

有较大的关系。其中出现的族都以氏来指称，如晏子所言"三族"所指应该就是当时晋国的韩、赵、魏三氏；叔向所描述的"羊舌氏"，则是肸之宗十一"族"之一。不过，子鱼对殷民族的追述亦采用了氏的说法，是否是某种春秋时人对更早时代的追述性说法，还需要继续讨论。

除此之外，《左传》中还能见到很多"某氏之族"的说法，如"戴氏之族"（文公八年）[44]、"羊舌氏之族"（襄公二十一年）、"蓬氏之族"（昭公十三年）、"养氏之族"（昭公十四年）、"召氏之族"（昭公二十六年）、"伯氏之族"（定公四年）、"皇氏之族"（哀公十八年）。以氏称族应该是《左传》指称具体某族时的通例。

不过，在特定场合下姓与族也会被联系在一起。

> 子产之从政也，择能而使之。冯简子能断大事，子大叔美秀而文，公孙挥能知四国之为，而辨于其大夫之族姓、班位、贵贱、能否，而又善为辞令，裨谌能谋，谋于野则获，谋于邑则否。郑国将有诸侯之事，子产乃问四国之为于子羽，且使多为辞令。与裨谌乘以适野，使谋可否。而告冯简子，使断之。事成，乃授子大叔使行之，以应对宾客。是以鲜有败事。北宫文子所谓有礼也。（襄公三十一年）[45]

子产执政，能够知人善任，发挥大臣的专长。其中公孙挥字子羽，对于各国的政令及贵族的情况有清楚的

了解，且善于写作辞令，子产往往以其为顾问，另外几人则分别擅长谋划、决断与执行。论及公孙挥对各国大臣情况的掌握时称"大夫之族姓、班位、贵贱、能否"，也就是"族姓"与官职执掌、尊卑地位、能力高低。先秦贵族"男子称氏"，要了解某个男性贵族的身份，首先应知晓其氏，并视场合使用氏或其他称呼，从《左传》对人称使用的情况来看，极少见到男性用到姓的情况。公孙挥熟知各国情况，又要承担写作辞令的工作，显然要对各国大夫的氏有充分的了解，才能明晰其"贵贱"，进而得体地写作辞令，提出建议。结合上文对《左传》以氏称呼族的分析，本句中的"族姓"，或可分开理解为"族、姓"，作为复数的"族"即应泛指各国大夫的氏，亦作为各国最基本的情况。

春秋异姓诸侯国间也会言及姓与族，如楚人对吴国问题的分析。

> 子西谏曰："吴光新得国，而亲其民，视民如子，辛苦同之，将用之也。若好吴边疆，使柔服焉，犹惧其至。吾又疆其仇以重怒之，无乃不可乎！吴，周之胄裔也，而弃在海滨，不与姬通。今而始大，比于诸华。光又甚文，将自同于先王。不知天将以为虐乎，使翦丧吴国而封大异姓乎？其抑亦将卒以祚吴乎？其终不远矣。我盍姑亿吾鬼神，<u>而宁吾族姓</u>，以待其归。将焉用自播扬焉？"（昭公三十年）。[46]

公子光刺杀吴王僚后，掩余、烛庸出逃徐国、钟吾，吴王光要求徐、钟吾交出二人，二人继而逃亡楚国。楚昭王优待二人，准备扶植以威胁吴国。本段文字就是这一背景下子西对楚昭王的劝谏，大意即不同意扶植掩余、烛庸。其中言及"我盍姑亿吾鬼神，而宁吾族姓"，也就是提出应安定楚国的鬼神和"族姓"，静待其变。

为什么子西会讲到"族姓"？还要联系对整段文字理解。子西首先论及吴国为"周之贵胄"，强调吴为姬姓之国；此后又设问吴王光究竟是上天要使吴国强大，还是"翦丧吴国而封大异姓"，同样是在姬姓诸侯国与异姓诸侯国的语境中所讲。楚国君为芈姓，子西所言"异姓"，恐怕暗指楚国，之所以言姓，所指应该就是针对姬姓吴国而论芈姓楚国，将姓作为两个异姓诸侯国之间的区分标志，站在楚人的立场上，恐怕对姬姓诸侯国有相当的敏感性。

结合上文对于"族、姓"分开理解的推测，楚国贵族有大量出自楚君的氏，"族姓"所指，当包含这些贵族，子西所言"族姓"，或亦可断开理解为"族、姓"，"族"所指亦为氏。关于"氏、姓"的表述顺序，《左传》昭公二十九年记录魏献子与蔡墨关于"龙见于绛郊"的对话，魏献子问为何当世见不到龙，蔡墨归结于缺少了"五行之官"的管理。言及"五官"即说"（五官）实列受氏姓，封为上公，祀为贵神"[47]，也就是追述舜时的"五官"有很高的待遇，其中就包括氏、姓的授予和传承。氏放在姓前，亦与“族、姓”中族在前的叙述顺序相应[48]。不过，不同于上文分析的“某氏之族”，此类场合中，“族、姓”之说是统称，而不是具体指称某一个族。此外，上述郑、楚“族、姓”之说，亦与两国具体情况有关。郑国外来人口较多，亦有不少周人，姓的使用或与别国往来人员较多的情况有关，楚国则消灭了不少异姓国家，抑或导致楚人相对较多牵涉姓的使用。

实际上，除区别婚姻外，诸侯国间以姓为说辞祖述西周的政治秩序，标榜彼此间的政治关系，也是姓比较主要的使用场合。《左传》隐公十一年记滕侯、薛侯朝于鲁，争夺行礼的先后顺序，“同姓”就是一条重要的借口：

> 十一年春，滕侯、薛侯来朝，争长。薛侯曰：“我先封。”滕侯曰：“我，周之卜正也。薛，庶姓也，我不可以后之。”公使羽父请于薛侯曰：“君与滕君辱在寡人。周谚有之曰：‘山有木，工则度之；宾有礼，主则择之。’周之宗盟，异姓为后。寡人若朝于薛，不敢与诸任齿。君若辱贶寡人，则愿以滕君为请。”薛侯许之，乃长滕侯。[49]

薛国为任姓，薛侯提出率先行礼的缘由是“我先封”，也就是分封的时间更早。而滕侯则强调滕国为姬姓国，而薛国并非姬姓，故应率先行礼。羽父最终以“周之宗盟，异姓为后”为理由说服了薛侯，并转述姬姓鲁君的

意思，称如果鲁君到薛国访问，同样不敢与任姓诸侯争夺先后。在这一朝会行礼场合中，同姓作为诸侯国之间区分先后的主要标准，亦被说成周人会盟的基本规则。不过，作为异姓诸侯的薛侯敢于提出率先行礼，亦说明同姓或异姓的秩序在春秋初期恐怕已非十分严格，薛侯才会自认为可以先于姬姓诸侯行礼。

《左传》僖公三十三年所记殽之战则包含了诸侯国间以姓划分敌我、制造战争借口的另一种场景。晋文公去世后不久，秦军偷袭郑国失手，灭滑国后归途遭晋国偷袭。战前晋国将领原轸与栾枝讨论是否攻击秦军：

> 晋原轸曰：“秦违蹇叔，而以贪勤民，天奉我也。奉不可失，敌不可纵。纵敌患生，违天不祥。必伐秦师。”栾枝曰：“未报秦施而伐其师，其为死君乎？”先轸曰：“秦不哀吾丧而伐吾同姓[50]，秦则无礼，何施之为？吾闻之，一日纵敌，数世之患也。谋及子孙，可谓死君乎？”遂发命，遽兴姜戎。[51]

原轸提出开战后，栾枝担心秦曾帮助晋文公归国，攻击秦军缺少战争的正当性，有愧于去世的晋文公。劝说栾枝无果，原轸才说：“秦不哀吾丧而伐吾同姓，秦则无礼，何施之为”，也就是认为，晋国正遭遇晋文公去世的国丧，秦却攻击与晋同为姬姓的郑、滑，是对晋无礼的行为，之前帮助晋文公因而算不上什么恩惠，晋国因此有充分的理由攻击秦军。姬姓各国之

间的亲疏关系即被原轸作为区分敌我的理由。

不过，一方面秦并没有顾及晋国国丧而发动了对姬姓诸侯的战争，另一方面栾枝在偷袭秦军的问题上摇摆不定，亦说明这种系于同姓的政治关系已经松动，时人未必十分在意，更多作为说辞和借口。上述子西的说法亦是在类似的语境下言及姓，通过追述西周，把姓作为界定诸侯国之间政治关系的说辞，而非用作族的名号。

关于姓、氏与族，后人亦有类似的理解。《礼记·大传》说"同姓从宗，合族属"，孔颖达注本句说"氏、族对之为别，散则通也"，也就是认为族和氏对比时意思有别，但单独出现可以通用[52]。上引顾炎武称"战国时人大抵犹称氏、族，汉人则通谓之姓"，也就是认为战国时人仍然把私名前的称呼视为氏或族，汉代人才将二者混为姓。顾氏原注本句又说："《战国策》：甘茂曰：'昔者曾子处费，费人有与曾子同名族者而杀人'。不言姓而言族，可见当时未尝以氏为姓也。"[53] 曾子名参，"曾"显然是其氏，《战国策》将"曾"称为族。顾炎武的理解应较允当，《战国策》本条亦当将族同于氏[54]。

实际上，也有学者专门界定了"姓族"，论证从逻辑上可以将作为现代学术概念的"姓族"应用于先秦，但亦承认"姓族"在先秦文献中并不常见，东汉之后才逐渐流行。就此而言，"姓族"被结合在一起并以姓作为族名，是后人的理解而非时人自己的

观念[55]。上引虞万里论文则明确否定先秦"姓族"的说法[56]。就此而言，恐怕时人的认识中族和姓之间并没有什么直接联系。

明确了春秋以后族与氏在使用中的密切关系，再回到包山简中战国人所说的"居尻（处）名族"。简32中的"族"应比较明确对应氏[57]，这一点也与上文对包山简"昭""悼"等氏的分析相合。包山简中出现的绝大多数都是氏，且被楚国官方视为族。"居尻（处）名族"是登记"典"时的要求，如学者所论，"登记名籍簿册称作'典'"[58]，"集箸"中明确提到了多种"典"，如"玉府之典""溺典""陈豫之典"等，具体含义虽有争论，但几类"典"无疑都是作为官府掌握的名籍。

在这些基础性的人口统计资料中，氏作为族的名，与居住地和私名一并作为官府定位民众的基本信息，这是氏、族在楚文书中的主要作用之一。记录人口资料的基础性名籍是官府运行的基础之一，如果各类"典"中较为明确地使用族与氏，恐怕也可以推测包山楚简涉及司法的各类文书中所言的私名前的称谓，亦应以氏为主，且被古人自视为族[59]。从战国中期楚国涉及司法、户籍的事务来看，作为族名的氏被用作基本身份符号，登记于各类"典"，亦书写于诉讼文书，借以清楚地定位、指称各类身份不同的人，登记作为身份标识的氏是借由户籍建立有效统治的基础性手段。

若不先入为主地带入"姓氏合一"的前提，那么在楚文书中，并不易找到与"姓"直接相关的内容。之所以如此，恐怕亦因战国官府对内统治不会触及诸侯国间带有强烈西周政治说辞色彩的姓。作为指向并不十分明确的身份符号，姓亦未必能明确地区分指称对象。时人对姓甚至可能相当陌生。钱大昕"知有氏不知有姓久矣"的猜测，应该比较贴近楚国户籍、司法场景中时人对氏的认识。

三、秦简中"族某氏"与"从人"的"名、族"

秦简中亦能见到氏、名与族的结合使用，虽然与楚简的时空背景、简牍性质都有所不同，但均是官府处理各类事务时形成的书面文字记录，可以借此观察另外几种使用人称的场景。秦简中的"族氏"与"名族"涉及基础档案性质的官吏履历，亦应用于通缉"从人"的律令。先来看履历档案中对族、氏的记录。

> 冗佐上造临汉都里曰援，库佐冗佐。Ａ Ⅰ
> 为无阳众阳乡佐三月十二日，Ａ Ⅱ
> 凡为官佐三月十二日。Ａ Ⅲ
> 年卅七岁。Ｂ Ⅰ
> 族王氏。Ｂ Ⅱ
> 为县买工用，端月行。Ｃ Ⅰ
> （里耶秦简 8-1555）
> 库六人。 （8-1555 背）[60]

这是里耶秦简中迁陵县的一份文书档案。该牍形制较长，是官吏的某种履历档案，牍分为三栏记录了"援"的身份、任职经历，起首说明其"冗佐"身份和目前"库佐"的吏职，并写明其爵、里。学界围绕该牍的讨论多聚焦于迁陵官吏的迁转与考课，较少注意其中氏、族等细节[61]，关于第二栏所记录"族王氏"的含义，一般笼统解释为"姓王"[62]，实际上忽略了这类场合中姓与族、氏之间的差别。结合兵器铭文，不仅楚及三晋极少言及姓，秦国自战国以来亦几乎不会使用"姓"的说法[63]。简 8-1555 中的"族王氏"把"王"表述为族、氏，则说明在迁陵官府表述所辖官吏时，若涉及私名前的称呼，亦明确作族、氏理解，而非汉代后的"姓"。类比《史记》中的"姓某氏"，实际情况中，秦人应不会如司马迁所说称秦王政"姓赵氏"，亦不会称吕不韦"姓吕氏"，而应为"族吕氏"之类。秦官府的记录方式中，并不会使用汉代意义上的"姓"，也不会如《史记》混同姓、氏。

不过，里耶简中还有一些涉及官吏计课、履历的简，对于爵、里及任职经历甚至视事时间都有比较详细的记录，目前却仅见该牍言及"族""氏"，这种差异可能与不同简牍各自的功能有关[64]，或许也说明不少场合中未必记录族、氏，或氏尚未完全普及[65]。但可以确定的是，迁陵官文书中将今人所谓"姓氏"称为族、氏，并不使用"姓"的说法。不过，"王"虽被视作氏，却并未作为人称与私名连用，氏、族在这一场景中更多被理解为吏的身份信息，发挥类似于今人理解的"人事档案"的功能。

族在秦打击六国从人的事务中还有更广泛的应用，使用方式和意义亦与官吏档案有所不同。《岳麓秦简》（五）中有一则关于抓捕"从人"的律文：

> ·诸治从人者，具书未得者名、族、年、长、物色、疵瑕，移谳县道，县道官谨以谳穷求，得辄以智巧谮（潜）
>
> （岳麓秦简五1021）
>
> 讯。其所智从人、从人属、舍人，未得而不在谳中者，以益谳求，皆捕论之⌐。敢有挟舍匿者，皆与同罪。
>
> （岳麓秦简五1019）[66]

所谓"从人"一般认为与六国反秦力量或六国旧族有关[67]，本条律文大意即命令负责抓捕"从人"的机构写作并上报"谳"文书，县级官府要以"谳"为线索抓捕，其他相关的逃犯即使不在"谳"中，也要抓捕论罪，并严厉打击敢于藏匿者。律文对"谳"文书的内容做出详细要求，必须说明"从人"的私名、年龄、身高、外貌，其中还明确要求说明其"族"。那么律令中的"族"实际对应"谳"中的什么内容呢？里耶秦简中能见到不少捕亡文书，可能就包含了律令中提及的"谳"文书，可惜多严重残损，较完整者有如下几份：

> 故邯郸韩审里大男子吴骚，为人黄晳色，隋（椭）面，长七

尺三寸☐Ⅰ

> 年至今可六十三、四岁，行到端，毋它疵瑕，不智（知）衣服、死产、在所☐Ⅱ
>
> （里耶秦简8-894）[68]
>
> 丹子大女子巍（魏）婴婋，一名曰姅，为人大女子☐Ⅰ
>
> 年可七十岁，故居巍（魏）箕李☐☐☐☐，今不☐Ⅱ
>
> （里耶秦简8-2098+8-2152）[69]

关于里耶简中捕亡文书，学界已有一些讨论，多注意到部分捕亡文书中使用了"可"的推测语气，抓捕对象涉及地区远离迁陵，年龄又很大或很小，未必因为自身犯罪被通缉，可能是因为政治原因以族为单位被通缉，因而将这类捕亡文书与抓捕从人的"谳"联系在一起[70]。此说注意到里耶捕亡文书中的诸多细节，关于年龄、地理、口吻的推测亦比较妥当，应可从[71]。

两简残文言及被通缉者的郡望、年龄、外貌、身高以及人名，与律文对"谳"的要求比较一致，其中"骚""婴婋"无疑为私名，"吴""巍（魏）"应即对应律文中所说的"族"。两人年事已高，生活于战国后期，联系到其"邯郸""巍（魏）箕"郡望[72]，无疑为六国人，可能已经被通缉了较长时间，类似的"谳"或许从战国末期开始就在秦控制的范围内多次下达。结合《战国纵横家书》所见"魏氏"之说[73]，"魏"应被时人视为氏而不会看作姓，"吴"也是如此。上述律文中的"族"在实际的"谳"文

书中即对应氏，在使用时与私名连用，并称为"名、族"，时人自己的表达中，不称"姓"或"姓名"。

在通缉从人的场合中之所以强调"族"，恐怕与具体事务中的工作方法有关。作为六国旧族或其追随者，族是这类人互相联系的纽带。在通缉从人的场景中，族、氏被用于人称的同时，也与"年、长、物色、疵瑕"等一道发挥追捕线索和明确身份的功能。如"魏婴婗"等魏氏逃犯，[74] 明确记录其为"丹"的女儿，恐怕就说明她们因为是某个名为"丹"的战国贵族的族人而被通缉[75]。岳麓秦简中还留下了抓捕从人的直接记录：

> 叚（假）正夫言：得近〈从〉人故赵将军乐突弟∟、舍人祒等廿四人，皆当完为城旦，输巴县盐。请：论轮〈输〉祒等
>
> （岳麓秦简五 1029）
>
> 【廿四人，故】代、齐从人之妻子、同产、舍人及其子已傅嫁者，比故魏、荆从人。
>
> （岳麓秦简五 1028）[76]

大意是"叚（假）正夫"汇报，抓到了一批从人，请示如何处置。虽然不是"讁"文书，但应该是同类事务中的不同环节，对这批从人的抓捕过程中，显然也要制作、传递和参考相应的"讁"。如"叚（假）正夫"所言，对六国从人都有严厉的抓捕，"代、齐""魏、荆"虽然在表述上有区别，但做法一致，恐怕说明这个机构处理过不少类似的案件，已经是一种比较日常的事务。对从人的表述即为"故

赵将军乐突弟、舍人祒"，"乐"应为氏，实际抓捕的"乐突"弟和舍人"祒"等24人，以"乐突"为中心线索说明各自身份。六国从人的抓捕显然与"族"绑定在一起[77]。

另外，迁陵县收到的两份"讁"没有留下与文书收发有关的内容，恐怕是作为相关文书的附件，另写文书用以传递这些"讁"，据此无法确知文书的传递过程和发文方。不过，捕亡文书均涉及遥远郡县，显然不可能专程发文书到偏僻的小县迁陵寻找这些从人，应该是在全国范围内通缉，"讁"可能是从洞庭郡甚至朝廷某机构逐级誊抄下发，最终传递到迁陵。就此而言，记录族、氏虽然见于县的文书，但可能是较高机构中的做法；岳麓简作为律令，亦应由级别较高的机构制定，有较广的适用范围，相关做法在全国有一定共性。在广土众民的国家中，恐怕更要把族、氏作为从人的标识和抓捕时的线索。

一般认为"男子称氏、妇人称姓"，学界对甲骨、金文的研究亦显示西周时姓往往用于女名，因此先秦文献中女性称氏的做法则被视为"姓氏合一"的证据，即认为氏的使用方式与姓有所混同。秦"讁"文书中亦出现了在女名中使用氏的做法，如迁陵县"讁"中的女性从人"巍（魏）婴婗"，即以氏称贵族女性后裔。同为涉及故六国贵族的司法场合，汉初奏谳文书中也有把氏作为女性身份信息的做法，族与氏在实际使用中的关系更为明确，亦有不少对秦的继承因

素。但从具体事务和场景来看，理解为“姓氏合一”却未必妥当。

> 十年七月辛卯朔癸巳，胡状、丞丞熹敢讞（谳）之。刻（劾）曰：临菑（淄）狱史阑令女子南冠缴（缟）冠，详（佯）病卧车中，袭大夫虞传，以阑出关。·今阑曰：南，齐国，族田氏[78]，迁处长安，阑送行，取（娶）为妻，与偕归临菑（淄），未出关，得，它如劾……
>
> （张家山汉简《奏谳书》案例三简17—19）[79]

该案案情大致为临淄狱史“阑”原负责把“南”送到关中，但途中二人结为夫妻，“阑”因而帮助“南”盗取传信，企图逃回临淄，但被胡县官吏发觉并抓获[80]。这份奏谳文书由胡县上报，聚焦于案件中“阑”的处理问题，上报朝廷后由代理廷尉的“太仆不害”给予了处理意见[81]，按照“从诸侯来诱”论。上引部分上报了案件的基本情况，下文则聚焦于“阑”和“南”的供词及处理意见，其中描述“南”身份时所用“族田氏”的做法亦值得注意。

该案件上报时间为高祖十年七月，案发当在此前不久，高祖六年封长子刘肥为齐王，案件中“齐国”当指此。《史记·娄敬传》记娄敬建议徙民关中说：

> 夫诸侯初起时，非齐诸田，楚昭、屈、景莫能兴。今陛下虽都关中，实人少。北近胡寇，东有六国之族，宗强，一日有变，

> 陛下亦未得高枕而卧也。臣愿陛下徙齐诸田，楚昭、屈、景，燕、赵、韩、魏后，及豪杰名家居关中。无事，可以备胡；诸侯有变，亦足率以东伐。此强本弱末之术也。[82]

娄敬到匈奴送亲回朝后，强调朝廷北方面临匈奴威胁，此前六国大族同样是不安定因素，因而建议将各国大族迁至关中，一举两得，故齐田氏就首当其冲。秦末以来的战乱中，故齐田氏后人曾被项羽分别封于齐地，汉初恐怕仍有不小的势力。《汉书·高帝纪》说：“（九年）十一月，徙齐楚大族昭氏、屈氏、景氏、怀氏、田氏五姓关中。”[83]娄敬的建议应不晚于高祖九年起开始执行，《奏谳书》中“南”被徙往关中或即与此相关，其可能为战国齐国贵族后裔。

该案受到高度重视，不仅最终由代理廷尉决断，而且作为可资援引的案例颁行，说明“从诸侯来诱”之类的问题在汉初依旧比较严峻。实际上，《奏谳书》及同样具有奏谳性质的岳麓秦简“为狱等状四种”所涉的数十个案例中，称“族氏”是一种非常罕见的做法，仅涉“从诸侯来诱”的案件明确说明了“族田氏”，并作为最终判决意见的重要依据，也可以说族、氏的记录是此类涉及诸侯问题文书的固定要求。

秦“讞”与汉《奏谳书》虽然有一定的时空差异，但并非彼此孤立，对族的强调均针对六国“从人”或“六国之族”，应该是官府甚至朝廷立

场上对这类人的特殊标记方式。"族"对应于氏并在这些场合中称呼女性，并不能简单理解为与文献所言"妇人称姓"做法的混同，而应放在战国末期以来，秦、汉朝廷与六国旧族之间紧张关系的背景中 [84]，理解为稳定统治的系列措施中的一个局部细节，族、氏的严格记录，正是应对这种政治局面时的处理手段。

族、氏作为处理六国旧族时刻意强调的身份符号，是某种政治性的"负资产"，在承袭先秦贵族理解的同时，已经在秦汉官府的实际使用中被赋予了另外的功能，亦可以说是氏在秦汉官文书中泛化使用的冰山一角。即使氏亦用于女性，也不能把氏的使用场合的泛化理解为与姓的合流——姓实际在汉初的官文书中踪迹杳然。之所以以氏称呼女性，甚至可能暗示时人已经不太了解姓及其意义，甚至已经淡忘了西周意义的姓。也可以认为，虽然"妇人称氏"意味着西周"氏"的宗法意义确实松动、淡化，但时人仍然将私名前的称谓称为"氏"。涉及此类问题时，亦宜采用古人自己的说法。

上文对《左传》中姓的使用场合的分析显示，春秋时代仍把姓作为处理诸侯国间政治关系的借口，往往借同姓 / 异姓关系，追述西周的政治秩序。但是不仅战国末期到西汉前期的《战国纵横家书》等已转为以氏称三晋，秦及汉初的文书中，亦对六国旧族采用了"名族""族氏"的说法，同样暗示时人的理解中，姓作为诸侯

国间政治秩序标志的观念已逐渐淡化。同时，无论迁陵县的公文，还是岳麓秦简中的律令，均未把私名前的称呼称为姓，而以族、氏呼之，直至汉高祖后期颁行全国的奏谳文书中，仍然承袭了秦简"族某氏"的说法，也说明战国晚期以来文书中私名前的称谓，在时人自己的理解中仍然称为族、氏 [85]。

四、结语

通过分析战国到汉初的各类简牍，本文试图勾勒该时期官府实际使用氏、族等称谓与身份符号的若干局部画面。楚国左尹掌握的"典"以"居尻（处）名族"为基本登记要求，"氏"则与"族"相对应，广泛应用于涉及名籍、司法等事务的各类文书，是楚官府赖以维护统治的基础性身份信息。秦官府对官吏履历的记录则更明确为记录"族氏"。秦到汉初涉及通缉"从人"、迁徙六国大族事务的司法场合中，"名、族""族氏"亦被作为六国旧族重要的身份信息和捕亡线索。

上述几种场景彼此存在较大的时空距离，分析对象亦存在一定的性质差异，包括《左传》在内，不过都是古人在不同立场和境遇下留下的碎片，并无直接的联系。不过，这些具体场景和事务背后也存在实际的共性。无论楚、秦，文书、名籍都应用于办理实际事务的过程，文字背后是官府乃至各国建立和维系统治的一系列措施，甚至可以说是各国变法与国

家形态转变过程中所留下的统治举措的"实态"。借由几类具体的场景，所分析的实际也都是这种多元"实态"的细节画面。战国政治人物多历仕各国，如商鞅、张仪、魏冉、吕不韦都有不同程度的六国背景，各国变法亦互相借鉴，彼此具有不少共通之处。从秦、楚文书中所看到的诸多异同，暗示的恐怕也是长期竞争的各国在变法过程中具体统治措施上的差异性和关联性。

具体而言，一方面，虽然"典"是楚左尹掌握的名籍，阀阅是秦县对小吏身份情况的登记，但二者都是官府控制人的具体手段，通过"名族""族氏"的登记、汇总，将治下吏、民有效纳入统治，是各国统治赖以维系的一个侧面[86]。族、氏、名书于文书，并与其他信息一并作为基础性的身份符号，渐趋成为官僚制国家建立统治，维系人身统属关系的一种工具。

另一方面，不同于春秋以姓祖述西周以标榜诸侯间的政治关系，文书中的姓踪迹难寻。秦及汉初对于六国旧族，亦强调族与氏，而不会用姓，也不会言及"姓"的概念。对内统治之下，更没有使用这种诸侯间政治符号的必要。

更为重要的，如虞万里所说，姓乃是西周初年因特定的政治需要所强调的血缘标识[87]。战国以后的官僚制国家恐怕已经不再看重西周建构的政治秩序，更不需要以姓为说辞和旗号。同时，无论春秋时期还是战国时期，姓与族在时人自己的认识中并没有太多直接联系，恰由于氏与族关系密切，具有更明确的身份意义和实际功能，因而在各种场景中被广泛使用——在官僚制国家统治民众的历史场景下，姓渐趋成为一个被抛弃和淡忘的旧时代的符号，氏由于与族的密切关系，其使用和意义不断泛化和流变。这段久被遗忘的曲折历史，可以说是战国以来姓、氏、族三者关系全景画面的一个局部细节[88]。

西汉中期以后，不仅司马迁称"姓某氏"，官文书亦普遍称姓，劾状等文书中甚至将"姓某氏"作为固定格式。文书格式并非随意而为，当依照相关律令[89]，同时，汉初人尚继承秦制言"族某氏"，短短半个多世纪后已经普遍称"姓某氏"，这种倏然的变化，当与某种制度性的规定有关。上述姓是西周所强调的身份符号，西汉中期后将秦及汉初官文书行用的族、氏改称为姓、氏，虽然意义已与西周不同，但背后恐怕包含放弃秦制、遵从周道的意味。司马迁所谓"姓某氏"，亦当与此有关[90]。

宗法秩序崩溃过程中，姓、氏的宗法意义确实有所冲淡，但未必可以据此推论时人实际行用"姓氏"之称，亦不宜把这种过程理解为"姓氏合一"。春秋战国到西汉中期，在官文书等官方场合下，氏与姓并没有普遍性的混同，而是表现为氏的泛化与姓的遗忘。因而，从宗法制崩溃导致姓、氏宗法意义淡化的逻辑出发，使用不含西周宗法意义的"姓氏"指称战国人私名前的称谓，恐怕并不完全符合当时的实际情况。时人亦未必都会把自己私名前的称谓理解为后人说的"姓氏"。

西汉中期以后，或由于某种尚待深入讨论的原因，普遍使用的族、氏被改称为姓或姓氏，而西汉氏、姓的意义都已与周代不同。"姓氏""姓名"之说历经了战国中期到西汉中期的复杂波动，才逐渐层累为后世"日用而不知"的称呼方式。

注　释

[1] 不少学者指出先秦人名结构与后世的差异性，如李学勤所说："中国先秦时期人名的结构，与秦汉以下颇多不同。"并指出"人名结构"特别是"姓、氏的变迁"问题的重要性及周代姓、氏的严格区分现象。李学勤：《考古发现与古代姓氏制度》第 253 ~ 257 页，《考古》1987 年第 3 期，后载《古文献丛论》第 90 ~ 99 页，中国人民大学出版社，2010 年。

[2] 姓族、氏族已经成为基本的分析工具之一，杨希枚等学者都有专门定义，虞万里则质疑这种看法。相关研究下详。

[3] 这种看法较早产生于梁启超。梁启超：《中国文化史》第 9301 ~ 9307 页，《饮冰室合集》第 18 册，中华书局，2015 年。

[4]《史记》卷一《五帝本纪》第 45 页，中华书局，1959 年。

[5]《汉书》混用姓、氏者，如《汉书·高帝纪》云："（九年）十一月，徙齐楚大族昭氏、屈氏、景氏、怀氏、田氏五姓关中。"（《汉书》卷一下《高帝纪下》第 66 页，中华书局，1962 年）汉魏注疏又如高诱注《战国策》，亦混同族、氏、姓。相关分析下详。

[6] 西北简中常见"姓某氏"之称，多与小吏职务犯罪的劾状有关，相关简牍的汇编，可参李均明：《秦汉简牍文书分类辑解》第 70 ~ 79 页，文物出版社，2009 年。通关场合亦要求登记姓等信息，相关资料及分析见鹰取祐司：《肩水金関遺址出土の通行証》，鹰取祐司编：《古代中世東アジアの関所と交通制度》，東京：汲古書院，2017 年，第 175~335 页。

[7] 郑樵：《通志二十略·氏族略》卷一《氏族序》第 1 ~ 2 页，中华书局，1995 年。

[8] 顾炎武撰，黄汝成集释：《日知录集释》卷二三"姓"条、"氏族"条，第 1276、1278、1279、1280 页，上海古籍出版社，2006 年。

[9] 钱大昕：《十驾斋养新录新注》卷一二第 225 页，上海书店出版社，2011 年。钱大昕此说暗示氏的普及与编户之间的关系，值得重视。此外，钱氏之论，落脚于汉代"以氏为姓"，汉魏之后"姓与氏合"，对于前人对司马迁的批评，也有所辩护。

[10] 王国维较早讨论了姓、氏在周代的严格区分，是今人认识周代姓氏制度和姓氏关系的基础看法之一，参王国维：《观堂集林》卷十《殷周制度论》第 302 ~ 320 页，《王国维全集》第 8 卷，浙江教育出版社，2009 年，1917 年初刊。上引李学勤论著则是目前代表性的学说。虞万里还对各家讨论姓、氏关系的论著做出了比较深入的评述。参虞万里：《姓氏起源新论》第 12 ~ 15 页，《文史》2011 年第 4 辑。杨希枚提出"赐姓""命氏""胙土"为分封三要素，认为"赐姓"所指为分民，"命氏"则指赐予族号，并讨论了"姓族""氏族"意义的关系与变迁。参杨希枚：《先秦文化史论集》，中国社会科学出版社，1995 年。其中《〈左传〉"因生以赐姓"解与"无骇卒"故事的分析》《先秦赐姓制度理论的商榷》《论

先秦所谓姓及其相关问题》《论先秦姓族和氏族》等论文尤其重要。不过，关于"赐姓"，黄彰健、辛立、赵伯雄、陈絜等提出反对意见，认为"赐姓"所指为族号。虞万里则批评前人所以在"赐姓"问题上含混不清，是因为没有清楚辨析周代以前并不存在赐姓的情况。参黄彰健：《论秦以前的赐姓制度》，大陆杂志社编辑委员会主编：《先秦史研究论集》（下），台北：大陆杂志社，1967年；辛立：《周代的"赐姓"制度》，《文博》1988年第5期；赵伯雄：《周代国家形态研究》第67～70页，湖南教育出版社，1990年；朱凤瀚：《商周家族形态研究（增订版）》第18～20页，天津古籍出版社，2004年，1990年初刊；陈絜：《商周姓氏制度研究》第241～244页，商务印书馆，2007年。

[11] 除上引王国维、杨希枚、李学勤、虞万里等人的论著外，丁山将姓与氏理解为母系与父系血缘组织的标志，张富祥亦持有类似看法，同样将姓氏混同理解为父系氏族取代母系氏族。杨宽则系统讨论了先秦贵族的人名，涉及姓氏名字等一系列问题。参丁山：《姓与氏》第43～45页，《新建设》1950年第6期；杨宽：《试论西周春秋间的宗法制度和贵族组织》第182～183页，《古史新探》，上海人民出版社，2016年，1965年初刊；张富祥：《中国上古姓族制度研究》，《南京大学学报》2013年第1期。徐复观、马雍、陈絜、雁侠、张淑一都有对于姓、氏及其变迁的系统研究，下详。

[12] 代表性说法如马雍，其结合《孟子·尽心》"讳名不讳姓，姓所同也，名所独也"，认为春秋晚期至战国早期，姓氏已经合一，"其姓名形式已经与我们今天的姓名形式完全一样"。马雍此说对于学界有一定的影响，不少学者亦重

视《孟子》本条，此外，马雍亦系统分析了先秦姓氏制度的变迁。参马雍：《中国姓氏制度的沿革》第172页，《中国文化研究集刊》第2辑，复旦大学出版社，1985年。李向平、徐俊元、葛志毅、雁侠、张淑一、蔡英杰等也持此说，其中张淑一又称姓氏合一为"新姓"。雁侠比较笼统地认为姓氏合一的时代为春秋战国；张富祥认同马雍的说法，但认为姓氏合一即父系氏族取代母系氏族从西周中期就已经开始。参李向平：《春秋战国时代的姓氏制度》，《广西师范大学学报》1984年第3期；徐俊元、张占军、石玉新：《贵姓何来》第2页，河北科学技术出版社，1985年；葛志毅：《先秦赐姓氏制度考原》，《社会科学战线》1992年第3期；雁侠：《中国早期姓氏制度研究》第193～199页，天津古籍出版社，1996年；张淑一：《先秦姓氏制度考索》第131～146页，福建人民出版社，2008年；蔡英杰：《从"氏"的本义看氏与姓、氏与族之间的关系》第96～101页，《中州学刊》2013年第3期。

[13] 明确持战国说者，较早如张亮采；徐复观也持此说，认为战国时代姓氏"二名而一实"，这是因为传统习惯，保持了两个名称，但其说主要聚焦氏的普及以及社会形态的变化。俞樟华、阎晓君、陈絜、王泉根有较为系统的论述，如陈絜结合传世文献与侯马盟书、印文指出这一过程在春秋晚期已见端倪，战国时期"姓和氏在概念上逐渐混而不分"。参张亮采：《中国风俗史》第21页，东方出版社，1996年，1911年初刊；徐复观：《中国姓氏的演变与社会形式的形成》，《两汉思想史》卷1，华东师范大学出版社，2001年，1972年初刊；俞樟华：《〈史记〉与古代姓氏》，《人文杂志》1991年第1期；阎晓君：《论姓氏合一》，《寻根》1998年

第 3 期；陈絜：《商周姓氏制度研究》第 411～426 页；王泉根：《先秦"氏"的作用与秦汉姓、氏合一》，《文化学刊》2015 年第 1 期。

[14] 不过，汉代的姓与父系之间的关系还存在较为复杂的一面，并不能把姓在汉代的流行等同于父系宗族已经成为绝对主流。参侯旭东：《汉魏六朝父系意识的成长与"宗族"》，《北朝村民的生活世界——朝廷、州县与村里》，商务印书馆，2005 年。

[15] 郑樵、顾炎武都注意到了汉代以后的"说法"与先秦实际做法之间的差异性。就此而言，上引徐复观"二名而一实"的看法，也值得反思。

[16] 学界相关研究则有不少明确借鉴了西方概念，如上引杨希枚、陈絜所界定的"姓族""姓""氏族"等，很大程度上都以社会科学对原始社会的研究为基础，不一一举出。

[17] 出土简报最先分析了该墓的基本情况，此后陆续出版的《包山楚墓》《包山楚简》则有更加详细的讨论。湖北省荆沙铁路考古队包山墓地整理小组：《荆门市包山楚墓发掘简报》，《文物》1988 年第 5 期；释文见湖北省荆沙铁路考古队编：《包山楚墓》附录第 348～399 页，文物出版社，1991 年；《包山楚简》，文物出版社，1991 年。

[18] 《包山楚简》较早系统公布了简牍的释文，此后刘信芳亦对简文有比较详细的考释，《楚地出土战国简册 [十四种]》是目前较为完备的释文。陈伟《包山楚简初探》则是比较系统的著作，朱晓雪亦有较为系统的集释和讨论。参刘信芳：《包山楚简解诂》，台北：艺文印书馆，2003 年；陈伟等：《楚地出土战国简册[十四种]》，经济科学出版社，2009 年；陈伟：《包山楚简初探》，武汉大学出版

社，1996 年；朱晓雪：《包山楚墓文书简、卜筮祭祷简集释及相关问题研究》，吉林大学博士学位论文，2011 年。

[19] 《楚地出土战国简册 [十四种]》综合前人说法与简文内容，将文书分为七类，本文沿用。关于这批官文书的性质，整理者认为是若干独立事件的记录，为各地官吏向楚廷呈报，陈伟则认为多数为左尹官署制作，少数为地方官吏呈报。参湖北省荆沙铁路考古队编：《包山楚简》第 9 页；陈伟：《包山楚简初探》第 36～66 页。

[20] 陈伟等：《楚地出土战国简册 [十四种]》第 2 页。学界有不少研究关注这几类简的篇题及用语，对文书的性质也有不少讨论。关于"集箸"和"集箸言"，较重要者除上文提及的考古报告和集释外，又如彭浩：《包山楚简反映的楚国法律与司法制度》，《包山楚墓》第 548～554 页；李零：《包山楚简研究（文书类）》，《李零自选集》，广西师范大学出版社，1998 年，1994 年初刊；黄盛璋：《包山楚简中若干重要制度发复与争论未决诸关键字解难、决疑》，《湖南考古辑刊》第 6 辑第 186~199 页，岳麓书社，1994 年；周凤五：《包山楚简〈集箸〉、〈集箸言〉析论》，《中国文字》1996 年新 21 期；陈伟：《包山楚简初探》第 57～59 页；李家浩：《谈包山楚简"归邓人之金"一案及其相关问题》，《出土文献与古文字研究》第 1 辑，复旦大学出版社，2006 年；藤田胜久：《包山楚简及其传递的楚国信息——纪年与社会体系》，许道胜译，卜宪群、杨振红主编：《简帛研究 2004》，广西师范大学出版社，2006 年。此外，王红亮结合文书复原，认为两类文书均为上计性质，是较新的看法，亦值得注意。王红亮：《包山楚简"集箸"、"集箸言"性质再辨》，《考古学报》2016 年第 2 期。

无论具体的制作官署、功能如何，学界基本认同两类文书与"典"有关。

[21] 关于"受期"，文字考释外亦有不少论述，多结合楚司法问题，除上引简报集释及彭浩、李零、黄盛璋、李家浩论文外，涉及文书性质的分析又如陈伟：《关于包山"受期"简的读解》，《江汉考古》1993年第1期；《包山楚简初探》第47～56页；曹锦炎：《包山楚简中的受期》，《江汉考古》1993年第1期；夏渌：《读〈包山楚简〉偶记——"受贿"、"国帑"、"茅门有败"等字词新义》，《江汉考古》1993年第2期；贾济东：《〈包山楚简〉中〈受期〉简别解》，《东南文化》1996年第1期；葛英会：《包山楚简治狱文书研究》，《南方文物》1996年第2期；刘信芳：《包山楚简司法术语考释》，《简帛研究》第2辑，法律出版社，1996年；陈恩林、张全民：《包山"受期"简析疑》，《江汉考古》1998年第2期；董莲池：《也说包山简文中的"受期"》，《古籍整理研究学刊》1999年第4期；苏杰：《释包山楚简中的"受期"》，《中国文字研究》第4辑，广西教育出版社，2003年；广濑薰雄：《包山楚简〈受期〉"阰门又败"再探》，《简帛》第2辑，上海古籍出版社，2007年；王捷：《包山楚司法简考论》第93～121页，华东政法大学博士学位论文，2012年。关于"疋狱"，除上引外，又如陈伟：《包山楚简初探》第36～46页；李家浩：《包山祭祷简研究》第27页，李学勤、谢桂华主编：《简帛研究2001》，广西师范大学出版社，2001年；王捷：《包山楚司法简考论》第71～92页。聚焦诉讼、审判等问题的法制史研究不赘述。

[22] 汇总整理研究如巫如雪：《包山楚简姓氏研究》，台湾大学硕士学位论文，1996年；许全胜：《包山楚简姓氏谱》，北京

大学硕士学位论文，1997年；王颖：《包山楚简词汇研究》第360～397页，厦门大学博士学位论文，2004年；朱晓雪：《包山楚墓文书简、卜筮祭祷简集释及相关问题研究》第662～674页；罗小华：《战国简册中的女性人名称谓研究》，《长江文明》2015第1期；白显凤：《出土楚文献所见人名研究》，吉林大学博士学位论文，2017年。考证研究如李守奎：《包山楚简姓氏用字考释》第225～232页，《简帛》第6辑，上海古籍出版社，2011年；刘杰：《战国文字姓氏用字疏释六则》，《中山大学学报》2011年第4期；朱晓雪：《包山楚简姓氏补考》第118～119页，《江汉考古》2016年第2期。亦有针对私名等的考证，不赘述。

[23] 上引巫如雪、许全胜等都有整理，朱晓雪则综合了各家的说法。参朱晓雪：《包山楚墓文书简、卜筮祭祷简集释及相关问题研究》第667页。

[24] 此前二氏不易辨析，存在不少模糊之处，望山简、包山简出土后，学界得以厘清二氏之间的关系，并明确将"卲""恖"对应为"昭""悼"，梳理出其源流。参徐少华：《包山二号楚墓的年代及有关问题》，《江汉考古》1989年第4期。

[25] 刘信芳：《包山楚简解诂》第78～79页；许全胜：《包山楚简姓氏谱》第31页。

[26] 《潜夫论·志氏姓》等均认为"景"为楚公族，但缺载出自哪位楚王。"救秦戎"钟出土后，学界据其铭文"秦王卑命竞坪王之定救秦戎"确定"竞坪王"即楚平王，"竞坪"通"景平"，为双字谥号。此后巫如雪结合钟铭确定包山简中的"竞"即出自楚景平王的"景"氏。参黄锡全、刘森淼：《"救秦戎"钟铭文新解》第73～77页，《江汉考古》1992年第1期；李零：《楚景平王与古多字谥——重读"秦王卑命"钟铭文》第23～27页，

《传统文化与现代化》1996 年第 6 期；巫如雪：《包山楚简姓氏研究》第 178 页。关于楚国谥为族号的研究，还可参考董珊：《出土文献所见"以谥为族"的楚王族——附说〈左传〉"诸侯以字为谥因以为族"的读法》，《出土文献与古文字研究》第 2 辑，复旦大学出版社，2008 年。

[27] 对于"景之定"的身份及其与"景氏"之间的关系，可参田成方：《东周时期楚国宗族研究》第 103～117 页，科学出版社，2016 年。

[28] 关于包山简中楚国"景""昭""顿"等多个氏的考证，可参刘信芳：《〈包山楚简〉中的几支楚公族试析》，《江汉论坛》1995 年第 1 期。楚公族的研究还可参考李零：《"三闾大夫"考——兼论楚国公族的兴衰》，《文史杂志》2001 年第 1 期。

[29] 朱晓雪：《包山楚墓文书简、卜筮祭祷简集释及相关问题研究》第 665 页。

[30] 相关人名整理见朱晓雪：《包山楚墓文书简、卜筮祭祷简集释及相关问题研究》第 666、668 页。巫如雪亦认为包山楚简中以国为氏和以地为氏的情况较多，且以国为氏者多为被楚所灭之国的后人。

[31] 李学勤：《考古发现与古代姓氏制度》第 254 页，《考古》1987 年第 3 期。顾炎武亦强调姓不可变化。顾炎武撰，黄汝成集释：《日知录集释》卷二三"氏族"条第 1279 页。系统考证，还可参考张淑一：《先秦姓氏制度考索》第 43～55 页。

[32] 释文据陈伟等：《楚地出土战国简册 [十四种]》第 16 页。

[33] 陈伟较早提出这种见解，被学界所接受。参陈伟：《包山楚简初探》第 129 页。

[34] 陈伟：《包山楚简初探》第 128～129 页。李零、周凤五亦均认为"居凥（处）名族"是"典"中"登人"即登记人身份信息的要求。参李零：《包山楚简研究（文书类）》第 131～147 页，《李零自选集》；

周凤五：《包山楚简〈集箸〉、〈集箸言〉析论》，《中国文字》1996 年新 21 期。

[35] 参陈伟等：《楚地出土战国简册 [十四种]》第 26 页。

[36] 陈絜对比了包山简与里耶户籍简对户籍地登记的要求。陈絜：《里耶"户籍简"与战国末期的基层社会》第 27～28 页，《历史研究》2009 年第 5 期。

[37] 杜预注，孔颖达疏：《春秋左传正义》卷四"隐公八年"第 1733 页，阮元校刻：《十三经注疏》，中华书局影印本，1980 年。

[38] 参上引杨希枚、黄彰健、赵伯雄、朱凤瀚、陈絜、虞万里等人论著。相关综述，亦可参雁侠：《中国早期姓氏制度研究》第 150～154 页。

[39] 结合其析出的三十二类，在郑樵看来，"胙土命氏"也是命氏的方法之一，也就是以"胙土"即封地为氏。郑樵：《通志二十略·氏族略》卷一《氏族序》第 3 页。

[40] 《史记》卷一《五帝本纪》第 46 页。

[41] 杜预注，孔颖达疏：《春秋左传正义》卷四"隐公八年"第 1733 页，阮元校刻：《十三经注疏》。

[42] 参李学勤：《释多君多子》，胡厚宣主编：《甲骨文与殷商史》第 1 辑第 13～20 页，上海古籍出版社，1983 年；《考古发现与古代姓氏制度》第 254 页，《考古》1987 年第 3 期。不过前文时间较早，未涉及近年出土的战国简、秦简。

[43] 分别见杜预注，孔颖达疏：《春秋左传正义》第 1799、2008、2031、2134～2135 页，阮元校刻：《十三经注疏》。

[44] 需要说明，宋国戴氏之族出自宋戴公，亦以谥为氏，明确为出自国君的一族。戴氏在宋国朝野影响很大，族、氏之称即有强调其出自国君之族"老牌贵族"的意味。不少氏与此类似，不一一分析。

[45] 杜预注，孔颖达疏：《春秋左传正义》卷四〇"襄公三十一年"第2015页，阮元校刻：《十三经注疏》。

[46] 杜预注，孔颖达疏：《春秋左传正义》卷五三"昭公三十年"第2125～2126页，阮元校刻：《十三经注疏》。

[47] 杜预注，孔颖达疏：《春秋左传正义》卷五三"昭公二十九年"第2123页，阮元校刻：《十三经注疏》。

[48] 《左传》中并没有"姓氏"或"姓族"的说法，恐怕氏、族述于姓前也是时人比较认同的表述方式。

[49] 杜预注，孔颖达疏：《春秋左传正义》卷四"隐公十一年"第1735～1736页，阮元校刻：《十三经注疏》。

[50] 晋栾氏为姬姓，原轸又名先轸，亦为姬姓。不过从本段的整体意思来看，"同姓"显然指姬姓诸侯国之间。

[51] 杜预注，孔颖达疏：《春秋左传正义》卷七"僖公二十二年"第1833页，阮元校刻：《十三经注疏》。

[52] 郑玄注，孔颖达正义：《礼记正义》卷一六《大传》第279页，阮元校刻：《十三经注疏》。这种说法也为顾炎武所承袭。不过，似乎唐人的理解中，姓、氏散亦可通，顾炎武对"姓氏散亦可通"的解释，主要针对《春秋》中称"姜氏""子氏"的说法，也就是原本为姓的"姜"被表述为"氏"，但未认为"姓"与"族"可通。顾炎武撰，黄汝成集释：《日知录集释》卷二三"氏族"条第1277页。

[53] 顾炎武撰，黄汝成集释：《日知录集释》卷二三"氏族"条第1278页。

[54] 不过，东汉末年人高诱注《战国策》同条说"名、字。族，姓"，把"族"理解为"姓"。见刘向辑录：《战国策笺证》卷二《秦策二》"秦武王谓甘茂曰"第251～258页，上海古籍出版社，2018年。

[55] 如杨希枚结合人类学概念，举出若干关于"姓族"的说法，但亦指出均为汉代以后人所说。不过，杨文认为汉代以后"姓族"之说可以"毫无滞碍"地应用于先秦，则恐怕亦被汉人和西方人类学概念所误导，所言的"族"亦非先秦时人所讲的"族"。张富祥则归纳先秦没有"姓族"并称的说法。参杨希枚：《论先秦姓族和氏族》，《先秦文化史论集》第205页；张富祥：《中国上古姓族制度研究》第75页，《南京大学学报》2013年第1期。

[56] 从上文分析来看，春秋战国所以较少把族与姓联系起来，与虞文揭示的问题关系密切，或许正是因为姓在先秦不具有太多实际意义，时人实际的活动中亦不会把姓作为族的标志，而更强调氏与族的关系。参虞万里：《姓氏起源新论》第28页，《文史》2011年第4辑。

[57] 陈伟认为"族"就是姓（陈伟：《包山楚简初探》第128页），恐怕存在问题。陈絜认为"氏名（'族'）则根据被登录人本身有无姓氏而定"（陈絜：《里耶"户籍简"与战国末期的基层社会》第28页，《历史研究》2009年第5期），等于亦承认族所指为"氏名"，但其"姓氏"等说法也比较含混。刘信芳将"名族"解释为"名字、氏族"，但又称"犹今人所言姓名籍贯之类"（刘信芳：《包山楚简解诂》第46页），亦受到高诱误导，混淆了姓、氏、族。

但是"曾"明确为氏，高注恐怕亦混入了汉代人的误解，把"曾"氏误解为姓，继而认为族与姓同，与司马迁称先秦人物"姓某氏"有相似之处。现代学者注释出土文献，多引高诱之说，亦被其误导。

[58] 陈伟：《包山楚简初探》第128页。目前基本为学界通说。

[59] 刘信芳亦指出"受期"中的涉案人员多具有明确的"居尻（处）名族"，也就是认为这些基本信息的登记不仅适用于"典"，各类文书中都有类似要求。刘信芳:《包山楚简解诂》第52页。

[60] 释文据陈伟主编:《里耶秦简牍校释》第1卷第357页，武汉大学出版社，2012年。图版见湖南省文物考古研究所编:《里耶秦简》（壹）第202页，文物出版社，2010年。

[61] 迁陵官僚机构的研究多涉简8-1555，"冗吏""真吏"的分析、官吏迁转考课等是学界比较关心的问题。从这些角度分析简8-1555及涉及相关问题的研究，参沈刚:《里耶秦简[壹]中的冗吏》，《湖南省博物馆馆刊》第9辑，岳麓书社，2013年；叶山:《解读里耶秦简——秦代地方行政制度》，《简帛》第8辑，上海古籍出版社，2013年；邬勖:《秦地方司法诸问题研究——以新出土文献为中心》第2章"秦的基层司法官吏"第27~46页，华东政法大学博士学位论文，2014年；邹水杰:《再论秦简中的田啬夫及其属吏》，《中南大学学报》2014年第5期；孙闻博:《秦县的列曹与诸官——从〈洪范五行传〉一则佚文说起》，《简帛》第11辑，上海古籍出版社，2015年；《商鞅县制的推行与秦县、乡关系的确立》，《简帛》第15辑，上海古籍出版社，2017年；游逸飞:《里耶秦简所见的洞庭郡——战国秦汉郡县制个案研究之一》，简帛网，2015年9月29日，http://www.bsm.org.cn/show_article.php?id=2316；水间大辅:《里耶秦简〈迁陵吏志〉初探——通过与尹湾汉简〈东海郡吏员簿〉的比较》，《简帛》第12辑，上海古籍出版社，2016年；陈伟:《〈岳麓书院藏秦简〔伍〕〉校读（续五）》，简帛网，2018年4月12日，http://www.bsm.org.cn/show_

article.php?id=3051。

[62] 学界一般笼统解释为"姓王"，除《里耶秦简牍校释》注释外，游逸飞、叶山、鲁家亮等人也持类似理解。参游逸飞、陈弘音:《里耶秦简博物馆藏第九层简牍释文校释》，简帛网，2013年12月22日，http://www.bsm.org.cn/show_article.php?id=1968；里耶秦简牍校释小组:《新见里耶秦简牍资料选校（二）》第198页，《简帛》第10辑，上海古籍出版社，2015年；叶山:《解读里耶秦简——秦代地方行政制度》第121页，《简帛》第8辑。

[63] 各类秦铭文的系统汇总可参王辉、陈昭容、王伟:《秦文字通论》，中华书局，2016年。兵器、铜器还可参李学勤:《战国时代的秦国铜器》，《文物参考资料》1957年第8期；《战国题铭概述》，《文物》1959年第7~9期；《秦国文物的新认识》，《新出青铜器研究》，文物出版社，1990年。秦及三晋兵器铭文的研究，还可参董珊:《战国题铭与工官制度》，北京大学博士学位论文，2002年；苏辉:《秦三晋纪年兵器研究》，上海古籍出版社，2013年。其中，三晋兵器性质为物勒工名，多在相关负责官吏、工师私名前另刻1~2字，"赵""魏""韩"等极为普遍，而马王堆帛书《战国纵横家书》中，称"韩氏""赵氏""魏氏"则是通例，说明即使在西汉初年传抄的文本中，仍然较为明确将"韩""赵""魏"之类视为氏，兵器所著录的亦应是氏＋私名。秦兵则一般仅著录私名，但从少数涉及张仪（姬姓张氏）、吕不韦（姜姓吕氏）等人督造的兵器来看，亦存在记录氏（张、吕）的特殊做法。兵器铭文问题，另文详述。

[64] 叶山认为该牍可能涉及小吏外出采购物资时的监督，书"族""氏"可能有防止其携款或物资潜逃的功能。叶山:《解

读里耶秦简——秦代地方行政制度》第
121页,《简帛》第8辑。

[65] 不过, 学界对氏的普及程度, 亦缺少准确的认识。从秦简一般不言氏, 但户籍简中户人基本都有氏的情况来看, 这个时代氏恐怕已经相当普及。详见拙稿《庶人称氏:战国中期至秦代氏、姓普及程度蠡测》, 待刊。

[66] 释文据陈松长主编:《岳麓书院藏秦简》(伍) 第45页, 上海辞书出版社, 2017年。

[67] 关于从人, 可参李洪财:《秦简牍"从人"考》,《文物》2016年第12期; 吴雪飞:《〈岳麓简五〉所见"从人"考》, 简帛网, 2018年4月13日, http://www.bsm.org.cn/show_article.php?id=3052; 王四维:《秦郡"执法"考——兼论秦郡制的发展》,(上海)《社会科学》2019年第11期; 杨振红:《秦"从人"简与战国秦汉时期的"合从"》,《文史哲》2020年第3期。有关逃亡的问题, 研究极多, 涉及不少奴婢、黔首、刑徒等, 但因涉及从人较少, 不具引。可参周海锋:《岳麓书院藏秦简〈亡律〉研究》, 杨振红、邬文玲主编:《简帛研究2016》(春夏卷), 广西师范大学出版社, 2016年。

[68] 此外, 简8-534亦与捕亡有关, 逃犯特征与"吴骚"近似, 但人名残损。两简释文据陈伟主编:《里耶秦简牍校释》第1卷第176、224页。图版见湖南省文物考古研究所编:《里耶秦简》(壹) 第80、126页。

[69] 参考何有祖缀合意见。参何有祖:《读里耶秦简札记(四)》, 简帛网, 2015年7月8日, http://www.bsm.org.cn/show_article.php?id=2271。

[70] 何有祖认为这些简可能是通缉文书, 并结合岳麓简中的"从人"律, 指出这些简应该叫做"谶", 周海锋、谢坤也有

相关研究。参何有祖:《里耶秦简所见通缉类文书新探》, 简帛网, 2017年1月30日, http://www.bsm.org.cn/show_article.php?id=2719; 周海锋:《〈里耶秦简(贰)〉初读(一)》, 简帛网, 2018年5月15日, http://www.bsm.org.cn/show_article.php?id=3089; 谢坤:《〈里耶秦简(贰)〉札记(一)》, 简帛网, 2018年5月17日, http://www.bsm.org.cn/show_article.php?id=3108。

[71] 其他可能与从人相关的碎简又如8-1003、8-1863+8-1866+9-1733、8-2402、9-259、9-272、12-140、9-1029, 其中人称多残, 不一一赘述。

[72] "邯郸" 当指故赵都邯郸无疑, "韩审里" 为里名。查《汉书·地理志》, "巍(魏)箕" 汉属琅琊郡, 为侯国, 在今山东临沂市东南, 后晓荣考证秦琅琊郡有"箕县", 汉制应承袭自秦, "李" 当为里名。《汉书》卷二八上《地理志上》第1586页; 后晓荣:《秦代政区地理》第291页, 社会科学文献出版社, 2009年。

[73] 如第15、27章即有"魏氏" 等内容。裘锡圭主编:《长沙马王堆汉墓简帛集成》(三) 第226～227、263～264页, 中华书局, 2014年。

[74] 简8-1070言及"丹子大女子巍(魏)并", 可能与"巍(魏)婴姽" 有一定关系, 简8-2133残文亦涉及年龄、居处, 即"故居巍(魏)箕攻", 与"巍(魏)婴姽" 相同, 三简描述的对象可能属同一案件或"族"。释文见陈伟主编:《里耶秦简牍校释》第1卷第273、435页。图版见湖南省文物考古研究所编:《里耶秦简》(壹) 第142、256页。

[75] 又如简9-1029 "☒☒☒☒年可八岁, 族☒☒Ⅰ☒☒☒☒☒衔前☒Ⅱ", 涉及者年龄仅8岁, 可能也是某种与从人有关的"谶"。这名年幼的儿童恐怕同样因其族

被通缉。

[76] 释文据陈松长主编:《岳麓书院藏秦简》
（伍）第 43 页。

[77] 关于本条中抓捕从人与族的关系,亦可
参上引吴雪飞:《〈岳麓简五〉所见"从
人"考》。

[78] 原释文为"南齐国族田氏",改断如上。

[79] 文书全文较长,下文主要聚焦于"阑"
的处理问题。释文据张家山二四七号
汉墓竹简整理小组:《张家山汉墓竹简
〔二四七号墓〕（释文修订本）》第 93 页,
文物出版社,2006 年。

[80] "胡"指湖县,属京兆尹。张家山二四七
号汉墓竹简整理小组:《张家山汉墓竹简
〔二四七号墓〕（释文修订本）》第 93 页。

[81] 《汉书·高惠高后文功臣表》说"汲绍侯
公上不害,高祖六年为太仆",该奏谳书
批复时间为高祖十年八月,当为同一人。
《汉书》卷一六《高惠高后文功臣表》第
605 页。

[82] 《史记》卷九九《刘敬传》第 2719 ~
2720 页。

[83] 《汉书》卷一下《高帝纪下》第 66 页。

[84] 田余庆对战国末年秦楚关系的分析,提
炼出"后战国时代"的概念。胡宝国则
指出从《史记》到《汉书》,称籍贯的方
式由沿袭六国名转变为使用郡县,同样
揭示出直到西汉中期,六国的影响犹存。
参田余庆:《说张楚:关于"亡秦必楚"
问题的探讨》,《秦汉魏晋史探微》第
1 ~ 29 页,中华书局,2011 年,1989 年初
刊;胡宝国:《〈史记〉、〈汉书〉籍贯书法
与区域观念变动》,《周一良先生八十生
日纪念论文集》,社会科学文献出版社,
1993 年。从秦到汉初文书中"族"的使
用场景来看,朝廷和官府实际的统治中,
处理六国旧族确实是长期而严峻的工
作,亦与上述学者从其他角度得出的结
论类似。

[85] 此外,目前所见秦人名私印中,多在私
名前另有 1 ~ 2 字,结合印文为"某氏"
的私印,私名前的称谓亦应被时人理解
为氏。同时目前还发现不少秦庶民墓葬,
多见铭文为"某氏若干斗"的刻划铭
文,用以表器所有,亦说明时人普遍
使用氏。相关私印、陶文,见许雄志主
编:《秦代印风》第 57、59、138、155 页,
重庆出版社,2011 年;袁仲一、刘钰:
《秦陶文新编》第 182 ~ 187、188 ~ 190、
220 ~ 225 页,文物出版社,2009 年。

[86] 实际上,里耶秦简的"户版"普遍在户
人私名前记录了称谓,应该也是氏,且
与户的关系非常密切。就此而言,秦
户籍中的氏亦有着极为重要的意义,
并被汉代基层官府承袭,逐渐演变为
姓。相关分析,参拙作《里耶秦简"户
籍简"所见氏、名著录——以户内妻、
母等"曰某"的记录方式为中心》,《简
帛》待刊;《西北汉简家属出入符所见
姓的著录——兼论汉代与户籍相关事
务中姓的使用》,《出土文献》2021 年
第 1 期。

[87] 虞万里:《姓氏起源新论》第 36 页,《文
史》2011 年第 4 辑。

[88] 不过,西汉中期仍见称"族"。北大简
《忘稽》是一篇汉赋作品,起首即言"营
（荥）阳幼进,名族周春","周春"即本
篇赋的男主人公,整理者认为"名族"
指"出身名族"。"名族"所指与包山简、
岳麓简及《战国策》"曾子处费"类似,
"春"为名,"周"应对应简文中的"族",
虽然可能是"赋"中比较特殊的写法,
但恐怕也暗示这种称"名族"的习惯,
可能在较大范围内存在了一定时间。释
文据北京大学出土文献研究所编:《北京
大学藏西汉竹书》（肆）第 59 页,上海
古籍出版社,2015 年。

[89] 文书格式与律令的关系,参邢义田:《从

简牍看汉代的行政文书范本——“式”》
第 450 ~ 472 页,《治国安邦——法制、
行政与军事》, 中华书局, 2011 年, 1998
年初刊。

[90] 相关论述, 可参祁萌:《从“族某氏”到
“姓某氏”：秦汉时期氏、姓演变的一个
侧面》第 149 ~ 152 页,《中山大学学报》
2021 年第 1 期。

The Meaning and Usage of "Surname"and"Clan Name"in Bamboo Slips of Official Documents of Chu and Qin

——Rethinking of "Amalgamation of Surname and Clan Name"

Qi Meng

Abstract: "Amalgamation of surname and clan name" is a basic academic viewpoint about the relationship of surname and clan name of Warring States Period. But the analysis of the practical using of appellations is still inadequate. Official documents later than Mid Warring States Period show some practical using of appellations in different situations. The most of names in Baoshan Chu bamboo slips was formed of "shi（clan name）" and "ming（private name）","zu" in "Ju、Chu、Ming、Zu" also corresponded to "shi". Liye Qin bamboo slips registered basic identity information of officials by "zu and shi",and used "ming、zu" in legal documents ,also take "zu" and "shi" seriously. But surname was seldom used in the official documents. Official documents later than Mid Warring States Period used "shi" strictly and "shi" was closely related to "zu". Surname was uncommon in those occasions and affairs, also not merged with "shi".

Keywords: Zu　Shi（clan name）　Surname　Bamboo Slips of Official Documents "Amalgamation of Surname and Clan Name"

新发现的三件石刻佛教经版及其初步研究[*]

董华锋　夏伙根　杨　婧

摘　要： 本文首先介绍新发现的三件石刻佛教经版（现收藏于重庆中国三峡博物馆）的基本情况，比定其所刻佛经的内容。在此基础上，结合同类遗存，分析川渝唐代石刻佛教经版的基本制式。最后，厘清唐宋时期三件经版所刻佛经在川渝地区的流传状况。

关键词： 经版　制式　《月灯三昧经》

石刻佛经是中国古代的一种重要佛教遗存。这类遗存大致始见于十六国时期，广泛分布在河南、山东、河北、北京、山西、陕西、甘肃、四川等地，形式多种多样，早在清末，金石学家叶昌炽就已经认识到："刻经有三，其一摩崖，其一经碑，其一即经幢也。"[1]这里所说的"经碑"不仅包括将佛经刻于石碑上的形式，实际上还包括另外一种形式，即把佛经刻在方形或长方形石板上，也就是我们今天习称的"经版"，这是一种十分典型的石刻佛经形式。

川渝地区是石刻佛经的重要分布区域。该区域的石刻佛经始见于茂县出土南齐永明元年造像碑上的偈语"诸行无常，是生灭法。生灭灭已，寂灭为乐"。至初唐时期，经版这一形式开始流行，都江堰灵岩寺经版[2]即是典型例证。随着考古工作的推进，邛崃龙兴寺、成都福感寺等寺院遗址也陆续出土了一些年代略晚的经版残块。但总体而言，川渝地区唐代经版的很多具体情况还很不清楚。近来，我们在重庆中国三峡博物馆的藏品整理中发现了三件经版，此前不见任何报道。兹简要介绍，并就其中反映的川渝地区唐代石刻佛教经版有关问题做进一步研究。

---

[*] 本文系国家社科基金重大招标项目（18ZDA222）、国家社科基金一般项目（22BKG022）阶段性成果。

作者：董华锋，四川省成都市，610064，四川大学考古文博学院；夏伙根、杨婧，重庆市，400015，重庆中国三峡博物馆。

一、三件经版的基本情况

根据档案记载，新发现的三件经版均为 20 世纪 50 年代初征集于川渝地区，入藏后分别编为 8420 号、8424 号、22777 号。三件经版的基本情况简介如下。

（一）8420 号经版

片状砂岩质，残长 20.3、残宽 24.5、残厚 2.5 厘米。下底边完整，打磨平整，正面阴刻经文，背面大体平整（图一）。

正面经文竖刻，楷书，现存 9 行，字径 1.5 厘米，自右向左录文如下：

1. ……　彼佛具□□□□
2. ……　其城广长二千里
3. ……　最胜七宝之所成
4. ……　百园胜家而庄严
5. ……　常有种种诸华果
6. ……　树[3] 菴罗阎浮芭蕉等
7. ……　尼拘毕钵众鸟集
8. ……　鹅王舍利甚欢乐

图一　8420 号经版正面

9. ……　□凑游戏百□□

比对《大正藏》可知，此经版所刻内容源自高齐天竺三藏那连提耶舍译《月灯三昧经》卷六，完整内容补充如下：

1. 住头陀行心调伏　彼佛具足尔所众
2. 有城七亿六千万　其城广长二千里
3. 彼时世界阎浮提　最胜七宝之所成
4. 其城殊妙甚奇丽　百园胜家而庄严
5. 其园苑林如密云　常有种种诸花果
6. 所生异种诸林树　菴罗阎浮芭蕉等
7. 迦尼瞻波毕落叉　尼拘毕钵众鸟集
8. 频伽拘翅孔雀等　鹅王舍利甚欢乐
9. 种种异类众鸟音　臻凑游戏百园里

（二）8424 号经版

片状砂岩质，残长 14、残宽 20、厚 3.4 厘米。正背两面均阴刻经文，所有侧面均残损（图二、图三）。

正面经文竖刻，楷书，现存 7 行，字径 15、字间距 05 厘米，自右向左录文如下：

1. □□□□罗蜜多无量……
2. 广说宣示开演显了解……
3. 解憍尸迦后善男子善……
4. □于前何以故憍尸□……
5. □萨不甚假藉所□□……
6. □□菩提不□□□□……
7. □□□□假□□□□……

113

图二　8424号经版正面

图三　8424号经版背面

背面经文竖刻，楷书，现存6行，字径1.8、字间距0.6厘米，自右向左录文如下：

1. □□□获功德……
2. □□转地菩萨摩……
3. □无上觉定趣向故……
4. 趣大菩提菩萨摩诃……
5. 于无上觉求速趣故观……
6. 大悲心极痛切故复……

比对《大正藏》可知，此经版所刻内容源自唐三藏法师玄奘译《大般若波罗蜜多经》（《大般若经》）卷一百六十八"初分校量功德品"，正面完整内容补充如下：

1. 以般若波罗蜜多无量法门巧妙文义为其

2. 广说宣示开演显了解释分别义趣令其易

3. 解憍尸迦后善男子善女人等所获功德甚

4. 多于前何以故憍尸迦住不退转地菩萨摩

5. 诃萨不甚假藉所说法故于无上觉定趣向

6. 故于大菩提不退转故速趣大菩提菩萨摩

7. 诃萨要甚假藉所说法故于无上觉求速趣

背面完整内容补充如下：

1. 人等所获功德甚多于前何以故憍尸迦住

2. 不退转地菩萨摩诃萨不甚假藉所说法故

3. 于无上觉定趣向故于大菩提不退转故速

4. 趣大菩提菩萨摩诃萨要甚假藉所说法故

5. 于无上觉求速趣故观生死苦一切有情运

6. 大悲心极痛切故复次憍尸迦置赡部洲诸

（三）22777号经版

砂岩质，残长9.2、残宽10.6、厚5.1厘米。下底边完整，上有间隔

0.6～0.8 厘米的凿痕。正背两面均刻经文（图四、图五）。

正面经文竖刻，楷书，现存 3 行，字径 2、字间距 0.4 厘米，自右向左录文如下：

1.……□□□余

2.……□具足说

3.……界悉明净

背面经文竖刻，楷书，现存 2 行，字径 2、字间距 0.4 厘米，自右向左录文如下：

1.…… 乘 法门

2.…… 遍 观日

比对《大正藏》可知，此经版所刻内容源自东晋佛驮跋陀罗译《大方广佛华严经》（《六十华严》）卷二"世间净眼品第一之二"，正面完整内容补充如下：

1. 佛演妙音无障碍　　周遍十方悉无余

2. 分别广演一切法　　因缘方便具足说

3. 放大光明不思议　　十方世界悉明净

背面完整内容补充如下：

1. 法门而得自在胜地天于诸众生净乘法门

2. 而得自在尔时日光天子承佛神力遍观日

上述三件新发现的经版均不见纪年，其年代可通过与同类遗存的比对来确定。四川邛崃龙兴寺遗址曾出土大批中晚唐时期的经版[4]，将其与新发现的三件经版相比就会发现，二者在经版的厚度、经文的字体和字径等方面均存在较多相似之处。故此，新发现的三件经版年代可大致推断为中晚唐时期。

二、三件经版反映的川渝地区唐代石刻佛教经版制式

中国现存的唐代纸质佛经写本（即"写经"）大体上遵循一定的"制式"，这一点在敦煌和吐鲁番出土的

图四　22777 号经版正面

图五　22777 号经版背面

写经上得到了充分体现，并已有学者论及[5]。目前看来，唐代写经的制式与沙门知礼在《金光明经述文句记》中的总结是一致的，即：

古以散说一十七字为行。偈颂二等：四、五言则四句为行；七言偈则二句为行[6]。

石刻经版是否也存在一种相对比较常见的制式，与写经的制式是否一致，这是一个颇值得探究的问题。

石刻经版的制式涉及多个面向，但占行格式（即每一行满行的字数）无疑是最核心的问题。新发现的三件经版均残损较甚，直观上呈现出"纵有行，横有列"的面貌，前文比勘《大正藏》对其内容进行了补充。从补充后的情况来看，三件经版表现出两种占行格式。

第一种为每行满行17字。8424号经版正反两面及22777号经版背面经文补充完整后均为满行17字，行文以每句字数不等的文句来叙述佛经。这些特点与沙门知礼所说的"散说一十七字为行"相吻合。这种占行格式在川渝地区已知的经版中十分常见，都江堰灵岩寺、邛崃龙兴寺两地均有同类发现，例如都江堰灵岩寺出土的《大般涅槃经》经版（图六）[7]。该经版内容为《大般涅槃经》"寿命品"，比对《大正藏》可将其补充如下：

1. 设使得之者　心亦不甘乐
如来受我供　欢喜无有量
2. 犹如伊兰花　出于栴檀香
我身如伊兰　如来受我供

3. 如出栴檀香　是故我欢喜
我今得现报　最胜上妙处
4. 释梵诸天等　悉来供养我
一切诸世间　悉生诸苦恼
5. 以知佛世尊　欲入于涅槃
高声唱是言　世间无调御
6. 不应舍众生　应视如一子
如来在僧中　演说无上法
7. 如须弥宝山　安处于大海
佛智能善断　我等无明暗
8. 犹如虚空中　起云得清凉
如来能善除　一切诸烦恼
9. 犹如日出时　除云光普照
是诸众生等　啼泣面目肿
10. 悉皆为生死　苦水之所漂
以是故世尊　应长众生信
11. 为断生死苦　久住于世间
12. 佛告纯陀如是如是如汝所说佛出世难如
13. 优昙花值佛生信亦复甚难佛临涅槃最后
14. 施食能具足檀复倍甚难汝今纯陀莫大愁
15. 苦应生踊跃喜自庆幸得值最后供养如来
16. 成就具足檀波罗蜜不应请佛久住于世汝
17. 今当观诸佛境界悉皆无常诸行性相亦复
18. 如是即为纯陀而说偈言
19. 一切诸世间　生者皆归死
寿命虽无量　要必当有尽
20. 夫盛必有衰　合会有别离
壮年不久停　盛色病所侵
21. 命为死所吞　无有法常者

诸王得自在　势力无等双

22.一切皆迁动　寿命亦如是
众苦轮无际　流转无休息

23.三界皆无常　诸有无有乐
有道本性相　一切皆空无

24.可坏法流转　常有忧患等
恐怖诸过恶　老病死衰恼

25.是诸无有边　易坏怨所侵
烦恼所缠裹　犹如蚕处茧

26.何有智慧者　而当乐是处
此身苦所集　一切皆不净

27.扼缚痛疮等　根本无义利
上至诸天身　皆亦复如是

28.诸欲皆无常　故我不贪著
离欲善思惟　而证于真实

29.究竟断有者　今日当涅槃
我度有彼岸　已得过诸苦

显然，该经版第 12 ~ 18 行即为满行 17 字的占字格式。

第二种为每行 2 句偈颂，每句 7 字。8420 号经版正面及 22777 号经版正面的内容均为佛经中的偈言，七言一句，二句一行，符合沙门知礼所说的"七言偈则二句为行"。8420 号经版正面第 6 行二句偈言之间空 3 字空间，合为每行 17 字空间。这一情况在都江堰灵岩寺、邛崃龙兴寺同样有类似发现，如邛崃龙兴寺遗址出土 F9 ②：6 号经版（图七）[8]。比对《大正藏》可知此经版所刻为唐义净译《佛说无常经》，补充后完整内容为：

1. 为济有情生死流　令得涅槃安隐处

2. 稽首归依妙法藏　三四二五理圆明

3. 难化之徒使调顺　随机引导非强力

显然，邛崃龙兴寺 F9 ②：6 号经版也采用了七言一句、二句一行的占行格式。

除上述两种占行格式外，前揭都江堰灵岩寺《大般涅槃经》经版实际上还透露出川渝地区石刻佛教经版的

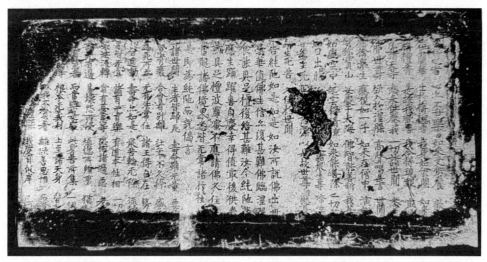

图六　都江堰灵岩寺出土《大般涅槃经》经版

图七　邛崃龙兴寺遗址出土 F9②：6 号经版

第三种占行格式。该经版的第 1 ~ 11 和 19 ~ 29 行均为满行每行 4 句，每句 5 字。这一占行格式就是沙门知礼所说的"四、五言则四句为行"。

　　综上来看，新发现的三件经版与都江堰灵岩寺、邛崃龙兴寺出土经版表现出统一的占行格式，遵循一定的制式，并与敦煌、吐鲁番写经呈现出相同的面貌。从这一意义上讲，川渝地区保存的这批经版可称为"石刻的写经"。

三、三件经版所刻佛经在川渝地区的流传

　　通过比对《大正藏》，前文已确定了新发现的三件经版所刻的佛经。

结合既往的考古发现，可大致窥见唐宋时期这三种佛经在川渝地区的流传情况。

　　8420 号经版所刻佛经为那连提耶舍译《月灯三昧经》。《月灯三昧经》是印度中观学派的重要经典，总十卷，收录在《大正藏》第十五册。费长房在《历代三宝纪》卷九中说："月灯三昧经，十一卷。天保八年（557）于天平寺出。"[9]这部经记述了佛在王舍城耆阇崛山时，回答月光童子所问，为其说依平等心、救护心、无碍心、无毒心及因地所修的无量三昧，或依如实了知一切法的体性而证菩提的法门。《月灯三昧经》另有两个译本：一名《月灯三昧经》，一卷，南朝刘宋先公译，又名《文殊师利菩萨十事行经》，收于《大正藏》第十五册，内容大致相当于十卷本中第六卷的前半，主要是佛对文殊师利童子就布施等六度各说十事；另一译本亦名《月灯三昧经》，一卷，亦收于《大正藏》第十五册，虽题为刘宋先公译，但有学者根据后记推测此本可能是《历代三宝记》卷四所传后汉安世高的译本[10]，其内容旨趣约当十卷本中第五卷的后半，乃就最初的三界终至道识等 90 余种法门立六行说明。

　　《月灯三昧经》在中国古代并不十分流行。敦煌藏经洞发现有此经的写本，如 P.3063 即为该经第一卷[11]。唐宋时期的川渝地区一直流传有《月灯三昧经》，且以那连提耶舍译本为主。除新发现的 8420 号经版外，都江

堰、邛崃、安岳等地均有与之相关的经版、经目发现。清光绪年间，大雨岩崩，都江堰灵岩寺经版始被发现，自此以后陆续有经版出土，现有600余块残块保存在都江堰市文物局，但目前尚不见系统比定其内容。细致识读前人刊布的资料可以确定，其中就有一块那连提耶舍本《月灯三昧经》经版[12]（图八），内容为该经卷六中的一段偈颂：

1. 善逝终无不实说　　大悲实语佛最胜

2. 其余苦事百千种　　我昔具受干竭身

3. 云何能得是三昧　　若得脱人百千苦

4. 于刹那中证此定　　便获真实智慧道

图八　都江堰灵岩寺出土《月灯三昧经》经版（邓宗任摄）

5. 我时见佛那由他　　过于十方恒沙数

6. 获致如意胜神足　　能往百千诸佛刹

7. 诣彼请问最胜尊　　论难庄严百千种

8. 时佛为我所宣说　　酬答如向所问难

9. 我悉能具领纳受　　乃至不忘一字句

10. 既得闻是真实法　　广设无量百种难

11. 敷演远尘寂静句　　安无量众智慧道

12. 我住如是胜三昧　　于无量劫学此法

13. 昔日无量诸众生　　亦置无上最胜道

另外，美国芝加哥富地自然历史博物馆（The Field Museum of National History）收藏有一批经版拓本，标明出自四川邛崃龙兴寺。这些拓本可能是由曾任华西协合大学博物馆馆长的葛维汉带去的。1947年，四川邛崃西河发大水，冲刷出大量石刻佛教遗物，龙兴寺遗址被意外发现，时任华西协合大学博物馆馆长的葛维汉派遣成恩元等人前去现场采集了一大批遗物，其中包括不少经版。陈怀宇、张总等先生曾对富地自然历史博物馆这批经版拓本的内容做过比对，根据他们的比对，其中有一件编号为NO.233783的拓本[13]，内容为那连提耶舍本《月灯三昧经》。虽此论仍存疑，但一并列于此参照：

1.［以不痴心］而为说法知彼法

2.菩萨摩诃萨得于智藏童子云

3.得过去未来现在智藏童子

4.切众生心行惟自心行次

5.以无乱想修习方便如自

6.所见色闻声有爱无爱心

7.菩萨得过去未来现在

8.德菩萨摩诃萨

至宋代，《月灯三昧经》仍在川渝地区流传。建造于南宋时期的安岳孔雀洞报国寺经目塔第一层所刻经目中就有"月灯三昧经"[14]。

8424 号经版所刻佛经为玄奘译《大般若经》。川渝地区的石刻《大般若经》经文或经目还见于都江堰、大足、安岳等地。1931 年，都江堰竹林寺（在今灵岩寺后）下藏经洞曾出土一块长方形经版，长 69、宽 39、厚 3.8 厘米，顶面阴刻一行字"大般若经第一百八十八卷第三版"，可知所刻内容为《大般若经》[15]。至宋代，川东地区的多处经目中均可见到《大般若经》：大足宝顶山大佛湾圆觉洞甬道左壁的经目中有"南无大般若经"[16]；小佛湾祖师法身经目塔第一级东面塔身经目中也有"大藏佛说大般若波罗蜜多经六百"[17]，此处经目下的"六百"为卷数；另外，安岳孔雀洞报国寺经目塔第一层所刻经目中也可见"南无大般若波罗蜜经"[18]。

22777 号经版所刻佛经为佛驮跋陀罗译《大方广佛华严经》。川渝地区的石刻《大方广佛华严经》经文或

经目在都江堰、大足、安岳等地同样有发现。都江堰灵岩寺曾出土同一佛经的经版，《中国文物地图集·四川分册》（中）"藏经洞石刻"条载："（灵岩寺经版）经文内容有《华严经》《楞严经》《大般若经》《大般涅槃经》《佛说灌顶经》《波罗蜜多心经》等 17 种，现存部分由文管所保存。"[19] 只是此处的《华严经》属于哪个译本不甚明了。在宋代的资料中，大足宝顶山大佛湾圆觉洞甬道左壁的经目中有"南无大华严经"[20]，小佛湾祖师法身经目塔第一级东面塔身经目中有"大方广佛华严经五十""大方广佛华严经八十"[21]，安岳孔雀洞报国寺经目塔第一层所刻的经目中有"南谟大方广佛华严经""古译华严经　大华严经"[22]。这些石刻佛经或经目中的《华严经》涉及多个译本。一般认为，《华严经》有六十华严、八十华严、四十华严共三个译本。22777 号经版所刻为六十华严，也称旧华严；安岳孔雀洞报国寺经目塔上的"古译华严经"指的也应是六十华严。值得注意的是，小佛湾祖师法身经目塔第一级东面塔身上的经目"大方广佛华严经五十"所载卷数为"五十"，与前述三个译本均有差异。不过，梳理六十华严的翻译历程即可理解这一点。六十华严由佛驮跋陀罗于东晋义熙十四年（418）在扬州（即建康，今江苏南京）道场寺开译，南朝宋永初二年（421）译毕，初为五十卷，后由慧观等人校定重审，开为六十卷，两种卷本同时流通。也就是说，五十卷和六十卷的

《华严经》实为同一译本，只是卷本略异而已。

四、结语

经版是川渝地区唐代佛教遗存的重要门类。过去，我们对这类遗存的关注主要集中在刻经内容和版本的辨识等方面。实际上，除此之外，经版的制式、刻经建构起来的佛经流传史等问题同样值得关注。本文针对三件新发现石刻佛教经版的研究正是基于这一思路展开的。

注 释

[1] 叶昌炽撰，柯昌泗评，陈公柔、张明善点校：《语石·语石异同评》卷四第285页，中华书局，1994年。

[2] 胡文和：《灌县灵岩山唐代石经》第33～35页，《四川文物》1984年第2期。

[3] 此行"树"字与"庵"字之间空三字符距离。

[4] 成都文物考古研究所、邛崃市文物管理局编著：《四川邛崃龙兴寺2005～2006年考古发掘报告》第159～168页，文物出版社，2011年。

[5] 赵青山：《佛经抄写制式的确立及其意义》，《世界宗教研究》2019年第5期。

[6] 知礼撰述：《金光明经文句记会本》第197页上，《卍续藏》第20册。

[7] 胡文和、胡文成：《巴蜀佛教雕刻艺术史》（中）图版插1.4，第374页，巴蜀书社，2015年。

[8] 成都文物考古研究所、邛崃市文物管理局编著：《四川邛崃龙兴寺2005～2006年考古发掘报告》第163页，文物出版社，2011年。

[9] 费长房：《历代三宝纪》卷九第87页中，

[10] 费长房：《历代三宝记》卷四第52页中，载《大正藏》第49册。

[11] 上海古籍出版社、法国国家图书馆编：《法藏敦煌西域文献》第21册第213页，上海古籍出版社，2002年。

[12] 雷玉华、樊拓宇：《四川石刻佛经的调查与研究》图五：3第394页，《成都考古研究》（三），科学出版社，2016年。

[13] 张总：《邛崃龙兴寺等石刻佛经数则》，载杨泓先生八秩华诞纪念文集编委会编《考古、艺术与历史：杨泓先生八秩华诞纪念文集》第155页，文物出版社，2018年。

[14] 赵献超：《四川安岳石窟孔雀洞经目塔与法宝崇拜》第108页，《四川文物》2020年第6期。

[15] 雷玉华、樊拓宇：《四川石刻佛经的调查与研究》第392页，《成都考古研究》（三），科学出版社，2016年。

[16] 重庆大足石刻艺术博物馆、重庆市社会科学院大足石刻艺术研究所编：《大足石刻铭文录》第163页，重庆出版社，1999年。

[17] 重庆大足石刻艺术博物馆、重庆市社会科学院大足石刻艺术研究所编：《大足石刻铭文录》第172页。

[18] 赵献超：《四川安岳石窟孔雀洞经目塔与法宝崇拜》第108页，《四川文物》2020年第6期。

[19] 国家文物局主编：《中国文物地图集·四川分册》（中）第79页，文物出版社，2009年。

[20] 重庆大足石刻艺术博物馆、重庆市社会科学院大足石刻艺术研究所编：《大足石刻铭文录》第163页。

[21] 重庆大足石刻艺术博物馆、重庆市社会科学院大足石刻艺术研究所编：《大足石

刻铭文录》第 172 页。

[22] 赵献超:《四川安岳石窟孔雀洞经目塔与

法宝崇拜》第 108 页,《四川文物》2020
年第 6 期。

Three Pieces of Newly Discovered Buddhist Stone Sūtras and Preliminary Research

Dong Huafeng Xia Huogen Yang Jing

Abstract: This paper introduces the basic information of the three pieces of newly discovered Buddhist stone sūtras at first, which are now in the collection of the Chongqing China Three Gorges Museum, and then compares and verifies the contents engraved on them. On this foundation, it analyses the fundamental written forms of the Buddhist stone sūtras with the combination of similar remains in the Sichuan-Chongqing region in the Tang Dynasty. Finally, it clarifies the circulation of the Buddhist sūtras that engraved on those three stones in the same region in theTang and Song dynasties.

Keywords: Buddhist Stone Sūtras Written Forms *Candrapradīpa Samādhi Sūtra*

元睢景臣《高祖还乡》所见卤簿仪仗考[*]

魏亦乐

摘　要： 睢景臣《高祖还乡》是元曲中的著名套数，该套数中的卤簿仪仗问题，注释家多有争议。传统注家习惯将元代制度与《高祖还乡》对勘，认为作者创作的原型无不来源于元代真实的制度和他的所见所闻。然而，通过现存元代礼制文献，特别是明初官修《大明集礼》所记录的卤簿仪仗的研究，不难发现睢景臣描述的是宋代的卤簿仪仗制度，而传统注释家将《高祖还乡》中汉高祖出巡同元代皇帝两都巡幸制度联系到一起，也是不恰当的。睢景臣创作时显然根据其多年的读书经验将名物制度融入创作之中，而他对本朝卤簿仪仗制度的了解是间接的，无法得见元代汉法卤簿的具体实施情况。

关键词： 睢景臣　《高祖还乡》　卤簿制度　《大明集礼》

睢景臣的《高祖还乡》是元曲中的著名套数，收录在杨朝英所编元曲总集《朝野新声太平乐府》之中[1]。据元钟嗣成《录鬼簿》的记载，《高祖还乡》创作之初，"扬州诸公"就对它给予高度评价[2]。20世纪以来，元曲研究者对《高祖还乡》进行了多角度研究。又因此曲的思想性、艺术性较高，入选"人教版"高级中学语文课本、读本，以及王力先生主编的《古代汉语》教材[3]，对中学、高校的语文教育，中文系的专业课程，乃至一般读者对元曲套数的直观认识产生了一定影响。

讨论《高祖还乡》的主旨，离不开曲中名物制度的断代。正因为睢景臣是元代人，前辈注家径将元代制度与《高祖还乡》对勘，认为作者创作的原型无不来源于元代真实的制度和他的所见所闻。这一注释路径是绝大部分注家对该曲主题、艺术手法等问题解释的基本前提。

---

*　本文系北京市社会科学基金重点项目"北京中轴线历史文献整理研究（1267~1912）"（21LSA004）阶段性成果。
　　作者：魏亦乐，北京市，100091，北京联合大学应用文理学院历史文博系。

其中最为典型的例子是，注释家将《元史·仪卫志》中描绘的元代汉法卤簿仪仗与睢景臣所描述的旗仗对勘，认为《高祖还乡》以真实的名物描述汉高祖的出行排场，影射了元代皇帝的出行场景，是讽刺皇权的"现实主义力作"。持此观点的典型注释家有：许政扬、吴紫铨、闻众（署名）、罗锦堂，以及王力《古代汉语》相关注释[4]。这几家注释体系直接影响到此后的学校教材、通俗读物对该套数的解读。不过，睢景臣描述的卤簿仪仗，究竟能否与《元史·仪卫志》对勘呢？本文不揣浅陋，以《大明集礼》等传统文献中宋、元卤簿的记载为线索，重新考证该问题。

一、前人对《高祖还乡》卤簿仪仗的注解

《高祖还乡》对汉高祖出行仪仗的描述，主要集中在如下段落中：

（四煞）……一面旗白胡阑套住个迎霜兔，一面旗红曲连打着个毕月乌，一面旗鸡学舞，一面旗狗生双翅，一面旗蛇缠葫芦。

（三煞）红漆了叉、银铮了斧。甜瓜苦瓜黄金镀。明晃晃马镫枪尖上挑、白雪雪鹅毛扇上铺。

许政扬、罗锦堂、闻众等诸家注释认为，从"一面旗"到"蛇缠葫芦"是睢景臣对元代卤簿仪仗的准确描述，高祖还乡仪仗队的原型是元代皇帝两都巡幸，围观的百姓只能

看到"外仗"中的旗帜，符合《元史》中仪仗的描述。因此，睢景臣借用元代《崇天卤簿》来讽刺元代统治者。但对迎霜兔、毕月乌、鸡学舞、狗生双翅、蛇缠葫芦的所指有分歧。其中，许政扬、罗锦堂以及闻众以为，它们指的是房宿旗、毕宿旗、凤凰旗、飞黄旗、黄龙负图旗，特别是睢景臣描述的房、毕宿旗的画法，与《元史·舆服志》所载"外仗"的画法相同，与"内仗"画法不同[5]。另一种意见以吴紫铨为代表，认为迎霜兔、毕月乌、鸡学舞、狗生双翅、蛇缠葫芦指的是月旗、日旗、舞凤旗、飞虎旗、盘龙旗；王力《古代汉语》注释基本采用了这一说法，只有在注释"毕月乌"时提到了七曜日配二十八宿，提出毕月乌指的是配毕宿的乌鸦。[6]这一争议点是解决《高祖还乡》是不是现实主义力作、是否为控诉元代黑暗统治的核心问题。

众所周知，睢景臣笔下描绘的"迎霜兔"等名物，是汉法卤簿仪仗无疑。卤簿仪仗中器物的发展变化相对缓慢，后代编纂新朝卤簿，也是在继承前朝的基础上对其结构和礼器形制加以改变。元代各种旗仗及斧、叉、瓜等礼器，皆是宋、金卤簿仪仗中的常见礼器。虽然这些器物在仪仗中的位置和形制，各朝略有不同，但后代无法凭空发明礼器而无所依傍。因此，我们必须首先辨析，睢景臣描写的卤簿仪仗是哪个朝代的制度。下文细绎宋、金、元卤簿仪仗的演变过程，对前人观点做进一步分析。

二、《大明集礼》与宋、元礼制文献

宋代仪仗的具体形制，可参考的材料是《宋史》卷一百四十八《仪卫六》，其所录仪仗形制有南宋绍兴年间改制内容，应是北宋宣和卤簿与南宋相关文献拼合而成，还有宋朝四种国史，特别是《中兴四朝国史》中《志》的部分。元代卤簿我们只能参考《元史·仪卫志三》，别无他据。不过，明初徐一夔等人领衔编纂的《大明集礼》却保留有一些宋、元卤簿仪仗形制的线索[7]。

《大明集礼》成书于洪武三年（1370）九月，是明朝的第一部礼制全书。此书是朱元璋建立明朝前后对国家典礼的一次系统议论的记录，具有实用礼书的性质。《大明集礼》具有如下特点：第一，作为一代之礼典，本书兼顾新朝之礼与前、后朝的继承、发展，因此，其所定五礼皆考证历代礼制以为明朝新礼之参考依据；第二，它与宋《中兴礼书》，元《太常集礼》不同，不是公文汇编式礼书，从结构到写法继承的是《大唐开元礼》这类典型的实用礼典；第三，据学者研究，在洪武三年九月以后，《大明集礼》记载的很多礼仪制度，如丧礼、郊庙祭礼都被新礼所取代，是为"废典"。因此，此书长期在明宫廷保存，很长时间未受到重视[8]。

《大明集礼》在嘉靖八年（1529）重新得到了明廷的重视。在著名的"大礼议"背景之下，明世宗力图恢复洪武旧典，认为"洪武初制"符合明太祖本意。因此，《大明集礼》在嘉靖九年（1530）由内府刊行，遂为时人所知。此书稿本五十卷，刊行时增加了三卷内容，是嘉靖年间补充而成，是为五十三卷本。《四库全书》本来源于该本。然而，《大明集礼》在以稿本形式存于深宫之时，曾被抄入《永乐大典》之中，该版本较刻本为早，然因《永乐大典》残损而十不存一，现存引文17条。校核《大典》本引《大明集礼》与明嘉靖本，二者内容基本相同[9]。

作为实用礼书，《大明集礼》以明朝的卤簿仪仗种类为线索，叙述从上古至明朝的变化。编者对每种仪仗引用各朝资料详述其源流，按年代排列，以为制定明朝新礼的参考。其中，宋代部分内容为《宋史》所无，例如《宋史》只记录了五牛旗等部分旗面的图案，宋初发明的黄龙负图、日月、五星等旗帜，旗面信息不全。而元代仪仗可与《元史·舆服志》对勘，很多信息是《元史》所无。这对我们研究宋、金、元卤簿的具体形制有很大帮助。

三、《大明集礼》与宋、元卤簿制度

既然本文涉及《大明集礼》中的相关材料，我们首先应考察该书中记录前朝制度内容的文献来源。《集礼》引文中的《天圣卤簿图》，即北宋宋绶的《天圣卤簿图记》，此书天圣六年十一月进呈[10]。那么，明初《大明集礼》的编者是否能亲眼见到《天圣卤簿图记》呢？

首先看宋代卤簿图书在书目中的著录情况。《崇文总目》："《卤簿记》十卷　宋绶撰"；《宋史·艺文志》著录"《天圣卤簿记》十卷"，可见《宋志》的著录应来源于北宋官修《两朝国史艺文志》，二者都未著录"图"字，说明北宋时期此书是实存书。然此书较为经典，后世卤簿图书应都有引用。较典型的就是国家博物馆藏《大驾卤簿图书》，此图被认为是北宋皇祐五年（1053）卤簿，题头说明文字中引用了成书较早的《天圣卤簿图记》。另外，它也是北宋《宣和卤簿图记》的材料来源之一[11]。此书南宋时仍存，如绍兴十二年制造卤簿玉辂，"寻将天圣、宣和《卤簿图》考究制度，并逐色合干人省记指说，参酌制造"[12]。《宋文鉴》《玉海》录有此书之《序》。《天圣卤簿图记》在《中兴馆阁书目》以及元以后的目录书中未见著录，又因《宋志》著录本《两朝志》，不能反映南宋末年实存情况，因此，该书在元以后或不存，明初文人不一定能见到。

除《天圣卤簿图记》外，《大明集礼》引用前代仪仗，除了天圣卤簿之外，亦有北宋其他时代的内容。如卷四十四"信旛"："宋景祐五年改制麾旛，易以小篆……"同卷"戟氅"："景祐五年重制，定长一丈六尺。"可见，该书也述及景祐改制仪仗，这些内容或在后出礼书中出现。当然，此

书引文中也有《宋会要》。[13]此外，《集礼》中引用的一些元代的制度，可能参考了元代政书。据前人研究，明初议礼始于吴元年（1367）五月，主要是礼曹主事崔亮和翰林学士陶安援引故实制订，是为《大明集礼》中本朝礼的来源之一[14]。其中汉法祭祀礼乐、仪仗的制订与崔亮有直接关系。洪武二年（1369），元代官方藏书已由元大都运往南京[15]，《经世大典》等元代政书、礼书应在其中。是年，崔亮援引《经世大典》坛垣内外建屋避风雨故事，在郊社诸坛南建殿[16]。另外，将《大明集礼》与《元史》对校可知，洪武三年，徐一夔等人极有可能参考过《经世大典》[17]。那么，《大明集礼》的编纂者或也参考过运往南京的宋元官方藏书。

那么，睢景臣描述的卤簿仪仗指的是宋、金、元哪一朝的汉法卤簿呢？以下重点分析"甜瓜苦瓜""毕月乌""迎霜兔"三种仪仗的实际含义，以解决这一问题。

四、《高祖还乡》中卤簿仪仗的时代

《高祖还乡》描写的仪仗中，最接近于元代仪仗的，恐怕是"甜瓜苦瓜黄金镀"。许政扬、罗锦堂注释认为，《元史·仪卫志》仪仗中的卧瓜和立瓜，是"甜瓜苦瓜"的原型。"瓜"和宋、金、元仪仗经常出现的"骨朵"应属同类仪仗，《大明集礼》也描述了卧瓜、立瓜的由来："《武经》云，骨朵有二色，曰蒺藜，曰蒜头，盖因

物制形以为仗卫之用。卧瓜立瓜，盖亦骨朵之流，取象于物者也。"[18] 此物原型就是带柄圆首象形击器，从武器演化而来。骨朵一般是圆形，腹大，又称为"朱蒜"，应是蒜瓣球形器[19]。我们怀疑瓜和"骨朵"不同，是长圆形。宋代仪仗中暂未发现使用瓜者。《大金集礼》卷二十八《常朝仪卫》："……五员，各执金镀银蒜瓣骨朵，长行二百人，列丝骨朵七十七柄，瓜八十九柄。"[20] 可见金代骨朵、瓜在常朝礼器中已经分离。元代的两种瓜在金朝基础上进一步变异。《大明集礼》中的卧瓜立瓜图可作为元代瓜形制的参考。

可是，如果我们一定要将睢景臣的"甜瓜苦瓜"与礼器中的"卧瓜立瓜"对应，也有无法解释的地方。苦瓜是长圆形无疑，而古代甜瓜的形状有长圆形，也有圆形[21]。我们无法确认睢景臣笔下的甜瓜一定是长圆形，它的现实原型不一定是元代的仪仗，亦可能是金朝仪仗。睢景臣笔下的"明晃晃马镫枪尖上挑"也是如此。注家一般认为此物为元代的"镫仗"，而据《大明集礼》引《宋会要》，此物在宋朝称"镫棒"，形制与元不同，但结构差不多，都是一个手柄头上有金铜马镫。只是宋人用黑漆柄，元人是朱漆柄而已。既然宋、元都有形似礼器，那么《高祖还乡》中对仪仗形状的描述，还是无法与某朝礼器对应得严丝合缝。

"毕月乌""迎霜兔"是《高祖还乡》各注家有争议的语词。中学教

材释其为毕宿，应是继承了许政扬的观点。王晨撰文反对此说，认为毕宿星的传统形象本是捕捉动物的长柄网，与乌鸦无关，又引《礼记·月令》"孟夏之月，日在毕"，据以否定"毕月乌"与毕宿有关，指的是另一种礼器"月旗"，象征四月太阳最盛之时[22]。当然，释"毕月乌"为二十八宿旗，是符合其词本义的，对此王力《古代汉语》注释解释甚明，不赘述。毕宿的传统形象是捕兽网具，汉代以前的图画中，与毕宿关联的动物是兔子。汉墓出土星象图的毕宿有兔子的形象[23]。三国时期，印度的星占学说传入中国，出现了出生之日所值星宿占卜之术。七曜直日传入中国之后，七曜与二十八宿之间逐渐形成固定的对应关系；又与中国早期三十六禽结合，经过简省隐去八禽，每一种禽与二十八宿一一对应，二十八星禽体系形成，较早的记载出现在北宋中期[24]。其中，危、毕、张、心四宿配月曜，毕宿所配动物是乌鸦，是为"毕月乌"的来源。

然而，我们不能仅讨论"毕月乌"的本义，而忽略该词所在的语境。也就是说，如果睢景臣描写的是实际存在的礼器，那么，旗面上的"红圈套兔""白环套乌鸦"不能和实际使用的仪仗相差太远。我们有必要先看一下宋元时期的日月旗、房宿旗、毕宿旗的相关描述。《大明集礼》中记录了宋、元、明三朝仪仗的演变，其中，日月旗的描述如下：

……宋太祖始置日月旗各一。《天圣卤簿图》：日旗，赤质，画日中以鸡；月旗，青质，画月中以兔。元制：日旗一，青质，赤火焰脚，绘日于上。月旗一，青质，赤火焰脚，绘月于上。今制：日旗月旗各一，俱青质黄栏，赤火焰，间彩脚。绘日以赤，绘月以白。[25]

《大明集礼》引所谓《天圣卤簿图》描绘的宋代仪仗，可以和中国国家博物馆藏《大驾卤簿图书》（简称《图书》）所绘图案及其说明文字对勘。陈鹏程认为，此图所绘为北宋皇祐五年（1053）卤簿中道，较《天圣卤簿图》晚[26]。此说是。因馆方未公开全图，目前仅能依据已公开的前半部分[27]，以及伊沛霞在研究中引用的《大驾卤簿图书》部分仪仗图片，讨论日月旗、二十八宿旗在宋、元、明仪仗中形制的演变[28]。

《大明集礼》记录的北宋仪仗，与《大驾卤簿图书》所绘略同。我们以《图书》中"龙旗十二"为例说明。图上的龙旗十二包括北斗旗、风云雷雨旗、左右摄提旗、五星旗帜，以风云雷雨旗为例：

宋御殿仪仗制：风伯、雨师、雷公、电母旗各一，以错绣为之。元因之，制风、雨、雷、电四旗，旗皆青质，俱画神人，状各诡异。（《大明集礼》卷四十三"风云雷雨旗"条）[29]

风伯旗，青质，赤火焰脚，画神人，犬首，朱发，鬼形，豹汗胯，朱裤，负风囊，立云气中。

雨师旗，青质，赤火焰脚，画神人，冠五梁冠，朱衣，黄袍，黑襕，黄带，白裤，皂乌，右手杖剑，左手捧钟。

雷公旗，青质，赤火焰脚，画神人，犬首，鬼形，白拥项，朱犊鼻，黄带，右手持斧，左手持凿，运连鼓于火中。

电母旗，青质，赤火焰脚，画神人为女子形，缥衣，朱裳，白裤，两手运光。（《元史·舆服二》）

风云雷雨旗同时在立仗、行仗（卤簿中道）使用，形制略同。《大明集礼》标明了宋、元仪仗的因袭情况，这一点从《元史》的记录中无法看出。《元史》详细记录了旗面图案，可与宋制相互补充。仔细观察宋《大驾卤簿图书》，四种旗仗旗面与《元史》所录相同。当然，元代在宋卤簿基础上改变了部分旗仗的形制。如五星旗，宋制，俱青质、黄襕，赤火焰脚，各绘神人，服随方色。元制五星旗帜质地根据五方色变化，但神人形象同宋。另有一些旗仗，《大明集礼》并未录其形制，如左右摄提旗，但《元史·舆服志》的描述与《图书》所画旗面基本相同，亦是元人承袭宋制所致[30]。

因此，北宋仪仗可以通过《大明集礼》《元史》的比对，结合《大驾卤簿图书》等绘画进行复原，也能看出宋、元两朝仪仗的变化。那么，我们可用同样的方法分析日旗、月旗和二十八宿旗的演变。据伊沛霞描述，《大驾卤簿图书》中的日旗，太阳被画成一个金色的圈，中间有一只三足乌鸦踩在云上，底色是红色；月旗，月亮是一个白色的圈，中间一个人站在云上，底色是蓝色。若伊沛霞的说法准确，图上的细节和《大明集礼》引文略有不同。第一，"画日中以鸡"，《四库全书》本作"画日中以鸦"，作"鸦"是，此处可看作与《大驾卤簿图书》画面一致。第二，秦汉时期就有玉兔捣药的传说，所以月亮中画兔更加合理，当然，也不排除北宋皇祐年间的仪仗改变了天圣仪仗的旗面。

事实上，日月旗、二十八宿旗等旗仗都是宋太祖建隆年间创制[31]，宋代卤簿中，前者只用于大驾卤簿中道，后者只用于外仗。宋代日月旗图案中，太阳以金色的圈表示，月亮以白色的圈表示，中间套着动物，这在画面上与睢景臣描写的"红曲连""白胡阑"基本相同。元、明二代，日月旗已有改变：元代只用圆环表示日、月，有象征意义的两种动物消失不见；明朝用红圈画日，用白圈画月。宋代的日旗是红色质地，因此，要用金色画圈表示太阳，才会更加醒目，红色看不清。明朝仪仗日旗的质色是青色，上绘红圈更加醒目。设若睢景臣描绘的是二十八宿旗，那只能解释"毕月乌"一词，无法解释红圈、白环。毕竟元代仪仗毕宿旗是"上绘八星，下绘乌"，没有套着圆环。况且，作者若要描写旗仗上的

星禽，为什么不使用"白胡阑套着个房日兔"，而用"迎霜兔"呢？因此，睢景臣描述的仪仗更接近于北宋卤簿中道的日月旗。

睢景臣之所以选择"迎霜兔""毕月乌"为描述对象，亦有押韵的需要。《哨遍·高祖还乡》使用北曲曲韵体系，依《中原音韵》，押鱼模韵，仅有"兔""乌"二字合韵。日月旗上的动物恰能合全曲之韵，不能不说是巧合。从观看者的角度讲，动物形象更为具象，符合人们的观察规律。

然而，同是动物，二十八宿旗上的乌鸦和兔子为什么不是睢景臣描绘的动物呢？

前文已述，宋朝仪仗中，二十八宿旗只用于大驾卤簿外仗。而元代仪仗中，二十八宿旗有两种图案，一种用于大驾卤簿外仗的图案是二十八星禽，配合星图；另一种则是"星图神人"的形象[32]。这两种图案依据宋朝卤簿设计，不全是元人原创。《元史》只记录了元代的仪仗形制，而《大明集礼》记录了部分仪仗在宋、元两朝的变化。我们以毕宿旗为例，比较宋、元、明诸朝在形制与用途方面的变化：

> 毕宿旗，青质，赤火焰脚，绘神人，作鬼形，朱裈，持黑杖，乘赤马，行于火中。外仗上绘八星，下绘乌。（《元史·舆服二》）[33]

> 宋，毕宿旗，青质，赤火焰脚，绘神人，作鬼形，着朱裈，

持黑杖，乘马，行云气中。元制，素质，素火焰脚。上绘八星，下绘乌。今制：青质，黄襕，赤火焰，间彩脚，中涂金。为毕宿八，附耳一星在旁。(《大明集礼》卷四十三)[34]

综合《大明集礼》《元史·舆服志》的记载，我们不难发现，元代的二十八宿旗旗面有两种：一种是星图神人，这种旗面继承了宋代的毕宿旗，都是青质，赤火焰脚；另一种应是元代新设计，即星禽星图旗面，素质，素火焰脚。其中，星图神人的旗面宋、元也有区别，例如神人，宋制行于云气中，元制行于火中。其余二十七旗旗面皆有差异，不赘述。可见，元代的"星图神人"旗仗旗面整体风格改动不大，但在细节上做出了调整，因而元代仪仗一定不是抄袭宋代仪仗的纸面虚文。而星禽星图旗面也不是毫无依据的凭空设计。

宋太祖时期首创二十八宿旗，此时旗面就是"星图神人"的形象。此旗形制经过一次改动：宋神宗元丰三年议改卤簿旗仗中涉及佛教因素的神人形象，使用星图代替，哲宗元祐七年正式实行[35]。至于《宣和卤簿》是否沿用之，暂无考。值得注意的是，上文已证明了《宣和卤簿图记》的主要内容是叙述北宋天圣之后卤簿形制的改易过程，理应记录了这次改制。而南宋至明朝《宣和卤簿》在官方藏书系统中流传，元人二十八宿旗中加入星图元素应有北宋的痕迹。

至于旗帜上的星禽形象，可能是金、元仪仗，甚至是元代仪仗特有。北宋中期，二十八禽形象和二十八宿的对应关系逐渐固定，这种星占术流行于宋以后的中国社会，形成了宋元明时期的阴阳学，主要包括占卜、风水、择日等数术。元代，阴阳学被官府承认并加以控制。金元时期，演禽这类占星术与道教关系较为密切，今人能从道教壁画中考察时人观念中的星禽形象。如全真教斋宫山西芮城永乐宫壁画、山西泽州县西黄石村玉皇庙元代壁画中都有二十八宿神人形象，神人之侧均列有其对应的星禽[36]。可见，宋金时期，二十八星禽形象及"演禽之术"以道教为媒介在民间广泛传播，形成了占卜吉凶的系统性技艺，也得到了理学家们的吹捧。就元代而言，吴澄对演禽术持肯定态度。作为元代卤簿的创制者，同为江西人的曾巽申生前曾自卜葬地，应与吴澄一样熟知风水择吉之术[37]。随着金元之际北方全真教势力影响至高层，再加上南北方占星术的合流[38]，二十八宿星禽形象最终被元代的卤簿旗仗吸收。另外，元代星禽星图旗面的质地统一成素色，可能和蒙古人尚白有一定的关系。明朝重新设计的仪仗是在元制基础上改变了质脚的颜色，仅保留了星图，将星禽删掉。明初严禁天学，限制演禽这类与天文有关的占卜之术，因此，明初仪仗去除了二十八宿旗面上的神怪形象，包括神人以及动物，仅保留了星图。

元代，二十八宿旗有两种用途：第一是行仗，即《崇天卤簿》外仗；第二是立仗中的"殿下旗仗"。《元史·舆服志》中的记录恰恰说明了，星图神人旗面是立仗旗面，承袭自宋朝；星禽旗面是供行仗（如大驾卤簿）中的外仗使用。事实上，宋、金、元仪仗中行仗、立仗混用旗仗甚多，二者的最大区别是仪仗的长度、重量，其中立仗较行仗更大且重，这是通例。《元史·舆服二》对旗帜中立仗与行仗旗面面积、旗杆长短做了统一说明："凡立仗诸旗，各火焰脚三条，色与质同，长一丈五尺，杠长二丈一尺。牙门太平、万岁，质长一丈，横阔五尺。日、月、龙君、虎君，横竖并八尺。余旗并竖长八尺，横阔六尺。"[39] 杠长即竿长。元代的营造尺长短问题，诸学者结论不一。早期学者认为，元尺大约34.8厘米[40]。近期新的研究表明，元代营造尺一尺约合31.5厘米[41]。以最新研究成果估算，立仗竿两丈一尺，高约661.5厘米。再看行仗。元代行仗（大驾卤簿）中的旗仗长度，我们可参考明初洪武年间所制大驾卤簿仪仗："白泽旗二面……以朱漆攒竹竿，贴金木枪头，通长一丈三尺六寸九分，内枪头长一尺三寸五分，饰以红缨。"[42] 明营造尺约32厘米，行仗旗杆约438.08厘米。

据虞集所说，元英宗即位之初始亲祀太庙，汉法卤簿并没有正式创制，只能以立仗代替法驾卤簿，因较重无法抬动，场面十分混乱[43]。可见

行、立仗形制判然有别。元英宗至治二年（1322）南郊亲祀之前，行仗卤簿才依据曾巽申自作卤簿图书等数据正式创制，也符合上文星禽星图旗面是元代新设计的推测。

前人之所以将毕月乌、迎霜兔解释为外仗二十八宿旗，其逻辑有二。第一，旗面上画乌鸦的旗帜专用于"外仗"，皇帝出巡时围观百姓可以看到，而神人旗帜用于"内仗"（实际上是立仗，不是行仗卤簿），围观者看不到。第二，既然"外仗"能被围观的人群看到，那么，以"毕宿旗"为例，上边的乌鸦是最形象的动物，围观百姓观之更加直接。然而，这两个逻辑都是不正确的。

汉法卤簿中道、外仗本是一体，这应是常识，不存在围观卤簿者只能看到外仗旗帜、看不到中道旗帜的可能[44]。我们怀疑，前人在作注时将外仗理解成了出巡时的仪仗队，特别是以元代常见的"两都巡幸"作依据，以之证明睢景臣的套数是所谓"现实主义力作"，才特意挑出了二十八宿旗来还原作者依据的生活原型。那么，他自然会将巡幸仪仗同"外仗"结合起来，认为元代特有的两都巡幸是睢景臣描写旗仗的来源。这是今人寻找与文学作品对应的生活原型的常见做法。

更重要的是，没有证据表明，《元史》所录卤簿外仗是皇帝两都巡幸时所使用。理由如下。

首先，元英宗至治卤簿并不完善，五辂最终只完成了玉辂，其余四

辖终元一朝并未制造。从英宗至元末，除了燕铁木儿迎接刚即位的元顺帝入京使用法驾卤簿，其他非祭祀场合并无使用汉法卤簿的直接记录[45]。实因元统治者对汉法并不热衷，很多礼仪制度都是蒙、汉等多民族制度文化的杂糅[46]。因此，元代皇帝在各种场合下使用的，大多是符合蒙古"国俗旧礼"的仪仗。

元人清楚地知道，卤簿的使用必与国家大礼有关。据《经世大典·工典叙录》："次十二曰卤簿，国有大礼，卤簿斯设，仪繁物华，万夫就列。"[47]而巡幸是北族捺钵制度的变异，属于"国俗旧礼"，不在汉法大礼之列。张昱《辇下曲》云："前月太常班卤簿，安排法驾事南郊。"元顺帝南郊亲祀使用法驾卤簿，张昱的描写符合实际。

其次，据今人研究，元代两都巡幸仪仗中多有元代少数民族特色的仪制，最为典型的是象辇（四只大象驮轿）、用来驮金银的骆驼队、随皇帝出巡的西域番僧等[48]。在巡幸过程中，皇帝的扈从军队是装备真刀真枪的蒙古、色目、汉人卫军。元英宗时期的卤簿也由军队中选用仪仗军充任，用来组成仪仗队，起到的是礼仪而非军事护卫作用。二者区别明显。

最后，元代卤簿的排列结构与宋、金相比有自己的特点，这是新朝改旧制的表现。例如，元《崇天卤簿》中道，起首顿递队的顺序是"象六""驼鼓九""骡鼓六""传教

幡""桥道顿递使"，不是传统卤簿在"象六"之后有"大驾六引"或"法驾三引"。北宋卤簿中道的"前部鼓吹"是专门的乐队，鼓列在其中，位置在六引之后。元《崇天卤簿》外仗，以金鼓队为首，宋、金则无。而两都巡幸的仪仗以金鼓先行，与《崇天卤簿》中道、外仗都有相似之处，《辇下曲》"月华门里西角屋，六纛幽藏神所居。大驾起行先戒路，鼓钲次第出储胥"可为一证。另外，大纛在月华门里西角屋藏，此制又见《元史·舆服二》。此篇的仪仗部分记录了两都巡幸所用器物，有些在卤簿中使用，如皂纛；有些则不使用，如象辇、象鞍鞍、马鼓之类。而卤簿中的"驼鼓""骡鼓"在《舆服志》中并未标明是巡幸时用[49]。因此，两种仪仗使用的器物还是有一些区别的。可见，元代汉法卤簿与前代的不同特点是将鼓队置于队伍之前，这应是吸收了两都巡幸仪仗的结构特点，带有蒙古军队的特性。

可见，目前并无证据显示，元两都巡幸仪仗使用汉法卤簿；相反，元汉法卤簿可能杂糅进元代皇帝早期巡幸仪仗的特色，但主体仍是对宋、金卤簿的继承与化用。至于元大都"游皇城"仪仗明显有藏传佛教文化特色，与汉法卤簿更无关联。既如此，除元大都进行的汉法祭祀活动之外，生活在巡幸路线周围的元代百姓便不一定能看到皇帝被汉法卤簿簇拥巡游的景象。既然睢景臣描写的是汉法卤簿，在没有直接证据的前提下，"高祖

还乡"和两都巡幸之间的联系也就无从谈起了。

综上所述，睢景臣描写的卤簿旗仗没有特定的朝代属性，或有宋、金时期仪仗的影子。特别是"白环套兔""红圈打乌"这处关键描写，更接近于宋朝仪仗日月旗的旗面。

五、睢景臣卤簿知识的来源

元代汉法卤簿在英宗至治二年（1322）南郊祭天全面实行后，在汉人、南人的文人群体，特别是江南文人群体中产生了很大影响。从睢景臣的描写看，他必然对卤簿仪仗制度非常熟悉。下文从仪仗的制作与流传过程入手，分析睢景臣卤簿知识的来源。

元代卤簿文献，完整流传的只有《元史·舆服志》。考察此书的文献来源，简单地说应是孛术鲁翀、李好文编《太常集礼稿》。据此稿《序》，此书有《舆服》二卷。作序者李好文描述："英宗皇帝广太室，定昭穆，御衮冕卤簿，修四时之祀。"可知此书《舆服》中必然记录了元代卤簿仪仗的详细情况。嗣后，《经世大典》纂修之时，此书被大量抄入《工典》，明初史官据《大典》移录入《元史》，这就是我们现在看到的元代卤簿仪仗的记录，三者构成线性传抄关系。因此，《经世大典》和《太常集礼稿》并无在民间流传的记录，估计也没有刊刻，大概是以抄本形式在元秘书监—明文渊阁这一官方藏书系统中流传。因此，绝大多数江南文人是无法见到这两种官修政书的。但元代卤簿仪仗的来源并非是官方所藏卤簿图书。我们看江西人曾巽申创制卤簿的经历，不难发现他在取材之时，除了借助官方所藏宋、金卤簿资料之外，在"蛮子田地"生活时也着意收集相关资料[50]。

元英宗至治二年，在中书右丞相拜住的主导下，元廷的汉法卤簿在南郊祭天时首次实践。这次实践除了有高层支持，由曾巽申打下学术基础之外，北人元明善、南人袁桷等儒臣都为元代汉法祀仪的制订尽心尽力。袁桷在翰林国史院任职之时，在大德年间进呈《郊祀十议》，向元代统治者兜售汉法祀仪。但这一系统性的蓝图并未真正实行，如《圜丘非郊议》，以圜丘不见五绘，《周官》四郊并非南北郊，有复古倾向。他试图挑战秦汉以来的南郊祭圜丘传统，或有减少靡费的用意，然而并未成功。

从现有资料看，至治二年英宗南郊，行汉法卤簿，对汉人儒士的刺激很大。学者常引用《元史·拜住传》中的记录："致斋大次，行酌献礼，升降周旋，俨若素习，中外肃然。明日还宫，鼓吹交作，万姓耸观，百年废典一旦复见，有感泣者。"[51]这段文字也见于金华人黄溍为拜住所撰《神道碑》中，然表述略有不同："上服通天冠、绛纱袍，出自崇天门。众庶聚观，仪卫文物之盛，莫不感叹，以为三代礼乐复见于今。"[52]这显然是在儒臣立场上对汉法卤簿的观感，而"礼乐复见"可能是儒生歌颂英宗的普遍说法[53]。黄溍作此碑在元顺帝至正年间，据其自述，碑文取材依据翰林国史院所藏拜住行状资料。对比《元史》与《神道碑》的表述，不难发现黄溍的文字与《元史》本传相比，内容虽然相同，却经过改写润色。《元史》依据的应是史馆为宰相撰写的行状，而"三代礼乐"与"百年废典"的区别，也蕴含着浙东文人在政治层面之外，以汉法旧礼为路径，践行儒学复古主义的尝试。

黄溍在元顺帝至正年间进入翰林国史院。作为江南文人的代表，他对本朝卤簿仪仗的知识与观感受到了袁桷的影响，其媒介之一就是袁氏根据本朝卤簿创作的《卤簿诗》。黄溍曾作《跋袁翰林卤簿诗》："翰林直学士致仕袁公，时为秘书监著作郎，写以为诗，使穷乡下士一览观焉，如身在辇毂之下，而睹熙朝之弥文，何其幸欤！"[54]英宗至治三年，国有大故，英宗及拜住喋血南坡。泰定帝上台后，袁桷被迫返回江南，他推动元代统治者行汉法的努力也宣告破产。然而，英宗作卤簿，袁桷是亲历者，他将此诗带回杭州，在江南文人中广泛传播。迄元末，除黄溍外，浙东文人胡行简、王祎等也通过《卤簿诗》表达对英宗创制卤簿、大行汉法祭祀礼仪的歌颂。这首诗也是江南儒生接受本朝仪制的信息渠道，象征着江南文人对元廷行汉法的要求。

《高祖还乡》的创作时间，就是《录鬼簿》所记"维扬诸公"举行同题材创作比赛的时间，具体年月并无直接记载。一般来说，学者将睢景臣算作元中后期的杂剧作者，这是因为《录鬼簿》中，"前辈已死才人"和"方今已亡名公才人余相知者"判然有别，指的是两代人：前者比钟嗣成年龄大，后者与之年龄相仿。而睢景臣就被归为后者。陈绍华先生据此推断，他的年龄大体与钟嗣成相同，约二十五岁；创作高峰期在成宗以后。至少在元文宗至顺元年（1330）之前，他写出杂剧《屈原投江》时就已去世，享年约五十岁[55]。于是，一般我们都会将睢景臣与"维扬诸公"作《高祖还乡》一事看作元代中期，亦即他创作成熟时期的作品。不过，睢景臣的生平仅有寥寥几十字，他的字就有"景贤""嘉贤"两种说法，我们也不能从"自维扬来杭"就判断他一定是扬州人，亦有可能是随父辈以北人流寓江南。那么，我们无法通过"知人论世"的方法，将睢景臣创作套数时的取材同他的元代人生对应，除非能证明他描写的卤簿仪仗就是元英宗时期新制。显然，上文的考证不足以支持这一点。元代皇帝两都巡幸，行汉法卤簿，都集中在元大都、上都等北方地区，如果睢景臣没离开过江南，他便不是这些政治活动的围观者或亲历者；即使他能了解到本朝的卤簿形制，最大的可能性是依靠袁桷的《卤簿诗》间接获取信息。据《录鬼簿》记载，睢景臣好读书，读到双眼赤红，因而他的信息来源应是读书经验。而两宋之际，扬州曾为宋高宗行在，建炎二年于此行郊祀大礼[56]，此地有可能遗留宋人的仪仗文献。

六、余论:《高祖还乡》是"现实主义力作"吗?

以上我们对《高祖还乡》中卤簿仪仗制度进行考证，证明了睢景臣在创作《高祖还乡》时，他对卤簿仪仗的描写并不仅据有元一朝的制度。因此，作者除了依据现实生活中的经验，更有可能从其他途径获得信息，诸如文献。面对金元时期的文学作品时，我们不得不面临一个尴尬的现状，即关于作者生平的基本信息不足，本文涉及的睢景臣就是典型。于是，作者的生活背景往往会被简单地当作知人论世、对号入座的参照系。然而，前辈注家在作者和时代之间建立起联系的前提是，必须证明《高祖还乡》中描绘的制度名物是有元一朝特有。本文的论证动摇了这个前提。因此，《高祖还乡》的风旨并不能简单概括为"借老农民之口，生动地体现了有元一朝的政治黑暗、皇帝无能"，其也不一定是什么"现实主义力作"。注释家将元代制度文献直接与曲中制度对号入座，以谙熟制度自矜，不一定是最恰当的解释路径。

注　释

[1] 本文引用《高祖还乡》全曲，皆据杨朝英选，隋树森校订:《朝野新声太平乐府》第348页，中华书局，1958年。

[2] 王刚:《录鬼簿校订》第93页，中华书局，

2021年。

[3] 王力:《古代汉语（校订重排本）》第四册第1598~1602页，中华书局，1999年。

[4] 许政扬:《论睢景臣的〈高祖还乡〉[哨遍]》，《南开大学学报》1955年第1期;吴紫铨:《我对〈高祖还乡〉的意见》，《南开大学学报》1956年第1期;罗锦堂:《睢景臣〈高祖还乡〉笺证》，载《锦堂论曲》第494~528页，台北:联经事业出版公司，1977年;闻众:《高祖还乡（般涉调·哨遍）注释》，《北京大学学报》1975年第1期;王力:《古代汉语（校订重排本）》第四册第1598~1602页。按，"闻众"与"闻钟"二笔名之间可能有一定联系，皆为1975年"评《水浒》"运动中北京大学写作班子成员所用的笔名。如闻众的《一部宣扬投降主义的反面教材——评〈水浒〉》、闻钟的《用马克思主义的观点评论水浒》等。二者可能是同一班子（朱一玄:《古典小说戏曲书目》第87页，吉林文史出版社，1991年）。当时北京大学写作班子中，精通元曲和戏曲者唯吴小如一人。另外，汤一介也回忆了他在1975年参与写作班子为经典名篇作注释的情景，其中也提到了吴氏，故吴氏可能是此《注释》的作者（汤一介:《我与〈梁效〉》，《世纪》2016年第1期）。"闻众"一文在基本名物的解释上采纳了许政扬文的观点，与《古代汉语》的注释有差别。

[5] 罗锦堂在《睢景臣〈高祖还乡〉笺证》中辨析了曲中的旗仗，将其与《元史·舆服志》一一对应，他的说法与许文基本相同，并以王力的《古代汉语》注释不明元代制度，将"飞黄旗"误认为"飞虎旗"，将"二十八宿旗"误为"日月旗"。另外，"打着个毕月乌"中的"打"与"圈"同义，可训为"圈着"，词义或来源于"打捕"，元时有"打捕鹰房户"，

义为"打猎"，抓住动物之义。诸家注释未明确解释该词。

[6] 王力:《古代汉语（校订重排本）》第四册第1601页。

[7] 本文使用的《大明集礼》，据中国国家图书馆藏明嘉靖九年内府刻本。

[8] 关于此书在嘉靖年间的刊刻背景及改动情况，可参考赵克生《〈大明集礼〉的初修与刊布》，《史学史研究》2004年第3期。

[9] 笔者对《大明集礼》的文献学问题另有专文论述。

[10] 王应麟:《玉海》卷八十《车服·天圣新修卤簿 景祐卤簿图记》叶二十一，中国国家图书馆藏元后至元六年庆元路儒学刊本。

[11] 部分图见吕章申主编:《中国国家博物馆馆藏文物研究丛书（绘画卷）》第14～25页，上海古籍出版社，2007年。陈鹏程先生认为，宋绶以后，宋代诸帝厘正卤簿，多引《天圣卤簿图记》的内容，《宋会要辑稿》《宋史》亦常见相关记载。

[12]《中兴礼书》卷十八《郊祀大驾卤簿一》叶二，清蒋氏宝彝堂抄本。

[13]《大明集礼》卷四十四"斑剑""仪刀""乡节""金节"四条引用了《宋会要》相关内容。

[14] 罗仲辉:《论明初议礼》，王春瑜主编:《明史论丛》第74～91页，中国社会科学出版社，1997年。

[15] 张升:《明清宫廷藏书研究》第10页引《旧京词林志》，商务印书馆，2015年。

[16]《明史》卷一百三十六《崔亮》第3931页，中华书局，1974年。

[17]《大明集礼》卷四记元代荐新礼:"世祖至元二十九年，始命每月荐新……"（明嘉靖刻本，叶九）此后所录是四时荐新之物。检《元史·祭祀志》所记荐新物品与《集礼》基本相同。同卷记元世祖

至元四年二月初一，始定荐新时物，未记至元二十九年这一每月荐新之制的起始时间（《元史》卷七十四第1832、1845页，中华书局，1976年）。因此，《明史》纂修者应参考过元礼书或政书，极有可能是《经世大典》。但并不表明《大明集礼》在编写元代部分的时候参考的一定是官修政书或礼书。

[18]《大明集礼》卷四十四叶二十九。此条引《武经》应出自宋曾公亮《武经总要·前集》卷十三的记载:"右蒺藜、蒜头骨朵，二色，以铁若木为大首。"

[19] 梁淑琴:《"骨朵"试析》，《辽海文物学刊》1989年第1期。

[20]《大金集礼》卷二十八第279页，浙江大学出版社，2019年。

[21] 李时珍:《本草纲目》卷三十三描述甜瓜的形状:"甜瓜……其类最繁，有团有长，有尖有扁。"可见甜瓜的形状不固定（李时珍:《本草纲目》叶三，明万历三十一年张鼎思刻本）。

[22] 王晨:《〈高祖还乡〉注辨三则》，载张静主编:《语苑文林》（下）第429页，学苑出版社，2001年。

[23] 冯时:《中国古代物质文化史（天文历法）》第四章"恒星观测"第120页，开明出版社，2013年。

[24] 赵江红:《从宿占到禽占:文化交流视野下的星禽术研究》，《文史》第2辑，2021年。

[25]《大明集礼》卷四十三叶十六，明嘉靖内府刻本。

[26] 陈鹏程:《旧题〈大驾卤簿图书·中道〉研究——"延祐卤簿"年代考》，《故宫博物院院刊》1996年第2期。

[27] 吕章申主编:《中国国家博物馆馆藏文物丛书（绘画卷）》第14～25页。此书称该图为《大驾卤簿图卷》。

[28] Patricia Ebrey, "Taking out the Grand

Carriage: Imperial Spectacle and the Visual Culture of Northern Song Kaifeng," *Asia Major*, vol. 12, no. 1, 1999, pp. 33–65.

[29]《大明集礼》卷四十三叶二十，明嘉靖内府刻本。

[30]《元史》卷七十九"仪仗"："摄提旗，赤质，赤火焰脚，画神人，冠五梁冠，素中单，黄衣，朱蔽膝，绿裳，杖剑。"（《元史》卷七十九第 1963 页）

[31]《宋史》卷一百四十五《仪卫·国初卤簿》第 3399 页，中华书局，1985 年。

[32] 这种神人形象的代表性作品是传唐朝梁令瓒绘制的"五星二十八宿神形图"，据学者研究，这类星神图是法器和供奉品，体现出印度星占学中的神人形象对中国的影响。可参考李辉《"五星二十八宿神形图"再研究》，《中国中古史集刊》第 2 辑，商务印书馆，2016 年。

[33]《元史》卷七十九第 1965 页。

[34]《大明集礼》卷四十三叶五十三。

[35] 李焘：《续资治通鉴长编》卷四百七十八第 11390 页，中华书局，2004 年。元丰三年议见《长编》卷三百六第 7439 页。

[36] 邓昭：《永乐宫三清殿壁画廿八宿图像特征探源》，《美苑》2011 年第 3 期；薛林平、赖钰辰：《山西传统聚落中的建筑装饰艺术研究（二）——以山西泽州县西黄石村玉皇庙壁画为例》，《中国建筑装饰装修》2010 年第 12 期。

[37] 虞集：《曾巽初墓志铭》，《道园学古录》卷十九叶四，明嘉靖四年刊本。

[38] 吴澄《赠星禽詹似之序》："云舟詹似之，得其术于中州，比南方旧法差一宿。余尝泛举人生年日、月、时以叩，随声应答而不竭。"（《临川吴文正公集》叶十一、十二，明成化二十年方中刻本）他记录了南北星占术的差别，在元代统一中国之后，二者在精英的推动下走向合流。

[39]《元史》卷七十九《舆服志》第 1971 ~ 1972 页。

[40] 杨平：《从元代官印看元代的尺度》，《考古》1997 年第 8 期。

[41] 见李零《北京中轴线：万宁寺中心阁与中心台》引用熊长云最新研究（《读书》2022 年第 5 期）。

[42]《大明会典》卷一百八十二《工部十二》"大驾卤簿"条，明万历内府刻本。

[43] 虞集：《曾巽初墓志铭》，《道园学古录》卷十九叶三。

[44]《元史·舆服二》记录的"外仗"专指汉法《崇天卤簿》外仗，今中华书局点校本《元史》及其底本百衲本（据洪武本描改影印），"外仗"二字与正文文字号相同。此处底本有问题，很容易让读者误会外仗是一个专用于出巡的仪仗，与《崇天卤簿》无关。

[45]《元史》卷三十一《顺帝纪》第 816 页。

[46] 例如，元代朝仪班序由忽必烈时期刘秉忠制订，杂糅了蒙古前四汗时期的仪制特色，然元顺帝时期，苏天爵仍上疏纠正班序服色的混乱情况。参陈得芝《读高丽李承休〈宾王录〉》，《中华文史论丛》2008 年第 2 期。

[47] 苏天爵：《国朝文类》卷四十二叶十六，日本静嘉堂文库藏元刻本。

[48] 陈高华、史卫民：《元代大都上都研究》第 184 ~ 185 页，中国人民大学出版社，2010 年。

[49]《元史·舆服二》所记仪仗中，如果某种仪仗在行幸时使用，会单独标出，计有皂纛、象鞍鞒、驼鼓、马鼓四种。

[50] 关于曾巽申创制汉法卤簿的情况，可参考郑叶凡《元代卤簿制度初探——以元英宗行卤簿为中心》，《隋唐辽宋金元史论丛》第 11 辑第 316 ~ 333 页，上海古籍出版社，2021 年。

[51]《元史》卷一百三十六《拜住传》第
3302 页。

[52] 黄溍:《中书右丞相赠孚道志仁清忠一
德功臣太师开府仪同三司上柱国追封
郢王谥文忠神道碑》,《黄文献公集》
卷二十叶三, 中国国家图书馆藏元
刻本。

[53] 据程端学《积斋集》卷一《和筼轩司徒
题英皇御书韵》:"卤簿崇亲祀, 风云绕

帝宸。百年开礼乐, 万感付臣民。"此说
可与 "百年废典" 对勘, 是当时儒生的
普遍态度(《全元诗》第三十八册第 396
页, 中华书局, 2013 年)。

[54] 黄溍:《黄文献公集》卷十九叶八。

[55] 陈绍华:《扬州元曲家述略》,《扬州师院
学报》1994 年第 3 期。

[56]《中兴礼书》卷十八《郊祀大驾卤簿一》
叶一。

A Research on the System of Lubu in the Yuan Dynasty Described in Sui Jingchen's "The Homecoming of Liubang"

Wei Yile

Abstract: Sui Jingchen(睢景臣)'s "The Homecoming of Liubang" (《高祖还乡》) is a famous Taoshu(套数) in the Yuan Dynasty. There is much controversy among notes as to which dynasty the Lubu(卤簿) in this Taoshu has come from.In ancient notes, a lot of scholars habitually compare the system of the Yuan Dynasty with this Taoshu. It is believed that Sui Jingchen's basis all come from the real system of the Yuan Dynasty and what he saw and heard. Unfortunately, through the study of the ritual system documents of the Yuan Dynasty, especially the Lubu recorded in the official *Daming Jili* (《大明集礼》) compiled by the early Ming Dynasty, what Sui Jingchen's description of was the system of Lubu in the Song Dynasty. It is inappropriate that traditional notes usually link Liubang's tour described in "The Homecoming of Liubang" with the Yuan Dynasty emperor's tour system in the two capitals. Sui Jingchen obviously integrated the system of Lubu into his creation based on his years of reading experience. He could not see the implementation of the Hanfa Lubu(汉法卤簿) in the Yuan Dynasty with his eyes, therefore, his understanding of the Lubu system in Yuan Dynasty was indirect.

Keywords: Sui Jingchen   "The Homecoming of Liubang"   The System of Lubu   *Daming Jili*

銎柄式铜剑的出现与发展

吴江原 著 包永超 译

摘 要： 銎柄式铜剑可以按照首要标准和次要标准，以剑柄（把手部）、柄头、剑格、剑身的顺序，分别进行分类，共分为 22 种不同的类型。考虑到阶段性和时代性强的遗物和器种组合关系，其演变过程可分为五个不同阶段，每个阶段的时间范围分别是公元前 10 世纪初期至中期、公元前 10 世纪中期至前 9 世纪中期、公元前 9 世纪中期至前 8 世纪前期、公元前 8 世纪前期至前 7 世纪，公元前 6 至前 5 世纪前期。综合各种类型的时间和地域特性，最为独特的 AI 型可以被设置为所有銎柄式铜剑的祖形，A 型铜剑可以看作滦河上游地区的特有类型，B 型铜剑和 C 型铜剑则可以认为是夏家店上层文化的固有型和地域型。

早期的銎柄式铜剑是滦河上游地区集团以白浮村型铜剑的技术传统为基础，通过增加銎柄这一创新的想法制作而成的。在早期的銎柄式铜剑出现后不久，夏家店上层文化集团根据本土需求，重新改进了滦河上游地区的 A 型铜剑而出现了 B 型铜剑。虽然白浮村型铜剑是由伊朗洛雷斯坦铜剑的制作理念输入而出现的结果，但考虑到早期銎柄式铜剑是对白浮村型铜剑的创新发展，因此可以间接地联系起来。

关键词： 銎柄式铜剑 滦河上游地区 夏家店上层文化 洛雷斯坦

一、序言

在青铜时代，东北亚分布着多种类型的铜剑。这些铜剑制作和使用的时空特征相对明确，根据其类型，还带有浓郁的地域性和文化性。这一时期铜剑的代表类型包括曲柄铜剑、銎柄式铜剑、琵琶形铜剑、环首铜剑、花格剑、扁茎剑、（圆）盘首柄铜剑、有节柄式铜剑（桃氏剑）等。其中，銎柄式铜剑分布在以西拉木伦河干流和南部支流为中心的内蒙古东南部，与夏家店上层文化并存。一般认为，銎柄式铜剑是夏家店上层文化的代表

作者：吴江原，韩国，韩国学中央研究院。
译者：包永超，北京市，100091，北京联合大学考古研究院。

遗物。

銎柄式铜剑铸造后不需通过修整、磨研等工序，即可铸成铜剑的基本形态。从这一点来看，其铸造完成时即是完成式一体型铜剑。鉴于此，銎柄式铜剑与中原式铜剑、一般的北方式铜剑在基本型式的制作原理上相同，但与组合式、分铸式的琵琶形铜剑有所不同。最终完成的銎柄式铜剑一般由剑柄、剑格、剑身组成，在剑柄有柄头的情况下，则细分为柄头和柄身部。

从20世纪80年代开始，以中国为中心，学者对銎柄式铜剑的区域性、文化性、时空性、型式进行研究。此前的研究成果虽然对銎柄式铜剑是夏家店上层文化的代表遗物这一观点达成共识，但由于同类型内存在多种变化，在型式分类和变迁关系及年代等问题上并没有出现令人满意的研究成果。此外，河北省东北部分布的銎柄式铜剑和夏家店上层文化之间的关系亦尚未明确。

本文首先汇总分布在西拉木伦河及其周边地区的銎柄式铜剑，继而对其进行类型划分，明确其属性和型式之间的相对演变关系及年代。在讨论这些框架问题的同时，对铜剑的命名和概念进行简单说明，并对其形态和结构属性进行解释。此外，跳出夏家店上层文化的范畴，提出整体的銎柄式铜剑的时代划分方案，确定各时段的上下限，并以此为基础，分析銎柄式铜剑的时空形态。最后，讨论初现期铜剑的扩散过程和谱系问题。

二、铜剑的概念及类型

（一）名称和概念

銎柄式铜剑合范一次铸成其基本形态，不仅属于完成式铜剑，而且从剑柄和剑身相连来看，属于连铸式铜剑。这与剑柄和剑身分别铸造的以琵琶形铜剑为代表的组装式铜剑、分铸式铜剑存在区别。銎柄式铜剑仅在铸造和组装上与其他类型的完成式、连铸式铜剑相似，其剑柄内空至剑格下方，与其他类型的完成式铜剑有很大的区别。这种结构属性可以看作区分銎柄式铜剑与其他铜剑的绝对特征。

銎柄式铜剑在1935年东亚考古学会关于赤峰市红山后遗址的报告中首次出现。红山后遗址的铜剑没有剑格，剑身为曲刃，与夏家店上层文化墓葬中普遍随葬的各种青铜工具和装饰具共出。在石棺墓群周边的地表采集到1件。调查团在1938年的报告中将红山后遗址的銎柄式铜剑判定为"矛头"而非"剑"[1]，理由是器物下部有矛柄可以接插的"袋部"。由此可见，其最主要考虑的因素是剑柄空心的特征。

此外，赤峰红山后遗址报告书中介绍了宁城县大名城出土的铜剑，与红山后遗址中采集到的铜剑相似。该铜剑剑身形态与红山后遗址铜剑相近，但剑柄为实心，且为直柄，柄头有铃铛，与红山后遗址铜剑有所区别。因此大名城铜剑报告者、后成为红山后遗址调查团核心成员的岛田贞彦，在自己单独署名的报告中，将此器物报告为"剑"，而非"矛"[2]。但是报告发表之后，东亚考古学会仍根据当时日本学者的普遍认识，将其判定为"矛"。

銎柄式铜剑是"矛"而非"剑"的认知一直持续到20世纪70年代，其中最具代表性的是中国学者关于宁城县南山根石椁墓的报告书。1958年，李逸友统一报告了在南山根采集到的青铜器情况，将属于混合式铜剑的连铸式铜剑分类为"铜剑"，将銎柄式铜剑报告为"矛"[3]。由中国科学院考古研究所等单位共同组成的调查团在1973年发表的南山根M101号石椁墓考古简报也中将銎柄式铜剑分类为"矛"[4]。当时中国学界将其认定为"矛"的主要原因是将铜剑的剑柄判断为矛孔部。

将銎柄式铜剑视为"剑"是从20世纪80年代开始。王成生认为，若将其作为"矛"，不仅矛身异常得长，而且其与琵琶形铜剑有相同的特征，故将其称为"连把曲刃剑"，这是首次在剑柄连接方式上将二者做了区分[5]。继而，靳枫毅以剑身曲刃和銎柄为核心特征，将这种铜剑命名为"曲刃銎柄式青铜短剑"[6]。此后有部分学者提议使用"中群銎柄类铜剑"[7]和"銎柄式柱脊短剑"[8]的命名方式，但学界大体上采用了靳枫毅提议的名称。

以上提出的多种名称中，"銎柄式柱脊短剑"是朱永刚对林沄将分布在欧亚大陆的剑身中轴线上有圆筒形突起的一体铜剑分类为柱脊剑[9]的延展，这里也反映出其剑柄属性。但是在初期调查中，銎柄式铜剑并不只有圆筒形剑脊，也存在多棱线和多线剑脊的

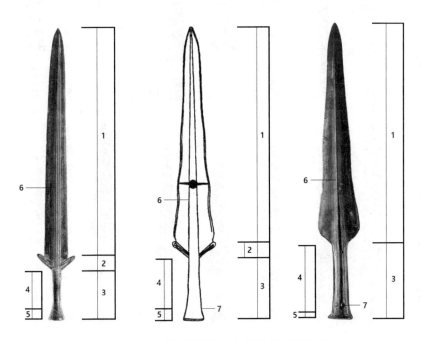

图一　銎柄式铜剑的主要属性及各部位名称
1.剑身　2.剑格　3.剑柄　4.把手部　5.柄头　6.剑脊　7.钉孔

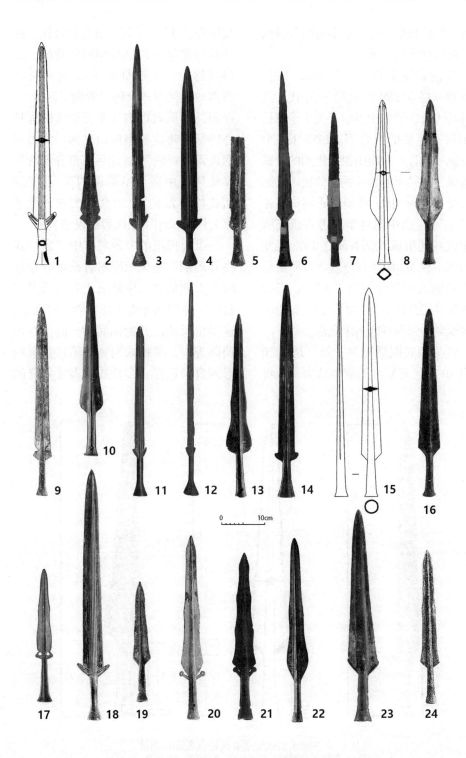

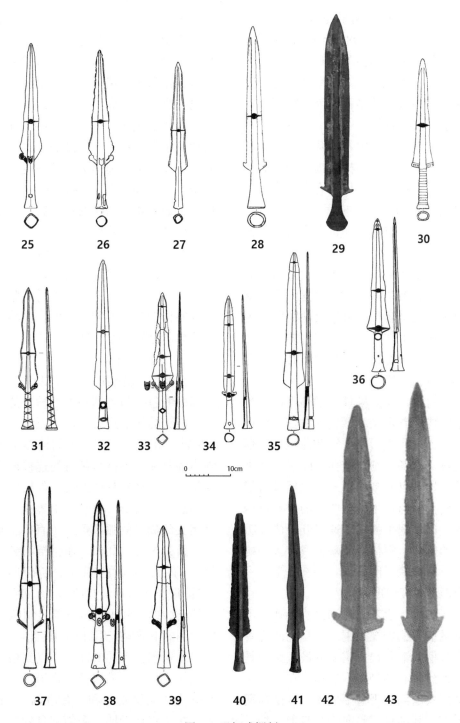

图二　銎柄式铜剑
说明：铜剑编号与表一编号相同。

情况（如隆化县骆驼梁 M5 ： 1，宁城县小黑石沟，1985 年采集），不宜使用包含多种属性的名称。翟芳德的"中群銎柄类铜剑"是反映相对空间性和结构属性的名称，因此也不合适用于器物的命名。

考虑到这些因素，截至目前提出的各种名称中，靳枫毅提出的"曲刃銎柄式青铜短剑"比较合适。但是靳枫毅命名的带有銎柄属性的铜剑中，剑身并非只有曲刃，也存在直刃（如宁城县小黑石沟 1985 年采集品、翁牛特旗大泡子 C 等）和斜刃（如建平县水泉中层 M8 等），考虑到这一点，就很难说这个名称是可以反映铜剑全貌的名称。本文以此类铜剑整体上最为独特的剑柄为核心属性，将其命名为"銎柄式铜剑"。

由此，我们将具有空心剑柄的銎柄结构铜剑定义为銎柄式铜剑，该铜剑的剑身有直刃、斜刃和曲刃。銎柄式铜剑有各种细节变体，除了剑身之外，柄头也有多种型式，包括没有形成柄头但与把手区分明显的逆台形柄头，以及把手弧线急速展开形成喇叭形的柄头；剑格部分缺失或有多种构形；剑脊除了圆筒形，还有棱形、多边形和多棱线形。

最后，笔者想补充说明为什么不将銎柄青铜剑视为铜矛。早期研究者将銎柄式铜剑视为铜矛的最大原因是考虑到空心的剑柄。但是，在之后对銎柄式铜剑的观察中发现，越是前期形态，其剑身越趋向于长身形，如果给剑身制作粗大的实心剑柄，重心就会集中到剑柄上，从而阻碍对剑身的灵活运用，导致剑身运动方向受到限制，减少杀伤力。因此，銎柄式铜剑不适合作为实用武器，只是单纯用于展现权威的随葬品。

为了弥补这一不足，可以考虑两种技术方法：第一种是制作实心剑柄，通过最小化剑柄柄身的厚度和直径来减轻重量；第二种是剑柄中空，将重量最小化。当时的铜剑制作者显然充分考虑了这两种对策，因为现在用这两种方式制作的铜剑都已经发现。此外，銎柄式铜剑的剑柄呈罗纹状展开，这一点与铜矛銎部需要紧密贴合的构造完全不同。因此，应将此类器物视为铜剑而非铜矛。

（二）型式分类

在銎柄式铜剑中，可以作为分类属性的包括与剑柄相关的柄头的有无、柄头的构造形态、把手弧线形态（直柄、斜直柄）等；与剑格相关的剑格的有无、剑格与剑身的连接或间隔状态、剑格的具体形态、剑格的弧线形态（弧线形、斜直形）等；与剑身相关的剑身的弧线形态（直刃、斜刃、曲刃）等；此外，还包括与剑身部分的剑脊关联的剑脊的断面形态（多棱形、多角形、圆筒形）、剑脊磨研棱角线的下限（剑身下部、剑柄），以及剑柄下端固定用钉孔的有无。

朱永刚在上述属性中，以剑格的有无作为最重要的属性，将銎柄式铜剑分为"无格剑"和"有格剑"；此外，在了解到銎柄式铜剑剑身的基本属性为曲刃后，将曲刃的弧度做为二次分类的标准，设定了详细的类型。根据这些分类方案，无格剑式以琵琶形铜剑作为祖形，有格剑式以昌平白浮村类型铜剑作为祖形。两式铜剑分别衍生，曲刃程度相似的无格剑和有格剑并存，并逐渐向曲刃深化的方向发展。

朱永刚的分类方案是学界首次注意到此类器物的剑格属性。然而，考虑到目前已证明銎柄式铜剑的早期标本年代要早于琵琶形铜剑的早期标本，我们很难认可朱永刚的分类方案及由此衍生出的型式演变关系。此外，銎柄式铜剑的类型划分的基础是将銎柄的结构视为绝对的、固有的属性，在论及铜剑构造时，不是以剑格的细部构造和形态，而是以剑格的有无对包含多种型式变异的銎柄式铜剑进行分类，这一点显然存在问题。

翟德芳的分类方案根据遗址的年代，将罗列的铜剑分为五种型式，由于分类标准和方式不当，很难另行讨论。但是，他指出銎柄式铜剑在夏家店上层文化前期至中期从斜刃向曲刃方向变迁的可能性，具有重要意义。靳枫毅通过剑身为曲刃的各种类型铜剑组合及其与其他遗物的组合关系，以了解曲刃系铜剑的分布区域、地域类型、各类型存在时间为目的进行研究，因此没有特别进行型式分类。

刘冰将夏家店上层文化的铜剑分为銎柄直刃剑（A型）、銎柄曲刃剑（B型）、T柄曲刃剑（C型）、兽首曲刃剑（D型），其中只有銎柄直刃剑是夏家店上层文化特有的铜剑。进行

上述分类后，考虑到銎柄直刃剑剑身与剑脊的差异，又分出A1型和A2型，并各自细分出四式和两式。同时，根据銎柄曲刃剑剑身的形态变化，又细分为四个式。[10]刘冰的分类不仅标准不明确，而且应用不连贯，这一点表现为不同型式间的属性差异不恒定。

考虑到现有的分类情况，本文拟制定新的标准来对銎柄式铜剑进行分类。銎柄式铜剑与其他类型的铜剑最根本的区别在于剑柄，因此首先以剑柄属性作为最重要的分类标准。最能反映銎柄式铜剑剑柄的形态与构造的属性是剑柄的弧线方向，故细分为直柄或类直柄的A型（柄头附直柄型）、斜柄在柄头处急速反转形成喇叭形的B型（喇叭口柄头附斜柄型）和到銎口接近直线的C型（无柄头斜柄型）。

根据上述标准分类的三种类型中，A型铜剑剑柄的共同特征在于直柄，同型内器物柄头的制作方式，在设计及视觉上可见其差异。考虑到柄头的型式差异，有必要对A型进行细分，细分的可行性在后述的时空性分析中也得到验证。这里根据柄头制作方式的差异，将A型细分为单独铸造柄头后连接、具有明显界线区分的AI式和以柄头在边界紧急外翻的方式制作的AII式。

同样，B型铜剑剑柄的共同特点是头部外翻并形成喇叭形的柄头，此型可以分为斜柄在柄下部小幅外翻形成柄头和几乎在柄尾附近大幅外翻形成柄头。两种分类在手握把手时的握把范围、整体剑柄的弧线方向、视觉

性等方面存在差异，可能是其使用时间和阶段有所不同。由此，将 B 型细分为剑柄宽而小幅外翻形成明显柄头的 BⅠ 式和非此型式的 BⅡ 式。

其次，将剑格作为二级分类标准。銎柄式铜剑以剑柄为一级属性，而剑格的属性变化也很有可能带有时空性特征。这里将剑格分为六式：甲式为向外突出、内侧装饰有线条纹的"八"字形剑格；乙式为剑身外侧稍微凸出或平齐、无装饰纹样的"八"字形剑格；丙式为与剑身接触点呈直角、斜度平缓形剑格；丁式为身部内侧有线条，圆形头部施重圆纹，形似蜗牛眼形剑格；戊式为动物形剑格；己式则为无剑格。

最后，以剑身形态作为三级分类标准。因銎柄式铜剑剑身的多样性，剑身型式可以成为展现銎柄式铜剑初现期与后期演变型式，以及与周边铜剑文化接触、融合的绝佳例证。结合这一点，将銎柄式铜剑的剑身型式分

为：从剑身下端到锋部的剑身斜度非常小的直刃式（a 式），与直刃式相比斜度较大、剑身整体呈矛形的斜刃式（b 式），剑身弯曲 1~2 次的曲刃式（c 式），以及无法划分到上述任何类型的诸如柳叶形等特殊型式的特殊刃式（d 式）。

此外，剑身的细部形态、剑脊的结构和断面、剑柄的钉孔和施纹状态等也可以成为细分的标准。但是，这些属性在对銎柄式铜剑的制作集团、存在遗迹和遗物进行详细比较时虽较为有效，在体现銎柄式铜剑整体的时空性和阶段性变化情况时则并不是必需的。另外，剑脊的结构和断面呈现出与特定属性集中结合的情况，因此在考察上述分类型式时，理所当然会附带提到。这里不再基于此做进一步细分。

根据上述分类标准，可以发现有 22 种属性组合，包括：AⅠ 甲 a、AⅡ 甲 a、AⅡ 乙 a、AⅡ 己 b、AⅡ 己

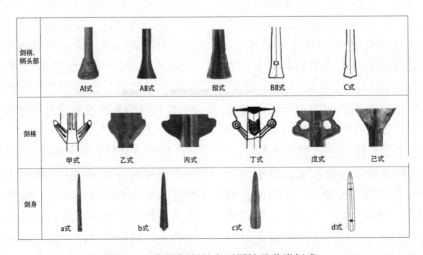

图三　銎柄式铜剑的主要属性及分类标准

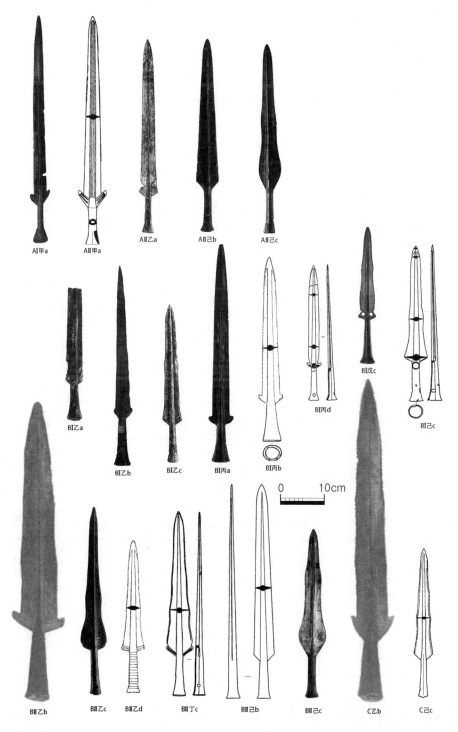

AI甲a　　AII甲a　　AII乙a　　AII己b　　AII己c

BI乙a　　BI乙b　　BI乙c　　BI丙a　　BI丙b　　BI丙d　　BI戊c　　BI己c

0　　10cm

BII乙b　　BII乙c　　BII乙d　　BII丁c　　BII己b　　BII己c　　C乙b　　C乙c

图四　銎柄式铜剑各型式

表一　鋬柄式青铜短剑的属性、数据及形式

编号	地域	遗址	遗区	型式	剑柄				剑格	剑身	剑脊断面	长度（单位：厘米）			
					柄头	平面	把手部					整体长度	剑柄长度	剑格长度	剑身长度
							断面	钉孔							
1	隆化县	骆驼梁 M5:1	墓葬	AII甲a	合形	直柄	椭圆形		甲	直刃	多棱线	50.2	7.9	6.8	39
2		西阿超	墓葬	BI乙c	喇叭形	斜柄	菱形		乙	曲刃	菱形	29.3	?	?	?
3	滦平县	大屯乡油库	墓葬	AI甲a	合形	直柄	圆形		甲	直刃	多棱线	50.0↕	?	?	?
4		营房	墓葬	AII甲a	合形	直柄	椭圆形		甲	直刃	多棱线	45.0↕	?	?	?
5		龙头山 IIM1:15	石椁墓	BI乙a	喇叭形	斜柄	椭圆形	○	乙	直刃	椭圆形	30.5↑	8.5	2.3	22.0↑
6	克什克腾旗	董营子 A	土圹墓	BI乙b	喇叭形	斜柄	菱形	○	乙	斜刃	多棱线	42.0↕	?	?	?
7		董营子 B	土圹墓	B?乙b	?	斜柄	菱形	?	乙	斜刃	椭圆形	35.0↑	?	?	?
8	巴林右旗	南山	土圹墓	BI已c	喇叭形	斜柄	菱形	○	已	曲刃	菱形	38	?	?	?
9		大泡子 A	墓葬	AII乙a	喇叭形	直柄	菱形	○	乙	直刃	菱形	41	8.5	3.9	32.5
10		大泡子 B	墓葬	AII已c	喇叭形	直柄	圆筒形	○	已	曲刃	菱形	37	9		
11	翁牛特旗	大泡子 C	墓葬	AII乙a	合形	直柄	圆筒形		乙	直刃	椭圆形	37.0↑	?	?	?
12		大泡子 D	墓葬	AII乙a	合形	直柄	圆筒形		乙	直刃	椭圆形	47.0↕	?	?	?

续表

编号	地域	遗址	遗区	型式	剑柄				剑格	剑身	剑脊断面	长度（单位：厘米）			
					柄头	平面	把手部断面	钉打孔				整体长度	剑柄长度	剑格长度	剑身长度
13	宁城县	小黑石沟 M8061	石椁墓	BII乙c	圆筒形	斜柄	圆形	○	乙	曲刃	椭圆形	42	9.4	5.4	32.4
14		小黑石沟 M8501:36		BI丙a	喇叭形	斜柄	椭圆形	○	丙	直刃	椭圆形	48.2	7.2	2.7	39.4
15		小黑石沟 M8501:37	石椁墓	BII己b	喇叭形	斜柄	圆形		己	斜刃	椭圆形	47.6	8.4	?	39.2
16		小黑石沟 M8501:38		AII己b	喇叭形	直柄	圆形	○	己	斜刃	椭圆形	47.0↑	?	?	?
17		小黑石沟 M85NDXAIM2:4	石椁墓	AII己b	喇叭形	直柄	椭圆形	○	己	斜刃	椭圆形	21.4	4.7	?	16.7
18		小黑石沟 1973 出土	石椁墓？	BI戊c	喇叭形	斜柄	圆形	○	戊	曲刃	五角形	30	?	4.1	18.8
19		小黑石沟 1985 采集	石椁墓？	AII甲a	合形	直柄	圆形	○	甲	直刃	多棱线	55.3	9	4.3	45
20		小黑石沟采集	石椁墓？	BI乙c	喇叭形	斜柄	圆形	○	乙	曲刃	椭圆形	28.7	8	?	20.3
21		宁城县 1958	？	BI丁c	喇叭形	斜柄	菱形	○	丁	曲刃	菱形	40.3	?	5.7	31.5
22		南山根 M101:A	石椁墓	BI丁c	喇叭形	斜柄	圆形	○	丁	曲刃	五角形	38	?	?	?
23		南山根 M101:A	石椁墓	AII己c	喇叭形	斜柄	菱形		己	曲刃	多棱线	40.9	9.8		31.1
24		南山根 M101:B	石椁墓	BI乙b	喇叭形	斜柄	圆形	○	乙	斜刃	椭圆形	47.4	7.6	?	39

续表

编号	地域	遗址	遗区	型式	剑柄 柄头	剑柄 平面	剑柄 把手部断面	剑柄 钉孔	剑格	剑身	剑脊断面	长度（单位：厘米）整体长度	剑柄长度	剑格长度	剑身长度
25	赤峰市	红山后	墓葬？	BI乙c	喇叭形	斜柄	菱形	○	乙	曲刃	五角形	34.4	8.1		26.3
26		山湾子 A	墓葬	BII丁c	喇叭形	斜柄	菱形	○	丁	曲刃	椭圆形	36.6	10.4	2.4	26.2
27		山湾子 B	墓葬	BII丁c	喇叭形	斜柄	圆形	○	丁	曲刃	椭圆形	34.9	9.6	2.8	25.3
28		山湾子 C	墓葬	C己c	喇叭形	斜柄	菱形	○	己	曲刃	椭圆形	31.6	8		23.6
29	敖汉旗	新地	墓葬	BI丙b	喇叭形	斜柄	椭圆		丙	斜刃	椭圆形	39.4	9.4	2	30
30		四六地	墓葬	BI丙a	喇叭形	斜柄	圆形	○	丙	直刃	椭圆形	47.0↕	?	?	?
31		小梁前	墓葬	BII乙d	喇叭形	斜柄	椭圆		乙	特殊刃	椭圆形	32	8.8	1.5	23.2
32		二三营子	石椁墓	BII丁c	喇叭形	斜柄	菱形		丁	曲刃	菱形	31.3	10.3	?	21
33		水泉中层 M8	积石木棺墓	BII己b	喇叭形	斜柄	圆形／椭圆（柄下）	○	己	斜刃	椭圆形	38	9.6		28.4
34		老南船石砬山 M741	石椁墓	BII丁c	喇叭形	斜柄	菱形		丁	曲刃	菱形（下段）椭圆形（上段~中上段）	29.9	10.6	3	19.3
35	建平县	老南船石砬山 M742	石椁墓	BI丙d	喇叭形	斜柄	圆形	○	丙	特殊刃	椭圆形	28.5↑	9		19.5↑
36		水泉城子 M7701	木棺墓	BI己c	喇叭形	斜柄	圆形	○	己	曲刃	椭圆形	38	9		29
37		水泉城子 M7801	墓葬	BI己c	喇叭形	斜柄	圆形	○	己	曲刃	椭圆形	32	8.2		23.8
38		哈拉道口	墓葬	BII丁c	喇叭形	斜柄	圆形	○	丁	曲刃	圆形	41.7	10.8	3.4	30.5
39		万寿老西店	墓葬	BII丁c	喇叭形	斜柄	菱形	○	丁	曲刃	椭圆形	36.6	10.2	2.1	24.6
40		二十家子	墓葬	BI丁c	喇叭形	斜柄	菱形	○	丁	曲刃	椭圆形	31	10.3	2.7	22.5

续表

编号	地域	遗址	遗区	型式	剑柄					剑格	剑身	剑脊断面	长度（单位：厘米）			
					柄头	把手部							整体长度	剑柄长度	剑格长度	剑身长度
						平面	断面	钉孔								
41	北票市	北票市 A	塞葬	BⅠ乙 b	喇叭形	斜柄	菱形	○		乙	斜刃	菱形	35.0↕	?	?	?
42		北票市 B	塞葬	BⅡ乙 c	喇叭形	斜柄	椭圆形	○		乙	曲刃	菱形	40.0↕	?	?	?
43	加格达奇	大子扬山 A	窖藏	CⅠ乙 b	圆筒形	斜柄	菱形	○		乙	斜刃	菱形	67.1	9.5	?	57
44		大子扬山 B	窖藏	BⅡ乙 b	圆筒形	斜直柄	圆形	○		乙	斜刃	菱形	62.2↑	?	?	?

说明：①小黑沟报告书中报告小黑石沟 M85NDXAIM2:4 全长 21.4 厘米，柄部长 4.7 厘米，但是笔者在对夏家店上层文化青铜器进行实测时，测量结果为全长 43.0 厘米，剑身短 33.5 厘米。因此在这里修正为笔者的测量数值。

②为控制数据量，除笔者直接调查所得，还参考了郑绍宗《中国北方青铜短剑的分期及形制研究》，《文物》1984 年第 2 期；姜振利主编《隆化文物志》，中国文史出版社，2007 年；内蒙古自治区文物考古研究所、克什克腾旗龙头山遗址第一、二次发掘简报《考古》1991 年第 8 期；董文义《巴林右旗发现青铜短剑墓》，《内蒙古文物考古》1981 年创刊号；贾鸿恩《翁牛特旗大泡子青铜短剑墓》，《文物》1984 年第 2 期；内蒙古自治区文物考古研究所、宁城县辽中京博物馆《小黑石沟—夏家店上层文化遗址发掘报告》，科学出版社，2009 年；吴江原《夏家店上层文化的青铜器》，韩国东北亚历史财团，2007 年；李逸友《内蒙古昭乌达盟出土的铜器调查》，《考古》1959 年第 6 期；辽宁省昭乌达盟文物工作站、中国科学院考古研究所东北工作队《宁城县南山根的石椁墓》，《考古学报》1973 年第 2 期；邵国田《内蒙古敖汉旗发现的青铜器》，《北方文物》1993 年第 1 期；李殿福《建平孤山子、榆树林子青铜的石棺墓》，《辽海文物学刊》1991 年第 2 期；辽宁省博物馆、朝阳市博物馆《建平水泉遗址发掘报告》，《辽海文物学刊》1986 年第 1 期；建平县文化馆、朝阳地区博物馆《考古》1983 年第 8 期；贺生祥、解学章《大子扬山发现两支青铜剑》，《黑龙江文物丛刊》1983 年第 1 期。

资料来源：

c、BⅠ乙a、BⅠ乙b、BⅠ乙c、BⅠ丙a、BⅠ丙b、BⅠ丙d、BⅠ丁c、BⅠ戊c、BⅠ己c、BⅡ乙b、BⅡ乙c、BⅡ乙d、BⅡ丁c、BⅡ己b、BⅡ己c、C乙b和C己c。考虑到剑柄（包括柄头）作为分类的最重要属性，加之排列方式、未报告或在今后调查中发现的部分变种以及属性等级越低所反映的时空性、阶段性和重要性就越低等因素，将上述属性组合设定为型式。

三、变迁关系及其年代

（一）变迁关系

銎柄式铜剑是以包含柄头在内的柄身为固有且最为重要属性的铜剑。具有这种特征的銎柄式铜剑，按照剑柄的特点，大致分为有柄头直柄型（A 型）、有柄头斜柄型（B 型）、无柄头斜柄型（C 型）。从这三个类型来看，銎柄式铜剑的剑柄以直柄为基准，从有柄头的直柄型经有柄头的斜柄型，到无柄头的斜柄型。或将其演变方式倒置，剑柄的形态和剑柄线的倾斜度也会依次发生变化。这种变化很可能反映了銎柄式铜剑的相对发展顺序。实际上，这三种剑柄属性在初现期和中心期都不相同。

首先，有柄头直柄型只在滦平县营房、大屯乡油库、隆化县骆驼梁 M5、翁牛特旗大泡子、宁城县小黑石沟和南山根 M101 有发现。这些遗址大致分布在河北省北部滦河上游和以翁牛特旗、宁城县为中心的西拉木伦河中上游流域。滦河上游的铜剑主要在石椁墓和土扩墓中发现，共出的青

铜器要晚于以昌平白浮村 [11] 为代表的张家园上层类型，明显早于燕山山地东南沟—玉皇庙文化类型。因此，可以认为这些遗址群首先要比平泉县东南沟古墓群 [12] 为代表的东南沟类型更早。

在翁牛特旗大泡子古墓群的原始报告中，提及 1~2 座古墓出土物。然而，铜剑和采集陶器并未在最初的报告中出现。这些出土物可以明确分为夏家店上层文化典型遗物群和白金宝文化遗物群，很有可能来自 2 座以上的墓葬。从同一墓葬群的破坏墓葬中流出的白金宝文化陶器与黑龙江、嫩江流域的白金宝文化初期同一器型相比，无论在器型细节、施纹手法还是图案上都非常相似，因此可以将其看作同一时期。小黑石沟和南山根 M101 除同一墓葬群最后阶段的墓葬外，其时代划分均在公元前 9~ 前 8 世纪。

出土有柄头斜柄型的主要遗址有克什克腾旗龙头山ⅡM1、巴林右旗南山、宁城县小黑石沟和南山根、敖汉旗山湾子等。其中，考虑到龙头山ⅡM1 陶器的类型和器物组合，以及未有车马器和镜类共出，可以认为比小黑石沟年代早 [13]。巴林右旗南山墓葬结构和随葬品的衰退，显示出其年代应该为南山根晚段 [14]。山湾子中出现十二台营子和东岭岗阶段琵琶形铜剑同一阶段的遗物群 [15]。此外 B 型铜剑的遗址包含在上述遗址的时间范围内。

无柄头斜柄型铜剑特别少见，现在只在敖汉旗山湾子 C 和加格达奇大

子扬山 A 中发现。敖汉旗山湾子东山古坟群中的遗物群中可分出十二台营子式和东岭岗式琵琶形铜剑。然而，山湾子 C 与加格达奇大子扬山 A、B 不同，没有柄头，只在柄身两侧发现钉孔。剑身曲刃或凸出部分凸出较弱，与琵琶形铜剑的剑身变迁相比，呈现出较晚阶段的特征。因此，可以看出山湾子 C 应该为山湾子墓葬群的后期阶段。

另有无柄头斜柄型铜剑出土于加格达奇大子扬山。该铜剑比一般的銎柄式铜剑要大 1.5~2 倍，与超大型的大子扬山 B 一起埋藏在根河（嫩江支流）最上端山谷中的窖藏遗址中，位于距离夏家店上层文化北侧边界 830 千米左右的大兴安岭东斜面。由此可以推断，夏家店上层文化消失后，移居到大兴安岭东斜面的夏家店上层文化后继集团将銎柄式铜剑与自己的礼仪结合，并用其陪葬。因此，可以判断该铜剑相比其他铜剑时代要晚。

综上，銎柄式铜剑中有柄头直柄型（A 型）年代在公元前 10~ 前 8 世纪，有柄头斜柄型（B 型）在公元前 10 世纪前半叶 ~ 前 6 世纪，无柄头直柄型（C 型）如果除去大子扬山的特殊案例，只考虑山湾子 C，那么以公元前 7 世纪为主要时间范围。结合上述各剑柄属性的主要时间范围，以及剑柄属性逐步简化和省略化的趋势，仅从其自身来看，銎柄式铜剑是由直柄型向无柄头斜柄型演变的。考虑到 C 型的例外性，大致可以认为其演变规律为由 A 型向 B 型演变。

基于柄头属性作为一级分类属性的前提，銎柄式铜剑的整体发展顺序可以预测为 AⅠ 式—AⅡ 式—BⅡ 式—C 型。柄头与把手部一起决定着剑柄的整体形态和结构。变迁过程为从柄头以明显的界线与剑格明确区分（AⅠ式），经过维持直柄的区分界线变得模糊（AⅡ式），到把手部斜线柄头明显（BⅠ式），再到柄头型式化（BⅡ式），最终变化为柄头消失（C 型）。

这种变迁关系也在上述型式的共出遗物群和相对时间性上得到证明。即，AⅠ 式仅在滦河上游銎柄式铜剑遗址群中时代最早的滦平大屯乡油库中发现，此后再也没有出现。相反，AⅡ式在较晚时间首次出现，一直持续到南山根期。BⅠ 式在比 A 型晚的时间段首次出现，一直持续到南山根下一个时期；BⅡ式在小黑石沟期首次出现，一直持续到巴林右旗南山期。鉴于此，銎柄式铜剑很明显是从 AⅠ 式到 C 型依次演变。

剑格分为甲~己式，将有剑格的甲式和无剑格的己式放在两端来看，由銎柄式铜剑整体上从格内装饰线纹，同时剑身断面为长方形的"∧"形剑格（甲式），经格内无装饰线纹且剑身断面为椭圆形的"∧"形剑格（乙式），再经剑格变宽、剑身与剑格之间的空间呈直角或更接近的"∪"形剑格（丙式），变化为重新进行装饰、剑格呈蜗牛眼形（丁式）或鸟头形（戊式），最终剑格完全消失（己式）。

由此看来，甲式与最早的 A 型形

成组合关系，除了乙式出现在大子扬山的特殊案例外，这一点在首次出现的龙头山ⅡM1期中仅在南山根期得到确认。丙式在小黑石沟期首次出现，并持续到南山根期。丁式在建平县老南船M741和敖汉旗山湾子等为代表的南山根期中集中出现。戊式仅在小黑石沟遗址中意外地得到确认。己式则在大泡子期首次出现，并持续到巴林右旗南山期。因此，剑格也可以看作是时间性比较明显的属性，但与剑柄不同的是，其阶段性并不像剑柄那样明显。

笔者认为，在各个主要属性中，剑身表现出的时间性和阶段性是最脆弱的。这是因为，剑身的制作和使用在同一时间和阶段内会采用多种形式，通过銎柄式铜剑的制作和使用集团与周边铜剑接触和交流，同时期和阶段中会出现多种剑身变种形态。但是，仅从出现时间来看，相对来说时间性是比较明显的。直刃式（a式）从大屯乡油库期到小黑石沟期，斜刃式（b式）从小黑石沟期到南山根期，曲刃式（c式）从大泡子期到南山根期，特别刃式（d式）在南山根期。因此，仅从出现时间来看，剑身属性按a式→b式、c式→d式的顺序变化。

总体而言，时间性越早的属性结合，越有可能表现出越早的时间性。实际上，在所有属性中，只有最早属性结合的AⅠ甲a式在最早的遗址中出土，而AⅡ甲a式从AⅠ甲a式期开始到小黑石沟期，AⅡ乙a、AⅡ戊b、AⅡ戊c式从大泡子期到南山根

期，BⅠ乙a式只在龙头山期，BⅠ乙b、BⅠ乙c、BⅠ丙a、BⅠ丙b、BⅡ乙c、BⅡ丁c、BⅡ戊b式从小黑石沟期到南山根期，BⅠ己c式在小黑石沟期，BⅠ丁c、BⅠ戊c、BⅡ丁c式在南山根期，BⅡ戊c式仅在南山期的遗址中得到确认。因此，銎柄式铜剑的型式大体按照上述顺序演变。

（二）分期与年代

根据目前的调查，銎柄式铜剑主要分布在滦河上游、内蒙古东南部和辽宁西北部。在滦河上游区域中，仅在从兴洲河（滦河上游西侧支流）到伊逊河（滦河上游东侧支流）的滦河主干上游段中发现。此外，辽宁西北部的大部分遗址分布在属于内蒙古努鲁儿虎山山脉北部的老哈河及其支流流域。综合而言，銎柄式铜剑的集中分布地大致可以分为滦河上游流域和夏家店上层文化圈，其余的可以理解为相邻物质文化之间接触和交流的结果。

然而，滦河上游虽然集中了早期阶段型式的铜剑，但大部分出土遗址情况不详，而且数量较少。相比之下，夏家店上层文化圈不仅有集中分布的銎柄式铜剑，还包含了有比较详细报告的遗址。因此，划分銎柄式铜剑的共出阶段、掌握其年代最有效的方式是先构建夏家店上层文化的銎柄式铜剑谱系，再将周边地区代入此标准。通过这种方式区分銎柄式铜剑的阶段，并了解其年代信息。

夏家店上层文化固有中心遗物有銎柄式铜剑、钓刃状铜斧、柳叶形

铜镞、锥柄铜刀、长型镂空铜铃、双尾形铜饰、鸟形铜饰、单纽无纹镜、纵向把手鼎、錾耳筒腹鬲、喇叭座头等。根据这些遗物的类型学分析，学者已经提出了各种分期和编年方案[16]。虽然这些方案都有可以参考的地方，但研究者对于个别器型和遗物的分期存在一些分歧，尚未提出可以广泛被学界接受的意见。鉴于此，本文通过明确体现阶段性的器种组合关系来划分不同的阶段。

从迄今为止调查的夏家店上层文化遗址群中发现的器种组合关系来看，有几种器物组合可以明确确认其阶段性。首先值得关注的是，几乎没有出土夏家店上层文化典型青铜器的情况。夏家店上层文化属性残存的小型碗形钵、短颈壶、筒腹鬲等陶器与石器构成遗物组合的第一类遗址群。最具代表性的是克什克腾旗龙头山三层遗址。在此阶段，銎柄式铜剑还没有作为夏家店上层文化的器物出现，出现的青铜器只有小型首饰和铜斧等工具类器物。

第二类遗址群包括夏家店上层文化典型的石椁墓和銎柄式铜剑，还有各种典型陶器和前一期型式的陶器共出的遗址群。此类遗址群可再细分为两种类型：以夏家店上层文化前期典型遗物群为中心的遗址群和与周边物质文化典型遗物或与该遗物属性复合的遗物共存的遗址群。前者包括克什克腾旗龙头山HM2等，后者包括翁牛特旗大泡子土圹墓群。大泡子土圹墓群出土的遗物中，有一把铜剑（B

型）与同一墓葬群中出土的铜剑和其他共出的遗物间存在不同之处。对于此点，下文还会提及。

第三类遗址群，青铜器除了现有的武器类和小型装饰类、工具类器物外，还首次出现其与马具类、礼器类及镜类（镜形铜器、圆盖形铜器）共出的遗址群[17]。该类遗址群中也存在夏家店上层文化中典型的纵向把手鼎、錾耳筒腹鬲、喇叭座头的组合。代表遗址有克什克腾旗龙头山1层、赤峰市红山后石棺墓群、赤峰市蜘蛛山遗址、宁城县夏家店上层前期层、宁城县小黑石沟前期石棺墓群、宁城县南山根生活遗址等。由于与从古代中原文化圈引进的青铜礼器共同出现，这些遗址也属于可以建立编年基础的遗址群[18]。

第四类遗址群与夏家店上层文化的典型多纽无纹镜共出，同时发现了新的柳叶形铜矛，并且生活遗址中出现了比第三类遗址群更晚的遗址群。该遗址群的代表遗址包括宁城县南山根石棺墓群、宁城县夏家店上层后期层、宁城县小黑石沟后期石椁墓群和敖汉旗周家地土圹墓群。这类墓葬中不仅有中原地区的铜戈、铜镞、青铜礼器等，还有与大凌河流域的十二台营子相交叉的遗物，这些遗物可以作为夏家店上层文化编年的基础。

第五类遗址群包括第三类和第四类中夏家店上层文化典型遗物群（青铜器、陶器）的生产和随葬急速衰退的遗址群，这些遗址群多数组合关系无法确认。代表遗址包括巴林右旗南山土圹墓和宁城孙家沟土圹墓。夏家店上层文化典型的石椁墓建造传统急速衰退，石材使用简化，或直接转变为土圹墓。青铜器的随葬仅限于铜剑和小型饰品类，陶器中现有的多种器种和器型消失，只有小型碗和浅钵的组合。

笔者分类的上述夏家店上层文化五种遗物组合类型的遗址群，从第一到第五类，在器种组合和遗物形态上明显表现出一定的变迁倾向。因此，这五种遗物类型可以用来划分夏家店上层文化整体遗物组合阶段。这里将夏家店上层文化的器物组合阶段取各自代表性遗址中最具标志性的遗址命名，分别划分为龙头山一期阶段（第一阶段）、龙头山二期阶段（第二阶段）、小黑石沟阶段（第三阶段）、南山根阶段（第四阶段）、南山阶段（第五阶段）。其中，龙头山一期阶段与龙头山和大泡子的铜剑型式和遗物构成存在差异，对此将在下文进行说明。

考虑到第三阶段的标志遗址小黑石沟墓葬群，根据遗址的重叠和层位关系，将整个墓葬群分为两期，8501、9601 号大型石椁墓属于一期。9601 号中出土的喇叭形圈足下有四个兽形足部的簋和带有夔龙形把手的大型簋，与在长安市张家坡西周时期窖藏遗址 [19] 等西周后期遗址中出土的青铜礼器为相同样式。另外，8501、9601 号中出土带有内与援平行、随宽度变宽，援部中间出现半圆形脊台等特征的铜戈，此铜戈流行于西周后期

到春秋前期。

与 8501 号同属小黑石沟一期的 85AM2 和 85ZJ 中出土銎内戈和管銎斧，流行时间比长城沿线出现的中原式青铜戈早一两个阶段。中原地区也通过与北方文化的接触制作了銎内戈，像小黑石沟中出土的带有两段下颚阑的种类，在公元前 10 世纪的张家坡 85 号木椁墓 [20] 等墓葬中亦有出土 [21]。考虑到这些，以小黑石沟前期为标志的小黑石沟阶段的年代可适当宽泛一些，定为公元前 9 世纪～前 8 世纪前半 [22]。

南山根石椁墓群是第四阶段的标志遗址，南山根 M102 号中出土十二台营子型十二台营子式琵琶形铜剑，考虑到十二台营子文化十二台营子期的朝阳市十二台营子 M2 号和建平县大垃罕沟 M851、M751 中出土青铜刀、多纽无纹镜等南山根阶段典型遗物，可以得出南山根阶段与十二台营子文化十二台营子类型期为并列关系 [23]。因此，此阶段的时间范围为公元前 8 世纪前半至前 7 世纪。另外，第五阶段位于夏家店上层文化第四阶段和铁匠沟—水泉诸类型之间，时间范围在公元前 6 世纪至前 5 世纪前半。

第二阶段中大泡子土圹墓群中出土篦纹陶器群与黑龙江省嫩江流域的白金宝文化前期的篦纹陶器完全一致，可以断定两者在相近的时期。嫩江流域的青铜器文化至初期铁器文化是以小拉哈文化—古城文化—白金宝文化—汉书文化的顺序发展的。考虑到白金宝文化与古城类型和魏营子类

型的典型鬲共存，其年代与魏营子类型是并行的，最迟在公元前10世纪[24]。此外，在大泡子土圹墓群中出土的篦纹陶器与白金宝文化前期（公元前10~前9世纪）相同。

然而，在大泡子土圹墓群中，大泡子B的铜剑为曲刃的鋬柄式铜剑。考虑到夏家店上层文化中剑身曲刃化的趋势，除了受到十二台营子文化的影响外，很难想到其他可能性[25]，因此大泡子B剑最早也不会早于公元前9世纪后期。但是，由于大泡子A、C、D剑属于AⅡ式，比大泡子B时代更早，同时，考虑到大泡子土圹墓群的实际情况与原报告存在不同，至少在4个以上的损坏墓葬中发现了铜剑，以及白金宝文化属距其距离较远，大泡子墓葬群的年代不能被认为是与白金宝文化初期处于同时期。

另外，第二阶段龙头山遗址出土铜剑的柄身部、柄头、剑格的属性与A型铜剑相比，当属于较晚的BI乙a式。大泡子铜剑整体不是最早的属性组合，而且需要考虑出土了曲刃剑身及无剑格的AⅡ己c式（大泡子B）。考虑到这些因素，这里将第二阶段定为公元前10世纪中期至公元前9世纪中期[26]。比起时间性，龙头山遗址和大泡子遗址体现出更多的地域性。大泡子B剑相当于小黑石沟期。考虑到魏营子类型和第二阶段的年代，第一阶段的年代定为公元前10世纪初叶至中半。

参考在以滦平县大屯乡油库为代表的滦河上游及其东西支流集中分布

的A型铜剑，至少AI甲a式铜剑遗址可以被认定为比以龙头山ⅡM1和大泡子前期墓葬群为代表的夏家店上层文化第二阶段早一个阶段。这是因为从上述对属性和演变关系的分析中可以看出，这些铜剑分布在燕山东北部山谷中，在柄身、柄头、剑格、剑身等方面的属性中，只有比龙头山和大泡子铜剑更早的属性组合而成。因此，从类型学的角度来看，可以推断出其是比龙头山更早的鋬柄式铜剑阶段。

那么实际情况是怎么样的呢？遗憾的是，目前这些遗址的调查情况并不明确。但是，掌握这些铜剑遗址的相对年代并不是完全不可能。其依据是，与滦河上游相邻的整个燕山山地和河北省华北大平原北端的物质文化中，各种类型的铜剑具有明确的文化性和时代性，并且共同出现。河北省北部华北大平原北端的青铜器时代至初期铁器时代文化以大坨头文化、围坊三期类型、张家园上层类型、西周文化、战国燕文化的顺序变化，燕山山地以李大人庄类型、抄道沟类型、东南沟—玉皇庙文化、战国燕文化的顺序变化[27]。

在华北大平原的青铜器文化中，出土铜剑比夏家店上层文化年代更早的物质文化是张家园上层类型。以蓟县张家园上层[28]为标志的文化类型的代表遗址有涞水县炭山二期[29]、蓟县刘家坟[30]、房山县塔照[31]、唐山市古冶[32]、昌平白浮村木椁墓等，代表性遗物有张家园上层型鬲、商周式陶器、白浮村型兽头直柄直刃剑、西周式青铜礼器、北方式青铜装饰等。也被命名为围坊三期文化[33] 或张家园上层文化[34]。空间上位于易县—北京—宝坻—唐山一线的北部地区，年代在公元前 12~ 前 11 世纪[35]。

河北省北部燕山山区的青铜文化中，出土铜剑与夏家店上层文化并行或更早的物质文化有抄道沟类型和东南沟类型。其中抄道沟类型是以青龙县抄道沟遗址[36] 为典型遗址设定的，此外代表性遗址有兴隆县小河南遗址[37] 等。抄道沟类型以曲柄铜剑和兽柄铜刀等北方青铜器为中心，还包括少量商末至西周前期的中原式青铜器混合埋藏窖藏遗址。中心年代在公元前 12~ 前 10 世纪，根据燕山山地内少数地域的年代下限，此类型可能持续到公元前 9 世纪。抄道沟类型的形成背景可以理解为长城沿线北方系青铜文化的东进[38]。

东南沟类型是以平泉县东南沟墓葬群作为典型遗址设定的类型，代表要素为茸石坟丘石棺墓、坟丘石盖土圹墓、动物纹直柄短剑、细长方形突棱线纹铜斧、古式齿柄铜刀、青铜圆形牌饰、青铜纽扣装饰、鸭形铜饰、青铜耳饰、纵向把手短颈壶等。此外，代表遗址还有丰宁县东沟道下石棺墓[39] 等遗址，主要集中分布在燕山山区东北部的山谷中。由于东南沟类型的铜剑出土年代早于燕山山地的玉皇庙类型，甚至比中间过渡期的宣化县小白杨前期墓葬群更早，因此这种墓葬类型被认为是公元前 9~ 前 8 世纪的产物[40]。

在所有銎柄式铜剑中，最早时期的滦平县大屯乡油库的有柄头直柄式铜剑在直柄、有剑格、细长直刃、剑脊断面等属性上与白浮村型铜剑近似，但在形态和技术方面则有所发展，同时也呈现出阶段性领先于东南沟型动物纹柄短剑的特点。宏观看，河北省北部的铜剑以抄道沟型曲柄铜剑—白浮村型直柄细长剑身的铜剑—东南沟型动物纹柄铜剑—玉皇庙型铜剑的顺序发展。即使不讨论铜剑的相对变迁顺序，其形态和技术上的发展在共出遗物的阶段性上也能很好地体现出来。

考虑到这些，除属性组合和共出遗物在年代上略晚的隆化县骆驼梁 M5 等发现的 AII 式銎柄式铜剑外，滦平县大屯乡油库的 AI 甲 a 式有柄头直柄式铜剑不仅比抄道沟类型前期的曲柄铜剑和曲柄铜刀要晚一个阶段，而且比商周交替期和西周初期遗物群共出的白浮村型铜剑要晚约一个时期，但比河北省北部完全转变为典型的北方系铜剑的东南沟类型要早一个阶段。因此，AI 甲 a 式铜剑的时间范围约在公元前 10 世纪。但可以明确，这种型式的铜剑的年代上限在公元前 10 世纪初叶。

此外，骆驼梁 M5 出土铜剑虽然属于直柄直刃铜剑，但在柄头属性上比大屯乡油库晚一个阶段。综合考虑未公开的遗址和遗物，骆驼梁墓葬群可以分为两期，分别是 M5 等前期墓葬群[41]，M2~4、8 等后期墓葬群。后

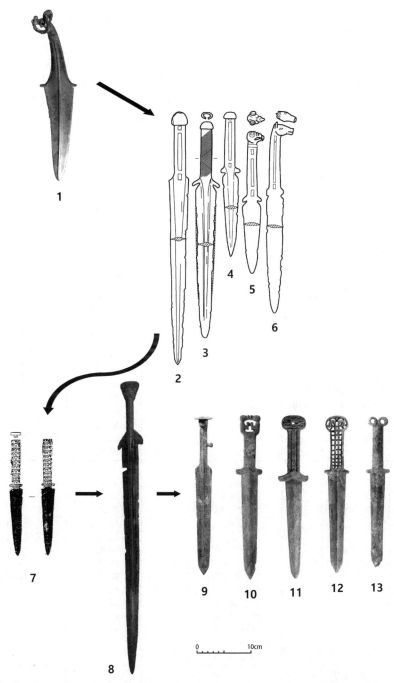

图五　河北省北部北方式铜剑的相对变迁谱系以及 AI甲 a 式銎柄式铜剑的位置
1. 青龙县抄道沟　2~6.昌平县白浮村木椁墓　7.平泉县东南沟 M6　8.滦平县大屯乡油库　9.宣化县小白杨
M39　10.玉皇庙 M95　11.玉皇庙 M209　12.玉皇庙 M257　13.玉皇庙 M19

期墓葬群中可以视为玉皇庙型铜剑先行型式铜剑[42]的剑格表面水平、剑身和剑柄呈直角，与形成一字形剑格或蝶形剑格的双圜首或单圜首短剑共出。也有剑身采用琵琶形铜剑剑身的情况。

河北省北部以燕山山地为中心，虽属例外，但采用大凌河流域琵琶形铜剑剑身的混合式铜剑，从十二台营子文化十二台营子期开始出现[43]。只是燕山山地模仿了琵琶形铜剑的剑身形态，因此不能只凭与辽宁地区不同的剑身属性来判断其具体的时间范围。考虑到与结合十二台营子文化琵

表二　銎柄式铜剑的分期与编年

阶段	年代	主要遗址			銎柄式铜剑	主要共出的金属器类、器种
		燕山山地	西辽河流域	大凌河流域		
第一阶段	公元前10世纪初期至前10世纪中期	大屯乡油库			AI甲a	工具类(铜斧、铜刀) 威势品(金制耳饰)
第二阶段	公元前10世纪中期至前9世纪中期	大屯乡油库	龙头山ⅡM1 大泡子前期		AⅡ乙a BI乙a	工具类(铜斧、铜刀) 小型装饰类
第三阶段	公元前9世纪中期至前8世纪前期	骆驼梁前期营房	东营子 大泡子后期 小黑石沟前期		AⅡ甲a AⅡ戊b AⅡ戊c BI乙b BI乙c BI丙a BI丁c BI己c BⅡ乙c BⅡ戊b	各种工具类 各种大小装饰类 车马具类 礼器类 镜类(镜形铜器、圆盖形铜器) 黄金装饰类
第四阶段	公元前8世纪前期至前7世纪	西阿超	南山根 红山后 山湾子 四六地 新地 小梁前 二三营子 水泉M8 石硴山M741 石硴山M742 水泉M7701 水泉M7801 哈拉道口 二十家子 北票A、B	老西店	AⅡ戊c BI乙b BI乙c BI丙a BI丙b BI丙d BI丁c BI戊c BⅡ乙c BⅡ乙d BⅡ丁c BⅡ戊b C己c	各种工具类 各种大小装饰类 车马具类 礼器类 镜类(镜形铜器、圆盖形铜器) 黄金装饰类
第五阶段	公元前6世纪至前5世纪前期		南山		BⅡ戊c	工具类 小型装饰类

说明：加格达奇大子扬山属特殊案例，划分阶段时进行了剔除。

芭形铜剑属性的混合式铜剑共出，骆驼梁后期墓葬群的年代可认为在公元前 8 世纪中半至公元前 7 世纪。因此以骆驼梁 M5 为代表的骆驼梁前期墓葬群的年代在公元前 9 世纪至公元前 8 世纪上半叶。

由此看来，銎柄式铜剑可以划分为五个阶段。

第一阶段，A I 甲 a 式铜剑和少量工具类遗物，以及末端形成喇叭状的金制耳饰，共同出现在滦平县大屯乡油库遗址。第二阶段，A II 乙 a、B I 乙 a 式铜剑和小型工具之外，还出现了纽扣形装饰、圆形牌饰等小型装饰类遗物，代表遗址有克什克腾旗龙头山 II M1 和翁牛特旗大泡子前期墓葬群。第二阶段的遗物构成与第一阶段相似，与柄头、柄身部和剑格等后行式样共同出现，而金制喇叭状耳饰等具有时代特征的遗物消失，二者存在时期性差异。

第三阶段出土了 A II 甲 a、A II 戊 b、A II 戊 c、B I 乙 b、B I 乙 c、B I 丙 a、B I 丁 c、B I 己 c、B II 乙 c、B II 戊 b 式铜剑和各种工具类、普通装饰类遗物等，并共出有车马具类、礼器类、镜类、黄金装饰类等遗物。代表遗址包括隆化县骆驼梁前期墓葬群、滦平县营房、宁城县小黑石沟前期墓葬群。第四阶段的器种构成与第三阶段相似，代表遗址有隆化县西阿超、宁城县南山根石棺墓、敖汉旗山湾子墓葬群、建平县石硅山 M741、水泉 M7801 等。第五阶段出土了 B II 戊 c 式铜剑以及各种小型工具类、装饰类

遗物等，代表遗址为巴林右旗南山土圹墓。

四、出现、发展及地域型式分化

（一）时间、空间的发展

在各种类型的銎柄式铜剑的时空分布中，首先最值得关注的是第一阶段的銎柄式铜剑不仅只有 A I 甲 a 式一种型式，而且分布空间也仅局限在滦河上游及其东西支流。滦河上游涉及河北省与内蒙古自治区东南部，以及辽宁省自然边界七老图山脉中段的西斜面，水路属于滦河主流及其西侧上支流兴洲河。严格来说，与华北大平原北端相连的东西横向燕山山地的北侧、南北纵向七老图山脉的西侧，与河北北部的燕山山地存在区别。

鉴于迄今为止的考古调查情况，在内蒙古东南部的夏家店上层文化圈中，没有调查到比龙头山 II M1 更早时期的銎柄式铜剑，目前只能认为銎柄式铜剑的造型首次出现在这一区域。可以与之直接相关的先行型式铜剑不仅在河北省，在东北亚地区也尚未得到确认。正如前面所述，从宏观上看，A I 甲 a 式位于昌平白浮村型和短剑化的平泉县东南沟型的中间阶段，但是，剑柄、剑格、剑身、剑脊等属性更接近白浮村型铜剑的特征。

从公元前 12~ 前 9 世纪东北亚铜剑样式的演变情况和主要遗址铜剑的比较结果来看，銎柄式铜剑可以说是滦河上游兴洲河流域首创的新型铜剑。目前尚不清楚燕山山地北部、七

老图山脉西侧兴洲河流域相对独立的小区域单元的青铜时代集团,如何通过某一过程和契机,独创了銎柄式铜剑这一特殊剑柄属性的新型铜剑。虽然与周边地区同在河北省北部,但不同的生态和文化环境也起到了一定的作用。

接下来值得关注的是銎柄式铜剑发展的第二阶段。AⅠ甲a式的后续型式(AⅡ诸型式)以及BⅠ、BⅡ早期型式经历了多种分化,其空间分布还扩散到了滦河上游的东西支流和西拉木伦河上游的山谷地区及其支流流域。有趣的是,这种扩散并未呈点列状,而是像山火顺风飘落到远山的树上一样,呈现出个别分布的形态。在西拉木伦河最上游的一个遗址和西拉木伦河中上游南侧支流的一个遗址上也呈现出了这种形态。

然而,如果仔细观察第二阶段的分布情况,就会发现这些铜剑遗址的分布并不是完全散落而没有脉络可循。沿滦河及其支流向上游追溯至内蒙古自治区多伦县和正蓝旗(敦达浩特),再从这里沿七老图山脉北端的低山丘陵北上,就可以自然地到达西拉木伦河最上游的克什克腾旗龙头山遗址。此外,从龙头山遗址沿着西拉木伦河的草地向下游方向前行时,第一个遇到的水系和草地丰满的地区是响水河流域,沿着这个方向南下,就可以自然地到达大泡子。

考虑到这样的地理环境和两个遗址的铜剑都是 AⅠ甲a式的后续型式,可以认为銎柄式铜剑的扩散是沿着上述路线传播的。但令人意外的是,BⅠ乙a式位于离滦河上游端较近的龙头山,而 AⅡ乙a式在距离较近的大泡子,这可以理解为龙头山集团和大泡子集团各自接受新铜剑文化时所处的技术文化阶段和选择差异所致。大泡子墓葬群中出土比滦河上游更远的白金宝文化前期陶器,也是同样的情况。

值得注意的是,在第三阶段,銎柄式铜剑除了原有的滦河上游圈和西拉木伦河流域圈之外,还扩散到老哈河上游流域圈。此时,夏家店上层文化圈内銎柄式铜剑的密集分布地和制作中心已不再是西拉木伦河流域,而是向老哈河上游流域转移。这种现象与同一时期夏家店上层文化中心移动到老哈河上游的情况相吻合。第三阶段夏家店上层文化的代表遗址是宁城县小黑石沟前期古墓群。此外,东南沟型青铜短剑和辽西地区的琵琶形铜剑,以及混合式铜剑也在夏家店上层文化中出现。

关于第三阶段,另一点值得关注的是,夏家店上层文化的銎柄式铜剑制作中心与滦河上游銎柄式铜剑的主要分布地距七老图山脉较近(直线距离 100 公里左右)。同时,两个地区都呈现出与对方地区文化铜剑结合的状态。这种情况在宁城县更为明显。由此,这一时期夏家店上层文化中心在宁城县一带形成的大背景之一可能是与河北省北部集团的交流,经过这种活跃的交流,物质文化水平有了显著提高。

第三阶段夏家店上层文化与周边地区的交流关系可以概括为三角关系，三角即以滦河上游为中心的河北省东北部的东南沟类型、以宁城县为中心的夏家店上层文化、以大凌河上游凌源一带为中心的十二台营子文化（王八盖子阶段）。夏家店上层文化中包含明显含有通过东南沟类型流入的中原青铜礼器，如奴隶守门方鼎，以及东南沟类型的东南沟型青铜短剑、细长形铜刀、鸭形铜饰等，还有十二台营子文化王八盖子阶段出现的琵琶形铜剑等。而东南沟类型和十二台营子文化中均未发现属于另一文化的遗物群。

这种遗物复合形态表明第三阶段三种物质文化直接的交流是以以宁城县为中心的夏家店上层文化为绝对中心进行的。这一点从三种物质文化的发展水平上也可以看出，夏家店上层文化具有青铜制作的武器类、工具类、装饰类、车马具类、高级装饰类、威势品、礼器类器物，而东南沟类型和十二台营子文化只有武器类、小型工具类和装饰类[44]。另外，在小黑石沟前期墓葬群中，没有发现随葬品的规模和质量与其他两种不同类型文化的墓葬有显著差别，也可以由此推测三种物质文化之间的交流关系。

总之，重要的是第三阶段滦河上游区域虽然持续使用銎柄式铜剑，但整个遗址中铜剑的中心从銎柄式铜剑转变为东南沟型青铜短剑，銎柄式铜剑反而呈现出成为特殊例和少数例的趋势。相反，夏家店上层文化圈不仅

以 A 型和 B 型铜剑衍生出多种型式分化，制作品相较之前也有明显提升，呈现出夏家店上层文化固有的、独立的铜剑样式。因此，在这个阶段中，銎柄式铜剑成为夏家店上层文化的典型性铜剑。

目前报告的第四阶段的銎柄式铜剑大都分布在夏家店上层文化圈。例外的情况为河北省东北部的隆化县西阿超和大凌河上游的建平县万寿老西店。隆化县西阿超位于内蒙古草原东部低山丘陵的滦河最上游段，其铜剑剑身中央断面有菱形剑脊、剑身曲刃、剑柄平展形成柄头，为 BⅠ 乙 c 式。建平县老西店铜剑为琵琶形剑身，有銎柄式铜剑典型柄身，剑身和剑柄之间有蜗牛眼形剑格，为 BⅡ 丁 c 式（石砬山式）。

西阿超不仅靠近内蒙古东南部，而且是河北省北部唯一的銎柄式铜剑实例。老西店在水路上属于大凌河北侧支流，但在陆地上，它位于从万寿镇向东北经过榆树林子镇、朱碌科镇、喀喇沁镇、四家子镇、金厂沟梁镇、贝子府镇到达敖汉旗的构造谷，以及从喀喇沁镇再向西北拐到由建平镇、义成功乡、黑水镇、美丽河镇、赤峰市连成构造谷的尽头。在这个构造谷中，石砬山式銎柄式铜剑点点分布在内蒙古。考虑到这一点，可以说这两类铜剑都与夏家店上层文化相关。

第四阶段可以说是銎柄式铜剑较第三阶段更加明显地成为夏家店上层文化典型性铜剑的时期，銎柄式铜剑

也得到了进一步加强。此阶段是第三阶段之后，夏家店上层文化发展水平达到最高峰的时期。第三阶段，内蒙古东南部、河北省东北部和辽西地区的相互作用关系网仍处于密切的运行状态，其中心仍然是内蒙古东南部以宁城县为中心区域。其经过东南沟—小白杨期的河北省东北部和辽西的十二台营子文化，与夏家店上层文化进行交流，两者之间几乎没有直接交流。因此，这个时期的文化交流中心是夏家店上层文化[45]。

夏家店上层文化南山根阶段的中心墓葬群中不仅出土了东南沟类型和十二台营子文化中固有的青铜短剑，还出土了融合三种物质文化固有属性的混合式铜剑。同时，能够体现出同一时期三个地区、三种物质文化中最高水平随葬能力的墓葬集中在夏家店上层文化的中心地宁城县。这一时期的交流结果是，夏家店上层文化的典型遗物超越了自然地形的界线，进入了他方的区域。努鲁尔虎山南斜面的建平县万寿老西店出土的銎柄式铜剑，正是其例。

第五阶段是銎柄式铜剑快速衰退的时期。这一时期确切的案例只有巴林右旗南山土圹墓，墓制从南山根时期典型的石椁墓转变为土圹墓，随葬水平也急剧下降到只有铜剑和1~2件实用陶器，以及小型装饰品。同一时期，夏家店上层文化的聚落和墓葬遗址的数量也急剧减少，夏家店上层文化的区域再次缩小至西拉木伦河上游地区。这一阶段可以说是夏家店上层文化的消亡时期，銎柄式铜剑的发展也顺应了这一轨迹。

第五阶段之后銎柄式铜剑只有一个出土案列，来自夏家店上层文化存续时期内与主分布地完全脱离的地域中，即加格达奇大子扬山窖藏遗址的两件。这两把铜剑分别为BⅡ乙b式和C乙b式，分别长达62.2厘米和67.1厘米，具有大甚至畸形的特点。需强调，这些铜剑是在窖藏遗址中发现的，而不是在墓葬中发现的。而且，这些遗址位于山谷深处谷末部丘陵斜面上。即使从夏家店上层文化外延的西拉木伦河南岸的巴林右旗南山遗址开始算起，这些遗址也已经远在东北方向870公里左右。

因此，加格达奇大子扬山很明显是脱离夏家店上层文化的时期。如果把《史记》[46]和《战国策》[47]等历史文献与内蒙古东南部地区的青铜器时代后期至铁器时代初期的物质文化的变迁相对照的话，夏家店上层文化的主要分布圈——内蒙古东南部地区，春秋时代有东胡的先祖，战国时代有东胡活动[48]。另外，东胡在公元前2世纪末受到匈奴冒顿单于的毁灭性攻击，溃逃到内蒙古东北部的呼伦贝尔盟一带[49]。后世史书中也记载了乌桓和鲜卑为东胡后裔[50]。

综合考虑到这些情况，加格达奇大子扬山窖藏遗址是与黑龙江省西北部大兴安岭地区（内蒙古自治区呼伦贝尔盟鄂伦春自治旗）的大兴安岭山脉东斜面根河（怒江西侧支流）上游山谷的礼仪行为相关联的窖藏遗址。

异常大型的銎柄式铜剑被埋藏的时间至少在夏家店文化消失的巴林右旗南山期之后。然而，铜剑的型式与夏家店上层文化期的铜剑具有连续性，铜剑的细节与典型的銎柄式铜剑相比没有异常的变化。因此，这些铜剑的铸造时间应该是在公元前4~前3世纪。

总结起来，公元前10世纪初叶至中叶銎柄式铜剑在滦河上游地区出现后，其制作技术在公元前10世纪中叶至前9世纪中叶经过内蒙古高原低山丘陵地带，被西拉木伦河最上游和上游的克什克腾旗龙头山和翁牛特旗大泡子前期墓葬群集团所接受。公元前9世纪中叶至前8世纪中叶，夏家店上层文化固有的铜剑型式开始本土化。公元前8世纪前叶至前7世纪，夏家店上层文化固有的铜剑开始扩散至全境，之后公元前6世纪至前5世纪夏家店上层文化迅速衰退，铜剑仅在西拉木伦河上游部分地点制作。

（二）铜剑的起源与地域样式分化

銎柄式铜剑是一种独特的铜剑，其剑柄具有銎柄结构这一绝对属性。具有这种结构的铜剑最初并非出现在内蒙古东南部夏家店上层文化，而是出现在河北省东北部的滦河上游山谷地带，如前文所论。銎柄式铜剑最早出现的时期是公元前10世纪初叶至中叶。在中国东北及其周边地区，没有发现同一时期或在此之前出现这种结构相同的铜剑。其背后的技术、型式系统和起源令人好奇。

初现期的銎柄式铜剑具有一些极富特色的结构属性，如有关部的剑柄、鸟翼形剑格、直刃剑身、细长剑身和多棱剑脊。剑身的细长化和直刃化，以及剑格、柄头和宽隆起的剑脊的出现，都在比滦河上游初现期銎柄式铜剑更早的河北省华北大平原北端的昌平白浮村木椁墓中出现。根据这些要素，可以验证滦河上游初现期銎柄式铜剑比白浮村型时代晚，但早于重新直刃短剑化的东南沟类型。

值得关注的是，昌平白浮村木椁墓出土的铜剑不仅剑柄断面呈横长方形，而且剑柄中心的表面有纵向透刻，与几乎同时期的滦河上游初现期銎柄式铜剑及其剑柄构造形态完全不同。白浮村铜剑从柄头到剑锋的制作中应用的技术也很发达。因此，两类铜剑看起来并不在同一技术直线积累的发展轨迹上。尽管存在这种技术差异，但出土铜剑的墓葬结构和周边地区的物质文化水平反而表明，白浮村集团更为先进。

然而，白浮村铜剑与此前河北省北部及其周边地区发现的更早时期的曲柄式短剑不仅在形态、结构及剑身长度化倾向上非常不同，而且差异非常突出。此外，迄今为止的考古学调查情况尚不清楚其系统起源以及从曲柄短剑转变为白浮村直柄铜剑的过程。在更早时期，相关地区和周边也没有找到与此相关的铜剑。因此，滦河上游初现期的銎柄式铜剑和与其作比的白浮村铜剑，其系统起源也可能是模糊不清的。

与此相关的是美索不达米亚和伊

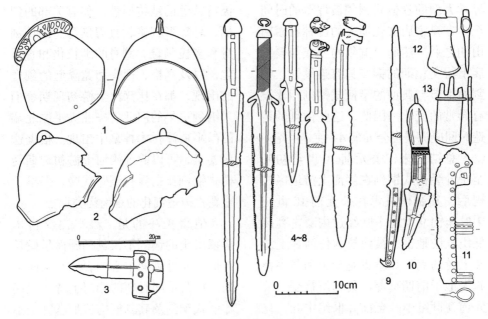

图六　昌平白浮村木椁墓出土主要青铜器

朗西南部洛雷斯坦的铜剑。美索不达米亚铜剑最早出现在新石器时代。石材如燧石、粘板岩、页岩等被凿成或磨成剑身，随后与木柄结合使用[51]。无论有无颈部，剑身都会在下部形成一定曲率的流线形，以提高与剑柄的结合力。因此，整体形态呈柳叶形。为了使用时避免剑身受到冲击而折断，其长度通常不会超过 25 厘米。

从公元前 3500 年前后的早期国家乌鲁克时期开始，美索不达米亚的石剑被青铜器所取代。公元前 3000 年苏美尔文明时期，铜制剑正式形成并发展到了技术发达的阶段[52]。但是，乌鲁克时期和苏美尔文明时期的铜剑仅在材料上改为青铜，而在剑身和剑柄的分离制作与结合、流线形剑身等方面，与新石器时代的石剑仍相似。与

石剑相比，虽然其剑身变长，但并未出现直刃剑，形态也呈流线形或有一定曲度，可以说保持了短剑剑身的制作传统。

公元前 2350 年促使美索不达米亚城市国家首次统一的阿卡德王国和公元前 2100 年的乌尔第三王朝时期，铜剑剑柄与剑身开始一体制作，剑身变得更长，美索不达米亚的铜剑自此完全摆脱石剑的制作传统[53]。这种变化在巴比伦帝国时期（前 1792~前 1595）被定型，并对伊朗和中亚等周边广阔地区产生影响。这一时期的长剑也被称为"巴比伦式铜剑"（Babylonian Style Sword）[54]。

另外，以扎格罗斯山脉为界，与美索不达米亚相邻的伊朗洛雷斯坦地区，在美索不达米亚继巴比伦帝国之

后成为霸主的喀西特王朝后期，出现受巴比伦铜剑影响的洛雷斯坦式铜剑，持续使用至公元前800年[55]。欧洲也是由与美索不达米亚相邻的希腊开始，经东欧至西欧，青铜器逐渐扩散，整体倾向是制作类似于石剑的短剑，后从美索不达米亚地区稍晚时期开始逐渐长剑化。这一时期开始出现了与近东地区不同的欧洲特有的各种铜剑[56]。

在美索不达米亚和伊朗以及欧洲的铜剑中，与白浮村铜剑以及銎柄式铜剑相似的是喀西特王朝时期伊朗洛雷斯坦的铜剑，这些铜剑都比白浮村早至少一到两个世纪。这一时期在这些地区流行的铜剑仍然受到前一时期铜剑样式的影响，剑身与剑柄分别铸造后用铆钉进行连接，剑身整体也呈柳叶形的流线形态，但是出现了剑柄上端附加另外的柄头装饰、一字形或鸟翼形剑格、剑身细长直刃化、多棱线或多线剑脊等现象。

在这一时期制作的细长直刃剑中，有一部分在剑柄中心部分表面添加了1~3个方形和纵长方形的透刻，与白浮村铜剑非常相似。加上从公元前13~前12世纪开始，洛雷斯坦就流行各种动物装饰，可以说与白浮村兽头柄铜剑的兽头装饰有关。此外，在白浮村铜剑中发现的与一字形剑格相似样式的剑格也在洛雷斯坦早期出现。综合考虑，白浮村铜剑可能是伊朗洛雷斯坦的铜剑经过阿富汗和乌兹别克斯坦等中亚地区，对该地区产生影响的结果。

那么，銎柄式铜剑也是洛雷斯坦铜剑等文化因素以某种方式流入的结果吗？初现时期的銎柄式铜剑、洛雷斯坦铜剑以及白浮村铜剑，都与之前的铜剑不同，且彼此在柄头、剑格、细长剑身、多棱线剑脊上表现出相似

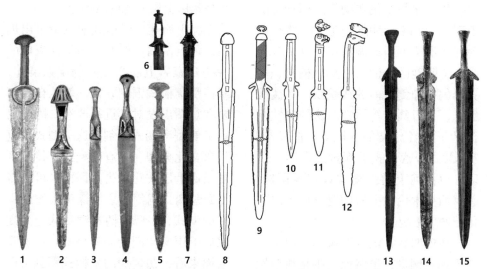

图七 伊朗洛雷斯坦、欧洲、白浮村初期和前期的銎柄式铜剑
1~5.伊朗洛雷斯坦 6、7.撒丁岛锡尼斯科拉 8~12.昌平白浮村 13.滦平油库 14.翁牛特旗大泡子前期
15.宁城县小黑石沟采集：1985

性。但是，找不到銎柄式铜剑最重要的銎柄要素。当然也有例外，如将剑柄制作成呈空心的长椭圆形，但是这种情况下，剑柄会有毛刺，由上板和下板夹合而成的，其并不是銎柄式铜剑相同形态和结构样式化的銎柄式铜剑。

如此一来，只能认为初现期的銎柄式铜剑是滦河上游集团借用白浮村型铜剑的要素，并运用独创的想法将剑柄銎柄化而制造出的[57]。在此过程中，去除了不实用的柄头兽头装饰，并在柄头附加了斗笠形装饰，以避免铜剑脱手。剑柄銎柄化的原因可能是为了将剑轻量化，减少使用时的重量，使其更容易操纵。铸造时需要使用范芯，因此在制造技术方面也有所进步。

最后要提及的是銎柄式铜剑的区域化、样式化问题。銎柄式铜剑在初现期和后期结构及形态上发生了不小的变化。这些变化在柄头、柄身（把手部）、剑格、剑脊、剑身中都有体现。初现期銎柄式铜剑在柄身处有界线，有明确区分柄头、直柄柄身、鸟翼形剑格和剑格内的线状纹、多棱线剑脊、直刃剑身等属性。这种属性组合见于笔者分类的 A I 式（油库式）和 A II 式（营房式）铜剑。在第二阶段，以滦河上游为初现地和根据地，其对西拉木伦河上游的夏家店上层文化圈产生影响。

初现期后扩散到西拉木伦河上游的銎柄式铜剑，虽然像翁牛特旗前期墓葬群的 A II 式一样，存在忠实模仿和原封不动的再现滦河上游的 A 型属

性，但是根据当地技术限制和实际需要，还产生了变形 BI 式。之后第三阶段，可以两分为只有 A 型铜剑分布的滦河上游圈和虽然出土部分 A 型铜剑但以 B 型铜剑为绝对中心的夏家店上层文化圈。滦河上游圈铜剑不仅数量不多，而且型式上也没有分化；夏家店上层文化圈则以 BI 式铜剑为中心，开始活跃产生更多的衍生型式。

这种趋势在第四阶段达到最高峰。这一时期，滦河上游圈完全中断了各地区固有的 A 型铜剑制作，夏家店上层文化圈的 BI 乙 c 式铜剑等甚至流入滦河上游圈。此阶段，剑身的变化也值得注意。剑身的变化可以简述为剑身的曲刃化，其可以视为与大凌河流域的十二台营子文化交流的结果。但是原封不动采用琵琶形铜剑剑身的案例并不多，大部分都是夏家店上层文化特有的曲刃形态，这可以说是夏家店上层文化的再创造。

综上所述，銎柄式铜剑最早出现在滦河上游圈，但西拉木伦河流域的一些夏家店上层文化圈的早期群体，从接受銎柄式铜剑开始，就从自身需要和意图出发对其进行改造，因此出现了 B 型銎柄式铜剑。这一型式一直是该文化典型、固有的型式，持续到夏家店上层文化消失。因此，可以将 A 型銎柄式铜剑认定为滦河上游圈固有的型式，B 型銎柄式铜剑认定为夏家店上层文化圈的固有型式。从宏观层面来看，初现期的銎柄式铜剑可以看作是夏家店上层文化地域化和样式化的铜剑。

五、结语

銎柄式铜剑是完成式、连铸式铜剑，与组装式、分铸式的琵琶形铜剑有所不同，同时，从剑柄内部中空来看，又与周边其他完成式铜剑相区别。因此，就銎柄式铜剑的型式分类而言，包含柄头在内的剑柄具有绝对属性。本文以剑柄作为首要标准，将銎柄式铜剑首先分类为有柄头直柄型（A 型）、有柄头斜柄型（B 型）、无柄头斜柄型（C 型）。再根据制作柄头的技术、形态属性、剑格的结构和形态，以及剑身的形态来进行细分，共分类 22 种型式。

通过銎柄式铜剑的多个属性组合和共出文物的阶段性可以掌握其相对演变谱系。剑柄属性从有柄头直柄式向有柄头斜柄式再向无柄头斜柄式转变，结合柄头的属性，其演变按照 AI 式—AII 式—BI 式—BII 式—C 型的顺序进行。剑格属性从格内部有线纹、横断面呈方形的鸟翼形剑格→无纹、横断面呈椭圆形剑格→剑身和剑格之间呈直角或接近"U"形剑格→蜗牛眼形和鸟喙形剑格→无剑格。剑身的属性由直刃经斜刃、曲刃转变为特殊刃。

銎柄式铜剑的发展历程可整体划分为五个阶段。第一阶段（公元前 10 世纪初叶～前 10 世纪中叶）出土 AI 甲 a 式銎柄式铜剑和少量工具类器物；第二阶段（公元前 10 世纪中叶～前 9 世纪中叶）出土 AII 乙 a、BI 乙 a 式銎柄式铜剑，以及小型工具类器物，此外还有纽扣装饰和圆形牌饰；第三阶段（公元前 9 世纪中叶～前 8 世纪前叶）除出土 AII 甲 a、AII 戊 b、AII 戊 c、BI 乙 b、BI 乙 c、BI 丙 a、BI 丁 c、BI 己 c、BII 乙 c、BII 戊 b 式铜剑和各种大小的工具类、装饰类器物外，还有车马具类、礼器类、镜类、黄金装饰类器物等；第四阶段（公元前 8 世纪前叶～前 7 世纪）出土品为与第三阶段相似但属性较晚的遗物；第五阶段（公元前 6 世纪～前 5 世纪前叶）是只出土 BII 戊 c 式铜剑和小型工具类、装饰类器物的阶段。

銎柄式铜剑主要分布在河北省东北部滦河上游区域和内蒙古东南部的西拉木伦河上游区域。在这两个地域圈中，最早出现銎柄式铜剑的地方是滦河上游地区。滦河上游区域只在第一至第三阶段出现 A 型铜剑，在第四阶段成为夏家店上层文化固有的 B 型铜剑的例外分布地。西拉木伦河上游区域在第二阶段首次出现 A 型中较晚形和 B 型中的早期型式。第三阶段，B 型开始分化为多种型式。第四阶段，在 B 型铜剑占据绝对中心的情况下，出现 C 型铜剑。第五阶段，B 型铜剑只残存于局部地区。

考虑到这种时空分布形态，可以将 AI 甲 a 式（油库式）铜剑设置为所有銎柄式短剑的祖形，将 A 型铜剑认为是滦河上游流域的地域型，将 B 型、C 型铜剑认为是夏家店上层文化的固有型和地域型。滦河上游圈的銎柄式铜剑在向夏家店上层文化固有型铜剑转变的过程中，经历了两个阶段：在公元前 10 世纪中叶～前 9 世纪中叶，滦河上游的銎柄式铜剑及其制作技术进入龙头山和大泡子前期墓葬群等有限的局部群体，这是第一个阶段；公元前 9 世纪中叶～前 8 世纪前叶，A 型铜剑逐渐本土化，在制作 B 型铜剑的同时，在夏家店上层文化圈内急速扩散，这是第二个阶段。

銎柄式铜剑与周围其他文化的铜剑在包括柄身在内的多个属性上有明显的区别。在华北大平原北端的局部集团使用的白浮村铜剑的基础上，滦河上游地区出现了銎柄式铜剑，进一步发展了其结构属性。考虑到这些情况，可以认为滦河上游地区初现期的銎柄式铜剑是创意性的发展白浮村铜剑制作技术的结果。但是，白浮村型铜剑与先行或并行期周边地区的铜剑完全没有联系，在以河北为中心的中国北方铜剑的变迁过程中则具有非常突出的特点。

值得注意的是，美索不达米亚和伊朗西南部洛雷斯坦的铜剑与此相关。这一带的铜剑较早出现在约公元前 3500 年的乌鲁克时期和公元前 3000 年苏美尔文明时期，与新石器时期后期的石剑形态相似。这种制作传统从公元前 2350 年的阿卡德王国和公元前 2100 年的乌尔第三王朝开始变化，铜剑逐渐长身化，直到巴比伦帝国时期（前 1792～前 1595）才制作出具有流线形和直刃剑身的长剑，并对相邻的伊朗和欧洲地区产生了巨大的影响。

在伊朗的洛雷斯坦地区，美索不达米亚的喀西特王朝时期后期，出现了洛雷斯坦式铜剑，其受到巴比伦式铜剑的影响，流行至公元前 800 年。洛雷斯坦铜剑比白浮村型铜剑时代要早一到两个世纪，剑柄有 1~3 个方形或纵长方形透刻，与白浮村型铜剑非常相似。因此，可以认为白浮村型铜剑是洛雷斯坦铜剑的制作理念经由某种契机流入的结果。然而，銎柄式铜剑中间存在白浮村铜剑，因此两者并没有直接相关性。概言之，銎柄铜剑是一种极具创意性的铜剑。

附记：原文发表于《韩国考古学报》第 115 期（2020 年），经作者同意翻译为中文。在剑格分类中，作者使用了韩文字母（가、나、다、라、마、바）排序，译者使用中文（甲、乙、丙、丁、戊、己）进行替换。

注　释

[1] 濱田耕作、水野清一:《赤峰红山后：热河省赤峰红山后先史遗址》第 38 页，東亞考古學會，1938 年。

[2] 岛田贞彦:《滿洲新出の古銀銅面及二三の青銅遺物について》第 75 页，《考古學雜志》1939 年第 28 卷 2 號期。

[3] 李逸友:《内蒙昭乌达盟出土的铜器调查》,《考古》1959 年第 6 期。

[4] 辽宁省昭岛达盟文物工作站、中国科学院考古研究所东北工作队:《宁城县南山根的石椁墓》,《考古学报》1973 年第 2 期。

[5] 王成生:《辽河流域及临近地区短铤曲刃剑研究》,《辽宁省考古、博物馆学会成立大会会刊》,1981 年。

[6] 靳枫毅:《论中国东北地区含曲刃青铜短剑的文化遗存（上）》第 40 页，《考古学

报》1982 年第 4 期。

[7] 翟德芳：《中国北方地区青铜短剑分群研究》，《考古学报》1988 年第 3 期。

[8] 朱永刚：《夏家店上层文化的初步研究》，《考古学文化论丛》1987 年第 1 期。

[9] 林沄：《中国东北系铜剑初论》，《考古学报》1980 年第 2 期。

[10] 刘冰：《试论夏家店上层文化的青铜短剑》，《内蒙古文物考古》1992 年第 Z1 期。

[11] 北京市文物管理处：《北京地区的又一重要考古收获——昌平白浮西周木椁墓的新启示》，《考古》1976 年第 4 期。

[12] 河北省博物馆文物管理处：《河北平泉东南沟夏家店上层文化墓葬》，《考古》1977 年第 1 期。

[13] 刘国祥：《夏家店上层文化青铜器研究》，《考古学报》2000 年第 4 期。

[14] 吴江原：《中国东北地区三种青铜短剑文化的文化地形与交涉关系》，《先史与古代》第 20 期，2004 年。

[15] 吴江原：《中国东北地区瓢形长颈壶的随葬样相及扩散的背景和脉络》，《岭南考古学》第 78 期，2017 年。

[16] 靳枫毅：《夏家店上层文化及其族属问题》第 34 页，《考古学报》1987 年第 2 期；朱永刚：《夏家店上层文化的初步研究》，《考古学文化论丛》1987 年第 1 期；刘国祥：《夏家店上层文化青铜器研究》，《考古学报》2000 年第 4 期；吴江原：《夏家店上层文化主要遗址的年代编年》，《清溪史学》第 15 期，2001 年。

[17] 吴江原：《中国东北地域及朝鲜半岛的镜形铜器研究》第 68~69 页，《韩国青铜器学报》第 20 期，2017 年；吴江原：《中国东北地域和朝鲜半岛圆盖形铜器的随葬样相及功能、特性》第 44~47 页，《石堂论丛》第 71 期，2018 年。

[18] 吴江原：《青铜器时代中国东北地域金属制耳饰的时空间性及制作方式》第

96~102 页，《韩国考古学报》第 91 期，2014 年；金一奎：《从琵琶形铜剑出现年代来看青铜器时代 C-14 年代再考》第 48 页，《岭南考古学》第 80 期，2018 年。

[19] 中国科学院考古研究所：《长安张家坡西周铜器群》，文物出版社，1965 年。

[20] 中国社会科学院考古研究所沣西发掘队：《1967 年长安张家坡西周墓葬的发掘》，《考古学报》1980 年第 4 期。

[21] 邵会秋和杨建华（《从夏家店上层文化青铜器看草原金属之路》，《考古》2015 年第 10 期）通过将夏家店上层文化遗址中出土的北方式青铜器，与从黑海沿岸到蒙古的欧亚青铜器进行比较，考察了夏家店上层文化青铜器固有样式的起源和年代。通过该研究，小黑石沟前期墓葬群的青铜器时期比后期墓葬群和南山根墓葬群更快地得以确定。

[22] 吴江原：《通过与中国中原地域的比较视野看小黑石沟 8501 号石棺墓的青铜礼器》，《文化财》2014 年第 47 卷第 3 期。

[23] 吴江原：《中国东北地区三种青铜短剑文化的文化地形与交涉关系》，《先史与古代》第 20 期，2004 年。

[24] 赵宾福：《白金宝文化的分期与年代》，《边疆考古研究》2008 年第 7 辑。

[25] 这样来看，可能会产生銎柄式铜剑为什么没有采用琵琶形铜剑的凸起部等属性的疑问。琵琶形铜剑使用了沉重的剑柄，因此剑的力量只能通过下放运动集中到锋部的方式使用。由于这种独特的使用原理，其采用了区分剑身下部和上部的凸起部这一变曲点。但是銎柄式铜剑的运用方式与琵琶形铜剑不同，因此，没有必要采用凸起部。

[26] 刘冰以龙头山ⅡM1 木盖板的碳年代测定值为 3240±150 年为依据，将銎柄直刃剑 AⅡ式（龙头山ⅡM1）的年代定为公元前 11 世纪前半期，考虑到龙头山 M1

期铜剑与比曲柄铜剑阶段更晚的遗物共出，因此不能直接将木盖板的碳元素年代置换为遗址年代。

[27] 吴江原：《青铜器—铁器时代中国东北地域物质文化的展开、相互作用及族属》，《高句丽渤海研究》第46期，2013年。

[28] 天津文物管理处：《天津蓟县张家园遗址发掘简报》，《文物资料丛刊》1977年第1期；天津市历史博物馆考古队：《天津蓟县张家园遗址第二次发掘》第698~705页，《考古》1984年第8期。

[29] 拒马河考古队：《河北易县涞水古遗址试掘报告》第42页，《考古学报》1988年第4期。

[30] 韩嘉谷：《蓟县邦均西周时期遗址和墓葬》，《中国考古学年鉴1987》，文物出版社，1988年。

[31] 北京市文物研究所：《镇江营与塔照》，中国大百科全书出版社，1999年。

[32] 河北省文物研究所：《唐山市古冶商代遗址》，《考古》1984年第9期。

[33] 沈勇：《围坊三期文化初论》，《北方文物》1993年第3期。

[34] 李伯谦：《张家园上层类型的若干问题》，《考古学研究》1994年第2期；纪烈敏：《燕山南麓青铜文化的类型谱系及其演变》，《边疆考古研究》2002年第1辑。

[35] 吴江原主编：《夏家店上层文化的青铜器》，韩国东北亚历史财团、中国内蒙古文物考古研究所，2007年。

[36] 河北省文化局文物工作队：《河北省青龙抄道沟发现一批青铜器》，《考古》1973年第1期。

[37] 陶宗冶：《銎柄直刃式青铜短剑及相关遗存的初步分析》第7页，《华夏考古》1994年第1期。

[38] 吴江原：《商末周初大凌河流域及其周边地区的文化动向和大凌河流域的青铜礼器埋纳遗构》，《韩国上古史学报》第74

期，2011年。

[39] 河北省文物研究所：《河北丰宁城镇石棺墓调查》，《河北省考古文集》，东方出版社，1998年。

[40] 吴江原：《中国东北地区三种青铜短剑文化的文化地形与交涉关系》，《先史与古代》第20期，2004年。

[41] 邵会秋和熊增珑（《冀北地区东周时期北方文化青铜短剑研究》，《文物春秋》2005年第4期）将骆驼梁M5的年代定为公元前8世纪后期，但从骆驼梁后期墓葬群中与东岭江式琵琶形铜剑相似剑身相结合的混合式铜剑等共存的情况来看，下限年代在公元前8世纪前半期至中期的结论是正确的。

[42] 金东一：《玉皇庙文化青铜器研究》第65页，吉林大学博士学位论文，2018年；《玉皇庙系花格剑的系统与展开》第134~135页，《岭南考古学》第85期，2019年；《玉皇庙文化的编年及展开样相》第107页，《韩国上古史学报》第105期，2019年。

[43] 吴江原：《辽西地域青铜文化与北方青铜器文化间的相互作用和交流样相》第640~641页，《希正崔梦龙教授停年退任论丛——21世纪韩国考古学》，周留城出版社，2012年。

[44] 吴江原：《中国东北地区三种青铜短剑文化的文化地形与交涉关系》第83~84页，《先史与古代》第20期，2004年。

[45] 吴江原：《中国东北地区三种青铜短剑文化的文化地形与交涉关系》第85页，《先史与古代》第20期，2004年。

[46]《史记·匈奴列传》："晋北有林胡、楼烦之戎，燕北有东胡、山戎。各分散居溪谷，自有君长，往往而聚者百有余戎，然莫能相一……其后燕有贤将秦开，为质于胡，胡甚信之。归而袭破走东胡，东胡却千余里……燕亦筑长城，自造阳

至襄平。置上谷、渔阳、右北平、辽西、辽东郡以拒胡。"

[47]《战国策·赵策二》："今吾国东有河，薄洛之水，与齐、中山同之，而无舟楫之用。自常山以至代、上党，东有燕、东胡之境，西有楼烦、秦、韩之边，而无骑射之备。"

[48] 夏家店上层文化的中心族属有"西戎"说（刘观民、徐光冀1981，翟德芳1988，卢泰敦1990，宋镐晟1999）、"东胡或东胡先祖"说（林沄1980，孙进已1989，靳枫毅1983，吴江原1997，佟柱臣2001）等。

[49] 干志耿、孙秀仁：《黑龙江古代民族史纲》第84~85页，黑龙江人民出版社，1986年；孙进已：《东北历史地理》第1卷第119页"东北地区青铜时代的人群分布"，黑龙江人民出版社，1989年；刘子敏，金荣国：《简议"钜燕"与东北亚的若干古族——读〈山海经〉》第40~48页，《民族研究》1995年第4期。

[50]《后汉书·乌桓鲜卑列传》："乌桓者，本东胡也。……汉初，（鲜卑）亦为冒顿所破，远窜辽东塞外，与乌桓相接，未尝通中国焉。"

[51] Roger Matthews, *The Early Prehistory of Mesopotamia: 500,000 to 4,500 B.C.*, Turnhout: Brepols, 2000.

[52] Charlie Samuels, *Technology in the Ancient World: Sumer and Ancient Mesopotamia*, New York: Franklin Watts, 2015; Schrakamp, Ingo, "Weaponry, Ancient Near East," *The Encyclopedia of Ancient History*, Hoboken: John Wiley & Sons Inc, 2013.

[53] Marlies Heinz, *The UrIII, Old Babylonian, and Kassite Empires, A Companion to the Archaeology of the Ancient Near East*, Oxford: Blackwell Publishing Ltd, 2012; Augusta McMahon, *The Akkadian Period: Empire, Environment, and Imagination, A Companion to the Archaeology of the Ancient Near East*, Oxford: Blackwell Publishing Ltd, 2012.

[54] Thomas Hikade, *Egypt and the Near East, a Companion to the Archaeology of the Ancient Near East*, Oxford: Blackwell Publishing Ltd, 2012.

[55] P. R. S. Moorey, "An Interim Report on Some Analyses of 'Luristan Bronzes'," *Archeometry*, vol.7, Issue.1, 1964.

[56] Kristian Kristiansen, "The Tale of the Sword-swords and Swordfighters in Bronze Age Europe," *Oxford Journal of Archaeology*, vol.21, Issue 4, 2002; Mark Shchukin, "The Celts in Eastern Europe," *Oxford Journal of Archaeology*, vol.14, Issue 2, 1995.

[57] 欧洲凯尔特人的铜剑中，存在有斗笠形空心柄头和饱满的长椭圆形柄部的铜剑，与銎柄式铜剑相似，也不能完全排除这种铜剑经过中亚对河北省东北部地区产生影响的可能性。但是考虑到能够连接乌克兰铜剑和河北省东北部地区铜剑的连锁关系无法确认，因此暂时对两者间的关联性持保留态度。

Emergence and Development of Socketed-Type Bronze Daggers in Northeast Asia

Oh, Kangwon

Translated by Bao Yongchao

Abstract: The socketed-type bronze daggers are classified into a total of 22 types, based on the adoption of the hilt as the premier standard of classification, and the cephalic hilt, the guard, and the dagger body as secondary attributes for classification. Taking into consideration combinations between artifacts illustrating strong characteristics in terms of temporality or phasing and vessel types, it is possibile to establish five stages of association for the socketed-type bronze dagger. The time ranges for each stage are as follow: 1) the early to mid-10 century B.C., 2) mid-10 century B.C. to mid-9th century B.C., 3) mid-9th century B.C. to early-8th century B.C., 4) early-8th century B.C. to 7th century B.C., and 5) 6th century B.C. to early-5th century B.C. Given the space-time specific nature of each type, they can be established as follows: the earliest type 'AI' representing the earliest type of all sock eted-type bronze daggers, the A-type group as a regional type of the upper reaches of the Luanhe River, and B- and C-type groups as a regional type and unique form of the Upper Xiajiadian Culture .

In the beginning, the socketed-type bronze daggers emerged when some groups resid ing in the upper reaches of the Luanhe River followed the technical tradition of Baifu Village-type bronze daggers, but added a creative innovation that was the socket. Shortly after the emergence of the initial socketed-type bronze daggers, socketed-type bronze daggers of the B-type group emerged as the communities of the Upper Xiajiadian Culture reshaped the socketed-type bronze daggers of the A-type group according to indigenous demands and needs. Baifu Village-type bronze daggers emerged based on the idea of bronze daggers made in Luristan, Iran, so given that the early socketed-type bronze dagger developed out of the Baifu Village-type bronze dagger in a creative direction, it is possible to suggest an indirect relation between the two. However, the socket should be regarded as a creative innovation.

Keywords: Socketed-Type Bronze Dagger　Upper Reaches of the Luanhe River　Upper Xiajiadian Culture　Luristan

征稿启事

　　《早期中国研究》是由北京联合大学考古研究院主办的学术集刊，长期征稿，定期结集出版，诚邀海内外学者赐稿。

　　本集刊所征文稿以原创学术论文为主，也可为译文或考古简报。内容主要包括中国先秦考古学文化分期和谱系、中国先秦考古学文化的区系格局及其演变、文化上早期中国的内涵与特质、文化上早期中国的形成与发展、早期中国与自然环境、早期中国与文明起源、早期中国与古史传说等方面，可涉及考古学、历史学、人类学、民族学、社会学、语言学、生物学、地理学、地质学等诸多学科。此外，本集刊亦收录历史时期考古、城市考古、社会考古等方面的内容。

　　稿件具体要求：一般以 5000 ~ 20000 字为宜，来稿请附中英文摘要（300字左右）、关键词（3 ~ 5 个）和作者简介，引注规范参见《考古》期刊体例，译文需取得原作者及原出版机构的授权。

　　本刊不收版面费，一经刊用，即付稿酬，并寄样书 2 本。

　　投稿邮箱：zaoqizhongguo@sina.com

　　联系人：《早期中国研究》编辑部

　　编辑部地址：北京市海淀区北土城西路 197 号北京联合大学考古研究院

　　邮编：100191

1. 陶仓（M26∶5）

2. 陶罐（M26∶4）

3. 陶壶（M26∶1）

4. 陶井（M26∶7）

图版二

1. 黑釉茶盏（M8：1）

2. 黑釉茶盏（M8：1）俯视

3. 陶甔（M26：14）

4. 石饰件（M10：6）

M24 砖砌假门

1. M12（俯视）

2. M12 出土的人骨与随葬品

1. M13（俯视）

2. M13 出土的人骨与随葬品

1. M14（俯视）

2. M14 出土的随葬品

1. 陶罐（M12：2）

2. 陶罐（M13：2）

3. 陶罐（M13：1）

4. 陶罐（M14：3）

5. 瓷盂（M12：1）

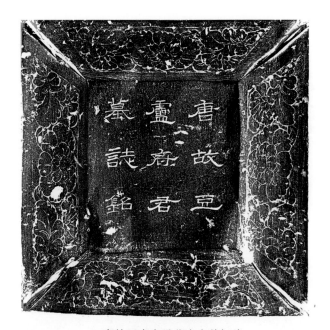

1. 唐故豆卢府君墓志志盖拓片

2. 唐故豆卢府君墓志志文拓片